道德景观

科学如何决定人性价值

[美] 萨姆·哈里斯 著
于嘉云 译

中信出版集团 · 北京

图书在版编目(CIP)数据

道德景观：科学如何决定人性价值／(美)萨姆·哈里斯著；于嘉云译. --北京：中信出版社，2017.11

书名原文：The Moral Landscape：How Science Can Determine Human Values

ISBN 978-7-5086-7903-7

Ⅰ. ①道… Ⅱ. ①萨… ②于… Ⅲ. ①伦理学—研究 Ⅳ. ①B82

中国版本图书馆 CIP 数据核字(2017)第 173874 号

道德景观：科学如何决定人性价值

著　　者：[美]萨姆·哈里斯
译　　者：于嘉云
出版发行：中信出版集团股份有限公司
　　　　　(北京市朝阳区惠新东街甲 4 号富盛大厦 2 座　邮编　100029)
　　　　　(CITIC Publishing Group)
承 印 者：上海盛通时代印刷有限公司

开　　本：880mm×1230mm　1/32　　印　　张：10.25　　字　　数：220 千字
版　　次：2017 年 11 月第 1 版　　印　　次：2017 年 11 月第 1 次印刷
京权图字：01-2011-2324　　广告经营许可证：京朝工商广字第 8087 号
书　　号：ISBN 978-7-5086-7903-7
定　　价：58.00 元

目 录

导论：道德景观

阿尔巴尼亚人有个仇杀的古老传统，叫作“卡努恩”（Kanun）：如果一名男子犯下凶杀罪行，受害者家族就能杀掉他的任何一名男性亲戚作为报复。一名少年如果不幸是凶手的儿子或兄弟，那他就得昼夜躲藏，放弃正当教育、适当的医疗保健，以及正常生活的乐趣。甚至到现在，还有数不清的阿尔巴尼亚男子与少年在家里过着囚徒般的生活。[①]我们能说阿尔巴尼亚人用这种方式来建构社会在道德上是错的吗？其血债血偿的传统是一种邪恶的形式吗？他们的价值观比我们的低劣吗？

大多数人无法想象科学能够提出这类问题——更别说解答了。我们怎能从科学事实的角度宣称一种生活方式比另一种更好或更道德呢？“好”或“道德”的定义该由谁来界定呢？虽然现在有许多科学家正在研究道德的进化，以及其基础的神经生物学，但他们研究的目的不过是要描述人类如何思考与行动；没有人期待科学能告诉我们应该如何思考与行动。对于人类价值的争议，科学其实是避而不谈的，没有任何“官方”意见。[②]

然而，我将论证价值观——亦即意义、道德及生命之更大目的——的问题，其实是关于有意识生物的幸福（well-being）问题。因此，价值观转换成能在科学上理解的事实：关于正面与负面的社会情感、报复性的冲动、具体法律及社会制度对人际关系的影响、快乐与痛苦的神经生理学等等。这些事实中最重要者注定会超越文化——就像关于身体健康和心理健康的事实那样。癌症在新几内亚高地还是癌症,霍乱还是霍乱,精神分裂还是精神分裂;同样地,我将进一步论证悲悯(compassion)仍是悲悯,幸福仍是幸福。[3]而且,如果人们对于如何达到繁荣有重要的文化差异的话——例如存在着相互对立但同等有效的方式来养育快乐、聪明、有创造力的孩子——这些差异也必定依赖人类头脑组织的事实。因此,原则上,我们能在神经科学与心理学的语境中解说文化界定我们的方式。我们在大脑的层次上对自己了解越多,就越能明了关于人类价值问题的答案有对有错。

当然,我们必须面对若干对于道德真理地位的古老歧见:自宗教撷取世界观的人一般相信道德真理的存在只是因为上帝将之注入现实架构当中;至于缺乏此信念的人,则往往认为"善"与"恶"的看法一定是进化压力和文化发明的产物。对于前者,一旦说到"道德真理"(moral truth),必将援引上帝;对于后者,"道德真理"不过是表达个人的猿猴冲动、文化偏见和哲学困惑罢了。我的目的是想说服读者,论辩双方都错了。本书旨在开启一段关于道德真理如何能在科学语境中得到理解的对话。

尽管我在本书中所做的论证势必引起争议,但它却是依托于一个非常简单的前提:人类幸福完全建构于世界中的事件以及人脑的状态。因此,一定有关于它的"科学真理"(scientific truths)有待探知。对于这些真理更详尽的理解,将会迫使我们对社会中的不同生活方式做出清楚的区别,判断某些方式更好或更坏，更多或更少地忠于事实，以及更合乎伦理与否。显然，这种认识能帮我们改善人类生活的质量——这不是学术争论，而是攸关数百万人生活的抉择问题。

我的意思并不是我们保证能通过科学解决每个道德争议。意见的分歧还会继续存在——但意见会越来越受制于事实。而且重要的是，我们没有能力解答一个问题，并不代表该问题没有答案。到底有多少人在过去 60 秒钟内被蚊子叮了呢？这些人当中有几个会得疟疾呢？有多少人会因此而死亡？在所涉及的技术挑战下，没有科学团队能应对这种问题。然而我们知道，它们的答案很可能只是简单的数字而已。因为没有能力搜集到所有相关数据，我们就必须同等尊重所有意见吗？当然不是。同样地，我们可能无法解决特定的道德两难的事实，并不代表所有具有争议性的解释都同等有效。在我的经验中，把实践中无解误认为原则上无解是道德混淆的一大根源。

例如，美国有 21 个州仍然准许学校体罚。在这些地方，即便老师拿木板把孩子打得肿起瘀青甚至破皮，他们的行为依然合法。几十万的儿童每年蒙受这种暴力，几乎全发生在美国南方。可想而知，使这种行为合理化的根据明显出自宗教：因为造物主自己告诉我们“孩子不打不成器”（《箴言》13：24、20：30、23：13~14）。然而，我们如果真的关心人类幸福，并且用提升幸福的方式来对待孩子，我们就可能会怀疑要小男孩、小女孩以受痛、受惊、在公众前受辱的方式，来作为鼓励其认知与情绪发展的手段是否明智。这个问题是有答案的，对此有任何怀疑的空间吗？寻求正确之道是重要的，对此有任何需要质疑的地方吗？其实，所有研究都指出，体罚是灾难性的做法，会导致更多暴力和社会病态——而且会事与愿违地导致更多对体罚的支持。[④]

但更深的要点在于,无论我们是否知道答案,这种问题一定有答案。而且,绝对不是简单地用“尊重别人的‘传统’,同意彼此存有歧见”,就可搪塞过去。为什么科学将越来越能够断定这种问题呢?因为人们给出的各式各样的解答——以及伴随而来的在人际关系、心理状态、暴力行动与法律纠葛等方面的后果——都转译成了我们脑子里、别人脑子里,以及整个世界中存在着的差异。我希望表明,当谈到价值观时,我们其实谈的是一个由事实构成的相互依存的世界。

想法和意图如何在人脑中产生,这些精神状态又如何转换成行为,以及这些行为如何进一步影响世界和其他有意识生物的经验——这些都是有待探索的事实。我们将看到上述事实穷尽了对“善”与“恶”这类词语的合理说明。它们也将越来越落入科学的范畴,比一个人的宗教皈依要深刻得多。正像没有基督教物理学或穆斯林代数学一样,我们也将知道,根本没有基督教道德或穆斯林道德这样的东西。的确,我将论证道德应该被视为科学中尚未开发的一支。

自从我的第一本书《信仰的终结》(*The End of Faith*)出版以来,我观察所谓的“文化战争”就有了优越的视野——在美国是世俗的自由派与基督教的保守派之战,而在欧洲是无宗教群体与日益增长的穆斯林人口之间的争端。在收到过数万件处于信仰与怀疑连续光谱上各个位置的群众的来信和电子邮件后,我能有一些自信地说,在这些文化分歧的基础上,有个对理性之局限的共同信念。双方都相信，理性对回答人类生活中最重要的问题是无能为力的。而一个人如何看待事实与价值之间的鸿沟，似乎影响到他对几乎每项社会重大议题的观点，从打仗到教育孩子。

这种思考上的断裂在政治光谱的各端有不同的结果：信教的保守派往往相信意义与道德问题是有正确解答的，但只是因为亚伯拉罕的上帝认为如此。[5]他们承认，寻常的事实能通过理性的探索来发现，但他们相信价值必须来自旋风中的玄妙声音。刻板地遵照《圣经》的字面意思、对多样性的不宽容、对科学的不信任、忽视人类和动物受苦的真正原因等等——太常见了，这就是事实与价值的划分在宗教右派中的显现。

另一方面，世俗的自由派则往往认为道德问题没有客观的答案存在。虽然约翰·斯图尔特·穆勒（John Stuart Mill）可能比奥萨玛·本·拉登（Osama bin Laden）更符合我们对于善的文化理想，但大部分世俗主义者怀疑，穆勒的是非理念并没有更接近真理。多元文化主义、道德相对论、政治正确、宽容以及对不宽容的宽容，这些都是左翼把事实与价值分开的后果。

我们应当关心的是这两种导向并未产生同等效能。在老式宗教非理性的狂热下，世俗的民主国家越来越苟且。保守教条主义与自由主义怀疑论的并辔，导致美国禁止联邦资助胚胎干细胞的研究；它说明了我们为何在堕胎和同性婚姻等议题上持续蒙受政治上的纷乱；也可说它是联合国目前正在努力促成的反亵渎神明法的基础（该法将使会员国公民批评宗教变成非法）；它使西方在其反伊斯兰激进组织的世代战争上捉襟见肘；它可能还会把欧洲诸社会再塑造成一个新的哈里发（Caliphate）

辖地。[6]掌握宇宙造物主所信的是非,激励了信教的保守派几乎不计代价地在公共领域强施这种愿景;不知道什么是对的——或者根本不认为有什么真正对的事物——常导致世俗的自由派高举双手投降,放弃他们的理智标准和政治自由。

在科学共同体里世俗与自由派占压倒性的多数,但科学家对宗教的教条主义所做的让步也着实惊人。正如我们将看到的,问题上达美国国家科学院(National Academies of Science)与美国国家卫生研究院(National Institutes of Health)。连世界上最有影响力的科学刊物《自然》(*Nature*),都无法有效地区分合理论述和虚构神话之间的分界。我最近查了过去十年该刊中每一次出现的"宗教"(religion)一词,发现《自然》的编辑们一般都接纳了史蒂芬·古尔德(Stephen J. Gould)注定失败的观念:"互不重叠的权威"(nonoverlapping magisteria)——即适当建构的科学与宗教不可能起冲突,因为它们构成不同的专长领域。[7]正如某篇社论文章所言,只有当个别领域"越过界并激起骚动时",问题才会出现。[8]其基本主张是:科学乃是处理物理宇宙运作的最佳权威;宗教则是对意义、价值、道德与美好生活的最佳权威。我希望能说服您,这不仅不真,而且不可能是真的。意义、价值、道德、美好生活等,一定与关于有意识动物幸福的事实相关——而在我们的例子中,一定合乎规律地仰赖于世界中的事件与人脑状态。理性的、不预设立场的、诚实的探索,一直都是洞察这种过程的真正源泉。就算信仰曾经在什么事情上是对的,那也是偶然误打误中的。

科学界不愿在道德议题上采取立场,已经为此付出代价。

它使科学看起来似乎在原则上与人生最重要的问题彻底分离。从流行文化的观点来看，科学经常只像个科技的孵化场而已。虽然大部分受过教育的人都会承认，在关于事实的层面上，科学方法几个世纪以来已给宗教带来重重难堪，但无论在科学圈内外，一条几乎不容置疑的铁律就是，科学对构成良善生活的要素并没有什么话可说。涵盖众信仰及政治光谱两极的宗教思想家正是在这点上联合起来；我们最常听到的对信仰上帝的辩护，并不是有他存在的令人信服的证据，而是对他的信仰是意义与道德指引的唯一可靠来源。互不相容的宗教传统现正避居于同一套不合逻辑的推论背后。

然而似乎无可避免地，科学终将逐步涉及生命中最深刻的问题，而这势必会激起反弹。如何应对继之而起的世界观的碰撞，自然会影响科学的进步，但它也可能决定我们是否能成功建立一个共享价值观的全球文明。对于人类该如何在21世纪生活的问题，存在很多相互竞争的解答，而它们大部分必定是错的。只有对人类幸福的一个理性的理解，才能让数十亿人和平共存，辏合在同样的社会、政治、经济、环境等目标上。一个关乎人类兴旺发达的科学似乎还其道迢迢，要达到目的，我们必须先承认该智识领域确实存在。[9]

贯穿本书的是一个我称之为“道德景观”（moral landscape）的假设空间——一个包含现实与潜在后果的空间，其高峰对应于潜在幸福的顶点，而其幽谷则对应于可能的最深苦难。不同的思考与行为方式——不同的文化习惯、伦理规章、统治方式等等——将转译成穿过此景观的运动，因此转译成不同程度的人类昌盛。我并非主张我们必须对每个道德问题都找到一个正确答案,或者单一的让人类生活下去的最好方式。有些问题也许容许多个约略等值的答案。然而,道德景观上的多重高峰并不代表它们较不真确或不值得发现,登在峰顶与卡在低谷的差别也不会因此变得更不清楚或更不具效力。

道德问题有复数解答未必会对我们构成问题,试想一下我们怎么考虑食物:没人会辩称一定只有一种正确的食物可吃。然而在健康食品与毒药之间还是有客观的事实。虽然有例外的情形——例如有些人吃花生会死——但我们能在对化学、生物学、人类健康等理性讨论的语境中解说这些例外。世界上食物种类的丰富,并不会诱使我们宣称在人类营养方面没有什么尚待探索的事实,或者所有烹饪风格在原则上一定同等健康。

穿越道德景观的运动可以在许多层次上分析——范围涵盖生物化学到经济学——但就人类而言,变化必然依赖人脑的状态与性能。我虽然完全支持科学中"融通"(consilience)的看法[10]——因而把科学的专业分界主要视为建构学院殿堂的功能,以及个人在一生中所能学习的局限——但神经科学与其他心智方面的科学在人类经验议题上的首要地位,是不容否认的。人类经验显示了生存的每个迹象都被人脑的状态所决定与实现。

许多人似乎认为一个共通的道德概念势必要求我们寻找没有例外的道德原则。例如:如果撒谎真的是错的话,那它必须总是错的——而我们如果能找到一个例外,那任何道德真理的看法就必须放弃。可是道德真理的存在——即我们怎么思考、怎么行为与我们的幸福之间的关联——并不要求我们依据不变的道德知觉来界定道德。道德可以很像国际象棋:肯定有一般适用的原则，但也可能允许重要的例外。你若想玩好国际象棋，像“别失去皇后”这样的原则几乎总是值得遵守。但也允许例外：有的时候牺牲皇后是精彩的一招，偶尔甚至是唯一可走的一步。然而，依旧不可否认的事实是，在一盘棋局中，从任何位置都将有某种范围内客观的好棋法和客观的坏棋法。如果对于人类幸福有待知的客观真理的话——例如仁慈是否通常比残忍更能导致快乐——那科学有一天应该能对我们的行为与关注对象做出非常精准的断言：哪些在道德上是好的，哪些是中性的，哪些是值得放弃的。

虽然说距离我们对人类如何昌盛有完全了解还很远，但零碎的解释正在出现。例如，想一想童年早期的经验、情感联系等，与一个人在人生后来形成健康人际关系的能力之间的关联。我们当然知道忽视和伤害情感，无论在心理上或社交上都是不好的。我们也知道童年早期经验的作用一定在脑中显真了(realized)。对啮齿动物的研究表明了亲本养育、社会性依附、压力调节等，都部分受到后叶加压素(vasopressin)与后叶催产素(oxytocin)等荷尔蒙的支配[11]，因为它们影响了大脑奖赏系统中的活动。所以当问到为什么童年早期受忽视对我们的心理和社交发展有害时，认为这可能源于此一系统失调似乎是合理的解释。

虽然为了实验的目的剥夺小孩的正常照顾是不合伦理的，社会却不经意地每天在进行这样的实验。为了研究童年早期感情被剥夺的后果，一组研究者在两类人群——传统家庭里养大的儿童与头几年在孤儿院度过的儿童——中测量了后叶催产素和后叶加压素的浓度。[12]正如你可能预期的，被国家抚养的孩子一般得不到正常水平的养育。他们也往往在日后产生社交与情感上的困难。正如预测,这些孩子对与养母身体接触时的反应,未能显示正常的后叶催产素和后叶加压素的激增。

相关的神经科学才刚开始发展而已,但我们知道我们的感情、社会互动、道德直觉等彼此互相影响。我们通过这些系统与其他人产生调和,并在此过程中创造了文化。文化变成了进一步的社交、情感、道德等发展的一个机制。毫无疑问,人脑正是这些影响的枢纽。文化规范借改变我们头脑的结构与功能来影响我们的思考和行为。你觉得比起女儿你更想有儿子吗?对父母权威的服从比诚实的探究更重要吗?如果你得知孩子是同性恋者你会停止爱孩子吗?做父母的对这种问题的看法,以及在他们孩子生活中的后续作用,一定会转译成关于他们大脑里的事实。

我的目标在于说服你,人类知识与人类价值观并非是分离的。量度的世界与意义的世界最终必须调和。而科学与宗教——正是对同一现实恰恰相反的思考方式——则永远不会和解。正如所有的事实问题一样,对道德问题的不同意见无非是显示了我们知识的不完整;它们并不使我们必须无限期地尊重纷纭的观点。

事实与价值

18 世纪的苏格兰哲学家大卫・休谟(David Hume)有段著名的论述:没有任何对世界如何(事实)的描述能告诉我们该怎么行动(道德)。[13]继休谟之后,哲学家摩尔(G. E. Moore)宣称,任何想在自然界找出道德真理的企图，都犯了一种“自然主义的谬误”(naturalistic fallacy)。[14]摩尔辩说，善不能等同于人类经验[如愉悦、快乐、进化适存度(evolutionary fitness)等]的任何性质，因为这些性质本身还是可以被追问是否良善。例如：假使我们要说善与任何带给人们愉悦者同义，那还是可能担忧某愉悦个例是否真是善的。这叫作摩尔的“未决问题论证”(open question argument)。我虽然认为，当我们把焦点放在人类的幸福上时，这个词语的陷阱就能轻易避开，但大多数科学家和公共知识分子显然都掉进去了。其他有影响力的哲学家，包括卡尔·波普尔(Karl Popper)在内[15]，都附和了休谟与摩尔的说法，而其后果就是遍及我们的知性话语中在事实与价值观之间创造了一道防火墙。[16]

心理学家和神经科学家现在虽然常规地研究人类的快乐、正向情绪、道德推理等，他们却很少依据发现结果，对人类应当如何思考或行为下结论。事实上，一位科学家若根据自身研究而对人们该如何生活提供了某种指引，这在知性上是见不得人的，甚至有点独裁的意味。哲学家兼心理学家的杰里·福多尔(Jerry Fodor)就把这种观点具体化了：

> 科学是关于事实的，不是关于规范；它或许能告诉我们，我们是如何如何；却无法说明，我们是否出错、错在哪里。人类状态的科学是不存在的。[17]

虽然很少有人说得这么清楚，但这种对理性之固有极限的信仰，现在是知识分子圈的定见。

尽管大多数科学家对善恶的命题保持缄默,但对道德与人类快乐的科学研究已进行得很深。这种研究注定会把科学带入跟宗教的正统观念和流行意见导向的冲突中——正像我们对进化的渐增理解已经如此——因为事实与价值的泾渭分明至少在三种意义下是虚幻的:(1) 关于如何将有意识动物的幸福最大化的课题——我将论证这是我们能合理珍惜的唯一事物——无论能够知道什么,都必须在某个时点转译成关于大脑及其与世间万物互动的事实;(2) 就像我们讨论事实所做的每个努力都必须依赖一些首要原则(如逻辑的连贯性、对证据的依赖、简约等等),"客观"知识(即通过诚实的观察和推理获得的知识)的理念本身,就有价值观建立于其中;(3) 无论是对事实或价值的信念,在大脑的层次似乎出于类似的过程——在这两个领域中判断真假似乎存在一个共同的系统。我将在下文对各点详加讨论。对于世界有什么要知道的,以及是什么大脑机制使我们能知道这两者而言,我们将看到事实与价值之间根本不存在清楚的疆界。

许多读者也许会奇怪,我们怎能让我们的价值观奠基于像"幸福"那么难界定的东西上呢?然而对我而言,幸福的概念似乎很像身体健康的概念:它拒绝精准的定义,却又不可或缺。[18]其实这两个词的意义似乎很可能随着我们在科学上的进步,随时保持修正的可能性。今天,一个人如果没有可察觉的疾病,能够运动,而且注定要活到八十几岁而不受明显的衰老之苦,那他就能认定自己身体健康。但这个标准可能改变。如果生物化学家奥布里·德格雷(Aubrey de Grey)把老化看成是允许完全解决的工程问题是正确的话[19]，那在100岁生日时能走上一里路并不一定相当于“健康”。也许会有一天，500岁时不能跑马拉松就被认为是严重的残疾。这种对人类健康观点的彻底转变，并不表示当前对健康和疾病的概念是武断的，仅仅是主观的或文化建构的。的确，健康的人和死掉的人之间的差别，是我们在科学中所能做的最清楚、最重大的区别。至于人类成就的顶点与人类苦难的深渊之间的差别，其实是同样清楚的，即使这两个方向都有待我们开疆辟土。

如我将论证的，假如我们定义能成就幸福的东西就是“善”的话，那摩尔“未决问题论证”所引导的回归论述就势必得停止。我虽然同意摩尔的疑虑——追究将愉悦最大化的个例是否为“善”确实合理，但如果追问的是把幸福最大化是否为“善”，就完全没有意义了。似乎清楚的是，当我们怀疑某个状态的愉悦是否为“善”时，我们真正问的是，对某种更深形式的幸福而言，它是有助或有碍？这个问题是完全条理清楚的；它当然有答案（无论我们是否能够回答）；而且，它把善的概念定锚于众生的经验上。[20]

以这种方式来界定善，并未解决所有的价值问题；它只是把我们的注意力导向价值观究竟是什么——那套潜在影响我们以及其他有意识心灵之幸福的态度、选择、行为等。虽然这使什么构成幸福的问题开放未决，但很有理由相信这个问题的答案范围有限。既然有意识动物的幸福注定会是自然律的产物，我们就必须期待这个可能性的空间——即道德景观——会越来越被科学阐明。

值得强调的是，对人类价值的科学性解说——即把价值直接置于联结世界状态和人脑状态之影响网络中的解说——和进化论的解说并不相同。此刻,大部分构成人类幸福者,都不是狭隘的达尔文主义演算所能掌握的。虽然人类经验的可能性必须在进化为我们打造的脑子里实现,但我们的头脑并不是为了我们最终的实现所设计。进化绝不曾预见创造稳定民主制度、缓和气候变迁、拯救其他物种以免灭绝、抑制核子武器的扩散,或者本世纪其他攸关快乐之作为的智能与必要性。

正如心理学家史蒂芬·平克(Steven Pinker)所观察的[21],如果遵从进化的指令是主观幸福的基础,那么大部分男人会发现,人生没有比每天向当地精子银行库捐献更高的天职。毕竟就男人的基因角度而言,没有什么会比大量制造数以千计的孩子而不招致任何相关成本或责任更令人满足的了。可是我们的心智并不只是遵从天择的逻辑。任何戴太阳眼镜或抹防晒霜的人,其实都已经供认他不情愿过着基因为他安排的生活。我们虽然继承了祖先从前在打猎采集的小族群里得以生存繁衍下去的许多渴望,但老实说,有一些内在生活的元素与我们在今日世界所发现的快乐并不兼容。以吃几个油光光的甜甜圈开始一天,并以婚外情结束一晚的诱惑,也许对某些人而言很难抗拒,其理由也很容易在进化论中理解,可是一定有更好的方式来把一个人的长期幸福最大化。我正在鼓吹的"好"跟"坏"的观点,虽然完全被我们目前的生物性(以及其未来的可能性)所约束,但并不能直接化约为本能的驱力和进化的指令,我希望这点是清楚的。就像数学、科学、艺术,及其他几乎任何一个令我们感兴趣的东西一样,我们现代对意义与道德的关怀,已经飞离了进化建造的栖木。

信念的重要

人脑是一部信念的引擎。我们的心智不断在消费、生产，并试图整合标榜为真的关于我们自己及关于世界的想法：伊朗正在发展核子武器；季节性流感能透过平常的接触传播；我其实灰头发更好看。我们必须做些什么来相信这种陈述呢？换句话说，大脑得做什么来接受这种命题为真？这个问题标示出许多学科的交叉点：心理学、神经科学、哲学、经济学、政治学，乃至法律学。[22]

信念也替事实与价值之间的鸿沟架桥。我们对事实形成信念，而在这种意义下的信念构成我们对世界的大部分认知——透过科学、历史、新闻等等。但是我们也对价值观形成信念：对道德、意义、个人目标、人生的更大目的等的判断。它们虽然在若干方面可能不同，但这两个领域中的信念共有非常重要的特征。两种信念都对对与错做了心照不宣的断言：这些断言不仅是关于我们怎么想、怎么行动，也关于我们应该怎么想、怎么行动。像"水是两份氢和一份氧"的事实信念，和"残忍是错的"这类的伦理信念，并非只是偏好的表达。要真的相信上述任何一个命题，也势必得相信自己是出于合情合理的理由才接受它的。因此，那代表着相信自己依从了某些规范——即自己是神志正常的、理性的，没有自我欺蒙，没有混淆不清，没有过度偏执等等。当我们相信某事在事实上为真或道德上为善时，我们也相信别人在同样处境中应该会共享我们的信念。这点似乎不会改变。在第3章我们将看到信念的逻辑性质和神经学特性都进一步地彰显事实与价值之间的分割是虚幻的。

“好的生活”与“坏的生活”

为了有效支撑我对道德景观的论证，我们仅须同意两点：(1) 某些人的日子过得比另一些人好；(2) 这些差异以某种类似定律、不全然武断的方式与人脑及世界的状态产生关联。为了使这两个前提不那么抽象，设想一下两种近乎极端形态的生活案例：

“坏的生活”

你是一位年轻的寡妇，一辈子都活在内战中。今天你7岁大的女儿在你眼前被强奸和肢解了。更糟的是行凶者是你14岁的儿子，他是在一队前来招兵买马、嗑了药而糊涂的士兵对他挥着开山刀的驱使下犯下罪行的。你现在正赤脚往丛林里跑，凶手们在你背后追赶。这天虽然是你这辈子最坏的一天，但跟你一生的其他日子相比，也并非完全脱节：从你诞生的那一刻起，你的世界就一直是个残酷与暴力的剧场。你从没上过学，没洗过热水澡，也没走出过丛林的绿色地狱。连你所认识的最幸运的人也难得从长期的饥馑、恐惧、冷漠、混乱中稍微喘口气。不幸的是，即使按照这些凄惨的标准，你还是非常倒霉。你的一生一直面临漫长的危急状态，而现在就快过去了。

“好的生活”

跟你结婚的是你所遇到过最亲爱、最聪明、也最有魅力

> 的人。你们都拥有能激发知性、有良好经济收入的事业。几十年来，你的财富和社会关系允许你致力于能带给你高度满足感的活动。你快乐的最大泉源之一，就是想出有创意的方法来帮助生活中没有你这么好运的人。事实上，你刚赢得一笔10亿美元的补助金去造福发展中国家的儿童。如果被问起，你会说你绝不能想象你的时间还能用得更好。由于好的基因和最佳机遇的组合，你和你的亲朋好友都会过着长久、健康的生活，不受犯罪、突发的丧亲之痛，以及其他不幸事件的伤害。

我所挑选的例子虽然是概括性的，却很真实，它们代表了某些人此刻很可能正在过的生活。虽然一定还有别的生活方式能够延展上述苦难与快乐的范围，我想这两个例子指出了原则上我们大部分人所能接触的一般经验范围。我也认为，不容争辩地，至少对我们自己以及对跟我们亲近的人而言，要了解我们的人生绝大多数情况下该怎么过，首先需要认识到“坏的生活”与“好的生活”之间的差别。

让我干脆承认，如果你看不出这两种生活之间的区别值得评价（上述前提一），那不管我怎么说，都不可能吸引你到我的道德景观观点中去。同样地，你如果承认这两种生活是不同的，其中一个当然比另一个好，但你相信这些差异和人类行为、社会条件或大脑状态等没有定律般的关系（上述前提二），那你也未能看出我论证的要点。我虽然不认为前提一或前提二能被合理地怀疑，但就讨论这些议题的经验而言，无论这种怀疑看起来有多牵强，我还是应该予以谈论。

其实真有人宣称，他们对“坏的生活”与“好的生活”之间的差别全然无感。我甚至遇到过有人竟然否认有任何差别存在。他们虽然会承认我们习惯上的所言所行仿佛有个经验的连续体，其一端可以用像“苦难”“恐怖”“煎熬”“疯狂”等等之类的词语来形容，另一端则为“幸福”“快乐”“和平”“运气”等等；但当对话转到哲学与科学的题材时，这种人会说出很有学问的话来，比如：“可是，那其实只是我们玩弄某种语言游戏的方式而已，它并不意味在真实上有所差别。”我们希望这些人在面对人生的困难时，也能如此气定神闲。事实上，他们也经常会使用像“爱”和“快乐”之类的词汇；但我们不禁质疑，这些词汇若不隐含偏爱“好的生活”更甚于“坏的生活”的话，还能表达什么意思？任何声称看不出这两种生活状态（及其相伴的世界）之别的人，应该有同样的机会随便分派任何一种生活方式给自己和自己所“爱”的人，并都管其结果叫作“快乐”。

问问你自己，如果“坏的生活”与“好的生活”之别对一个人无所谓的话，那还有什么对他能有所谓？用最宽的尺度来表达的话，能想象还有什么可能比这个差别更令人在乎的吗？如果有个人说：“好吧！我是可以把世上70亿人普渡到‘好的生活’，可是我另有要事。”我们对他会怎么看呢？还有可能有其他要事吗？任何真正的要事不是最好在“好的生活”所提供的自由和机会中完成吗？即使你正巧是个受虐狂，幻想偶尔被开山刀逗弄，那这个欲望不还是最好在好生活的语境中得到满足吗？

想象一下某人把所有精力用在尽可能把更多人移向“坏的生活”，同时有另一个人同样地致力于消解这个损害而把人们往相反的方向移动。你能想象你或你认识的任何人能忽视这两项工程的差别吗？有任何把它们或它们根本的动机混淆的可能性吗？难道这些差别不是必然有客观的条件吗？例如：假使一个人的目标是把全部人口稳当安置于“好的生活”，那不会有或多或少更有效的方法来做此事吗？强迫少年们去强奸与杀戮其女性亲属，有可能放进这个图景里吗？

我并不想过于啰唆，但这点太重要了——而且在受过教育的圈子里有个普遍的假设，即这种差别要么不存在，要么就是变异太大、太复杂或太具文化独特性了，因而无法容许一般性的价值判断。然而，一个人一旦承认“坏的生活”与“好的生活”的差别跟人脑状态、人类行为，以及世界状态有定律性的关联，他就得承认道德问题的答案有对有错。为了确实厘清此论点，请容我再检视几种反对意见：

> 如果置于更大的语境中来看，“坏的生活”其实比“好的生活”还好——例如：假使那些孩子兵因为已经将其罪行净化，或者已经学会用对的名字叫真主，于是在某种来世获得更大的快乐，但那些过“好的生活”的人却在某种实质的地狱中永远被折磨——那又当如何？

如果宇宙真是用这种方式组织的话，那我的许多信念在审判日（世界末日）会被纠正。然而，我对事实与价值之关联的基本主张仍然不受质疑。来生的奖惩只会改变道德景观的时间向度。如果以长久而论，“坏的生活”真的比“好的生活”还好——因为它帮你赢得无穷的快乐，而“好的生活”只代表着预示永恒苦难前的一点愉悦——那“坏的生活”就当然比“好的生活”要好。如果宇宙运作的方式确实如此的话,那我们在道德上就有义务为尽可能最多的人策划出一个适当而具有价值的"坏的生活"。在这样的架构下,对道德问题的答案还是会有对有错,而且还是会按照有意识生物的经验来评定。剩下来唯一需要商榷的是,担忧宇宙可能用这么古怪的方式来建构究竟有多合理。我认为一点也不合理——不过那已是另一个不同的议题。

如果若干人会真的偏爱"坏的生活"甚于"好的生活",又当如何?也许有精神变态者和虐待狂确实期待在"坏的生活"的语境中蓬勃发展,并且觉得没有什么比拿开山刀杀人更快乐了。

像这样子的烦恼不过提出了我们该如何臧否异议的问题。杰弗里·达默尔(Jeffrey Dahmer)对日子过得"好"的理解,是杀死年轻男子、跟尸体性交、分尸,再留下尸块当纪念品。对于精神变态的问题,我们在第3章会有更详尽的说明。在此刻,我们只需注意在任何知识领域,都应该可以认定若干意见全然不值一提。其实,对于知识或专业而言,这样的认定是必需的。那么,为什么在人类幸福的议题上就要有所不同呢?

任何不认为"好的生活"比"坏的生活"更可取的人,不大可能对关于人类幸福的讨论有什么贡献。在繁荣的公民社会语境中享受的仁慈、信任、创造力等等,比在充满带有危险病原之凶恶蚊虫的闷热丛林里忍受内战的恐怖要好,对此我们真的必须争辩吗?我想不必。在下一章,我将论证任何会认真坚持相反情况才对(或甚至有可能对)的人,若不是误用了词语,便是没花时间去思索细节。

我们如果明天在亚马逊发现了一个新的部落，没有一个在世的科学家会先验地假设，那些人一定享有最大的身体健康和物质繁荣。反而，我们会探询关于这个部落的平均寿命、每天摄取的卡路里、死于分娩妇女的百分比、传染病的流行程度、物质文化的呈现情况等等问题。这种问题会有答案，而且它们很可能揭露石器时代的生活蕴含若干妥协。不过这些欢乐的人喜欢对想象的神牺牲头一胎孩子的消息传来，却使许多（甚至大部分的）人类学家去辩说该部落拥有另一套道德规范，其每一点滴都和我们自己所拥有的同样有效与不可撼动。然而，我们一旦将道德与幸福联结起来，我们就应认定该部落的成员在心理上和社会上所享受的满足感，势必与地球上的任何民族相当。我们对身体健康与心理/社会健康在想法上的差距，显露了一个怪诞的双重标准：一个基于我们对人类幸福一无所知（或者更确切地说假装不知道）来做预测的标准。

当然，有些人类学家拒绝追随同僚坠下知识悬崖。罗伯特·埃杰顿（Robert Edgerton）用一整本书来对“高贵的野蛮人”神话驱邪，详述了20世纪20年代与30年代最有影响力的人类学家，如弗朗茨·博厄斯（Franz Boas）、玛格丽特·米德（Margaret Mead）、鲁思·本尼迪克特（Ruth Benedict）等，有系统地渲染土著社会的和谐，并忽视了他们太常有的野蛮行径，或者反过来归咎于殖民主义者、商人、传教士之类的恶性影响。[23]埃杰顿详述了这种文化间只有差异的说法如何划定了整个学科的路径。从此，在道德方面对社会做比较就被视为不可能了。大家相信我们所能做的只是从某种文化自身的角度出发，进而去理解与接受该文化。这种文化相对论变得极为根深蒂固,乃至到了 1939 年,一位杰出的哈佛人类学家写道,这种不置可否“或许是人类学研究对一般知识所做的最有意义的贡献”。[24]我们希望并非如此。总之,那是个我们还在挣扎着从中觉醒的贡献。

许多社会科学家错误地认为,所有由来已久的人类惯行一定是进化论上的“适者”,要不然它们怎能持续存在? 因此,连最怪诞、最无任何效益的行为——女性外阴切除、血债血偿、杀婴、虐待动物、瘢痕纹身(scarification)、缠足、食人俗、典礼性强奸、活人献祭、危险的男性成年礼、限制孕妇和哺乳母亲饮食、奴隶制、夸富宴(potlatch)、杀老、殉夫(sati)、造成长期饥饿与营养不良的对饮食和农业的非理性禁忌、用重金属治病等等——在一些迷茫的民族志学者火热的涂鸦中也被合理化,或者甚至理想化了。但信仰体系或习俗的历久并不表示它是“适者”,更别说明智。它只表明它没有直接导致一个社会的崩溃或马上置其施行者于死地。

密切留意基因(gene)与模因(meme,例如信仰、观念、文化惯行等)之间明显的差异也是重要的。后者是被沟通的;它们并不随着人类宿主的配子(gamete)旅行。因此,模因的存活并不靠它们对于个人或团体赋予了某种实际利益(生育的或其他方面的)。连续好几个世纪,人们在减损其幸福的理念和其他文化产物上的交流是相当可能的。

显然,人们能采纳一种没必要损害其身体健康的生活形态——许多原始社会的平均寿命几乎不到 20 世纪中叶以降发达国家的 1/3。[25]一个无知与孤立的民族可能损害自身的心理幸福,其社会制度可能变成无谓的残酷、绝望、迷信等的发动机,这些状况为什么不是同样明显？去想见某部落或社会怀有的对真实的信仰，可能不仅是假的，而且可证明是有害的，这为何会带来任何一丝争议？

每个曾经存在的社会都必须借由社会机制和组织来排解或遏抑人性的若干面向——嫉妒、地盘暴力、贪婪、欺诈、懒惰、作弊等等。如果所有社会——不论大小、地理位置、历史地位或成员的基因组合——在这方面的成就都是一样好的话，那真是个奇迹。然而，文化相对论盛行的偏见却假定了这种奇迹发生过不止一次，而是总在发生。

且让我们花点工夫来厘清立场。从事实的观点来看，一个人可不可能相信错的事情呢？可能。一个人可不可能珍重错的东西（也就是，在人类幸福上相信了错的事情）呢？我坚决主张答案是同样强度的“可能”，因此在价值观的建立上，科学应该增添知识上的协助。可不可能有些人无法想要他们应该要的呢？当然可能，正如总是有人无法掌握具体事实或相信若干真实的命题。跟其他对心智能力或失智的描述一样，这些终将回归对大脑的陈述。

受苦能是好的吗？

在道德景观中往上爬升有时需要受苦，这点似乎很清楚。或许也需要像内疚和愤慨之类的负面社会情绪。再一次，与身体健康的类比似乎有用：我们偶尔必须经历一些不快——服药、手术等等——以避免承受更大的苦痛或死亡。这个原则似乎适用于我们的整个人生。单单学习阅读或玩一种新的运动，就能产生很深的挫折感。然而毋庸置疑地，获得这些技能一般可以改善我们的生活。即便在极为沮丧的时期，都可能导致更好的人生抉择和创造性的视野。[26]这似乎是我们的心智运作的方式。那就这样吧！

当然，这个原则也适用于文明整体。单单对一座城市的基础设施做一点所谓的"改进"，就能对数百万人造成大大的不便，而且总是可能有意想不到的结果。例如：现在地球上最危险的道路，似乎是喀布尔（Kabul）到贾拉拉巴德（Jalalabad）之间的双线公路。它在还没有铺设路面、填坑和撒满卵石前反倒比较安全；可是一旦某些爱帮忙的西方承包商改进它以后，当地阿富汗人的开车技巧就终于从物理法则中解放了。许多人现在有了在视线不良的弯道超越缓行卡车的习惯，结果只发现他们突然面对一无遮拦的致命的万丈深渊。[27]从这种以进步为名的误判行为中有没有教训可学呢？当然有。但它们并不会抵消进步的真实性。由此再次显现，"好的生活"和"坏的生活"的差异是何等清楚：对个人和团体皆然，问题都在我们如何稳当地往一边移动而避免朝另外一边沉沦。

宗教的问题

任何想理解世界的人都应该对新的事实和新的论证保持开放的心态，即便对于自身观点已根深蒂固的主题亦然。同样地，任何对道德——对让人们昌盛的行为原则——真正感兴趣的人，应当对与快乐和受苦问题有关的新证据和新论证保持开放的心态。显然，坦率论述的主要敌人就是所有形式的教条主义。教条主义是大家公认的对科学推理的障碍。然而由于科学家向来对价值规范敬而远之，甚至连是否有置喙余地的机会都不愿想象，于是教条主义得以在宗教的旗帜下对真理与善的问题享有非凡的尺度。

2006 年秋天，我参加了索尔克研究所（Salk Institute）历时 3 天的研讨会，题目是“超越信仰：科学、宗教、理性与存活”。这项活动由罗杰·宾厄姆（Roger Bingham）筹组，并以市政厅会议的形式面对听众与特邀嘉宾。演讲者包括史蒂芬·温伯格（Steven Weinberg）、哈罗德·克罗托（Harold Kroto）、理查德·道金斯（Richard Dawkins），以及其他许多科学家和哲学家，他们自始至终都是宗教教条主义和迷信的有力反对者。整个房间满满都是具备高度智慧、有科学素养的人——分子生物学家、人类学家、物理学家、工程师等——然而令我惊讶的是，对宗教与科学之间到底有没有任何冲突的简单问题，整整 3 天还不够达成共识。想象一下一个山友的聚会，对他们的运动到底需不需要走上山都无法有一致性的意见，你就会感受到我们的研讨显得多么怪诞。

在索尔克的会场上，我亲闻科学家们提出了我所听过的最不诚实的宗教辩解声音。平常听人说教皇是无人匹敌的理性捍卫者，他对干细胞研究的反对，既是基于道德原则又完全未受宗教教条主义污染，是一回事，但这种说法若来自身为美国总统生物伦理委员会（President’s Council on Bioethics）成员的斯坦福大学医生，那又是另一回事。[28]研讨会中，我有幸听到了下面这样的说法：由于生活在一个非理性的世界，所以人们不能被说服脱离他们的信仰；科学对我们的伦理生活没有（也无法）做出重要贡献；颠覆古神话并进而“剥夺人们的希望”，并不是科学家的工作。这些全出于无神论科学家之口，他们在坚持自己强硬怀疑态度的同时，也同样坚决地认为批评宗教信仰是没用、鲁莽乃至下流的事。在我们的小组讨论中，我几次想到影片《天外魔花》（*Invasion of the Body Snatchers*）的最后场景：看起来像科学家的人，曾经发表科学论著，而且不久就要回到他们的实验室中，却只要受到一丁点怂恿，就会为宗教蒙昧主义的外星人的嘶鸣发声。我以前曾经想象过在我们的文化战争中，战火前线应该位于各大教堂的门口；现在才明白，我们在更近的战壕中还有相当多工作要做。

我已在别的地方证明，关于事实，宗教和科学是处于零和冲突。[29]在这里，我已开始论证事实与价值的区分在知性上是维持不住的，尤其是从神经科学的角度来看。于是，我之所以认为在道德问题上信仰与理性之间没有什么妥协的余地，也就没有什么好惊讶了。虽然宗教不是本书的主要焦点，任何对于事实与价值之间的关系、信念的本质、科学在公共论述中所扮演的角色等的讨论，都必须继续在宗教意见的负担下详细分析。因此我将在第4章更深入地考察宗教与科学之间的冲突。

不过许多科学家觉得他们必须假装宗教和科学是兼容的，这并没有什么神秘之处。我们最近才从许多黑暗世纪的宗教迷惘与迫害中冒出头来——我们有些人靠跃进，有些人靠曳脚而行，有些人则靠匍匐——进入一个主流科学还不时被一般大众乃至政府公然以敌意对待的时代。[30]现在虽然很少有西方科学家害怕被宗教狂热分子施以酷刑或处死，但许多人，尤其在美国，仍担忧他们如果冒犯了宗教会失去研究经费。此外在科学相对贫穷的现状下，像坦普尔顿基金会（Templeton Foundation，他们的捐赠目前已达15亿美元之巨）之类的阔气机构，也似乎成功地说服了一些科学家和科学记者，把智识整合与古早世代的幻想彻底切割才是明智之举。

由于对社会不公的补救并不容易，许多科学家和公共知识分子也相信，最好让广大群众继续被虔诚的妄想麻醉。许多人声称，虽然他们不需要一位想象的朋友就能过得很好，可是大部分的人类总是需要信仰上帝。根据我的经验，持有这种意见的人，似乎从来不会注意到这种观点对于他人——以及未来世代——是多么高傲、缺乏想象力以及悲观。

这种良性忽视的策略——范围从个人的伪善到没必要的损害数百万人的健康和安全的公共政策——必须承受社会、经济、环境和地缘政治的压力。然而，许多科学家似乎担心，批评人们的宗教信仰会启动一场科学打不赢的思想战争。我相信他们是错的。更重要的是，我确信我们最终在这件事上会无所选择。零和冲突会越趋明确。

我们的处境是这样的：如果宗教的基本主张为真，那科学的世界观就极为狭隘，又易受超自然变形到显得近乎荒谬的地步；如果宗教的基本主张为假，那大多数人就都对真实的本质深感困惑，为非理性的希望和恐惧惊惶失措，而往往会浪费宝贵的时间与注意力，还经常伴有悲剧的结果。这真是科学能够宣称中性的二分法吗？

大多数科学家对这些题目的敬重和纡尊，成为公共论述中一个更大的问题：人们对信念的本质、对科学和宗教两种思考模式间存在令人反感的鸿沟,或对道德进步的真正来源等,往往都不说实话。关于我们在伦理上及精神上的真实情况,就今日而言都是可被发现的,而且都可以用不会直接冒犯对世界之渐增理解的用语来谈。把我们生活中最重要的特性,定锚于对古籍独特神圣性的分歧说法或对远古奇迹的谣言,是毫无意义的。毋庸置疑的是,我们如何谈论人的价值——以及我们如何研究大脑层次的相关现象,无论成功或失败——将深刻影响我们集体的未来。

第1章

道德真理

许多人相信,过去几世纪以来的知性进程当中,存在一些要求我们不以“道德真理”谈论事物的因素,因此无法进行跨文化的道德判断,或者根本不做道德判断。我曾在各种公共论坛讨论过这个题目,也听过数以千计受过高等教育的男女说道德是个神话,关于人类价值的陈述欠缺真理条件(因此是无意义的),而像幸福和苦难等概念定义极为不清,或者极易受制于个人的突发奇想和文化的影响,乃至不可能对它们有所认知。[①]

这当中有许多人也声称,为道德寻求一个科学基础无论如何都无济于事。他们认为我们即便自知“善”和“恶”的观念毫无根据,依然能与人类的邪恶搏斗。看同样的这些人尔后对明显的恶行不敢直接谴责,总觉得很有趣。心灵的生活玄妙非常,你看,一位知名学者,前一刻才宣称道德相对论绝不会消减我们促使世界变得更好的承诺,然而才不过 30 秒,又转身去为穆斯林妇女罩袍或女性外阴割礼的“情境”合法性作辩护。[②]

所以很明显地,我们在朝向道德科学的前景迈进之前,必须先清理一些哲学的争执。在本章中,我试图在大部分读者对这种工程所具有的耐心极限内来这么做。我鼓励读完本节时还存有疑问的读者可以参考一下书后的注释。

首先,我想阐明我的一般论题:我并非提议,科学能对人们以“道德”为名的所作所为给予一个进化论的或神经生物学的说明。我也不是简单地认定,科学能帮助我们得到我们想从生活中获取的事物。这些都会是相当平庸的主张,除非有人正巧怀疑进化的真理、心灵对大脑的依赖或科学的一般效用。我所要论证的是,科学能在原则上帮助我们了解我们应该做什么或应该要什么,也因而推想别人应该做什么或应该要什么,方得以过着可能的最好生活。我的主张是对于道德问题的答案有对有错,正如对物理问题的答案有对有错,而这种答案有一天可能落入成熟心智科学所能企及的范围。

我们一旦看出对于幸福(定义得尽可能深刻与包容)的关怀,是道德和价值唯一可理解的基础,我们就会明了一定有个道德的科学,无论终究是否能成功地发展出来:因为有意识动物的幸福依托于宇宙整体如何运作。在物理宇宙的变化及我们对它的经验能被理解的情况下,科学应该越来越能使我们回答具体的道德问题。譬如:到底把我们下一个10亿美元花在根除种族歧视上还是根除疟疾上更好?一般而言,“善意的”谎言或者是闲言碎语,哪一个对我们的人际关系比较有害呢?这样的问题此刻似乎还无从掌握,但它们可能不会永远如此。随着我们逐渐了解人类如何能采取最佳的合作方式在这个世界上繁荣发展,科学就能帮我们找出一条使最大多数人脱离最深的苦难渊薮并朝向快乐高峰的途径。当然,对衡量若干行动的后果将会有现实的阻碍,而且不同的人生途径可能在道德上是等同的(即在道德景观中可能有许多山峰),但我所要论证的是,谈论道德真理本身在原则上并没有障碍。

然而,在我看来,似乎大部分受过教育的世俗人士(这包括大部分的科学家、学者和记者)都相信,并没有什么道德真理——存在的只是道德偏好、道德意见,以及我们误认为是攸关对错之真实知识的情感反应。我们虽然能理解人类如何以“道德”之名去思索与行动,但一般广泛的想法却认为,道德问题并无有待科学去发掘的正确答案。

有些人坚持这种观点,而把“科学”用极其狭隘的条件来界定,好像它跟建立数学模型或直接获取实验数据同义。然而这是误把科学和极小一部分科学工具划上了等号。简单而言,科学代表了我们对理解这个宇宙发生了什么事所做的最佳努力,而科学和其他理性思维间的界限,并不总是能划分清楚。要进行科学思考,必须先把许多工具拿到手——对于因果的想法、对证据与逻辑融贯性的尊重、少许的好奇心和知性的诚实、从事可证伪预测的倾向等等——而这些都必须在忧心数学模型或具体数据之前早早就付诸使用。

许多人也搞不清楚用科学的“客观性”来谈人的条件是什么意思。正如哲学家约翰·塞尔(John Searle)所言,“客观的”(objective)与“主观的”(subjective)有两种截然不同的意思。[③]第一个意义与我们如何知道[即知识论(epistemology)]有关,第二个则与有什么可知[即本体论(ontology)]相关。当我们说我们在“客观”推理或陈述时,一般意味着我们免于明显的偏见、对反对意见开放、认清相关事实等等。这是对我们如何思考提出主张。在这个意义下,对我们“客观地”研究主观的(即第一人称的)事实并无障碍。

例如:说我此刻正好耳鸣(耳朵里嗡嗡作响)是真的。这是个关于我的主观事实，可是我在陈述这项事实时是完全客观的：我没撒谎；我没夸大其词；我并非表达单纯的偏好或个人偏见。我不过在陈述一个此刻我正听到什么的事实。我也去看过耳科医生，确认了我右耳连带的听力损失。无疑，我的耳鸣经验一定有个可被发现的客观（第三人称）原因（很可能是耳蜗受损）。毫无疑问，我能以科学的客观性精神来谈我的耳鸣，而且，的确，各种心智科学大致靠我们能把第一人称对主观经验的报告与第三人称的大脑状态联系起来。这是研究像抑郁症之类现象的唯一方法：基本的大脑状态必须参照一个人的主观经验来加以辨别。

然而，许多人似乎认为由于道德事实与我们的经验有关（因而本体论上是"主观的"），所有对道德的谈话在知识论的意义上就一定是"主观的"（即带偏见的、仅仅是个人的等等）。这根本不是事实。我希望大家清楚，当我谈论"客观的"道德真理或人类幸福的"客观的"成因时，我并未否定正在讨论的事实必定存有主观的（即经验性的）成分。我当然不是主张道德真理独立于有意识生物的经验之外——就像柏拉图式的"善"[4]——或者若干行动在本质上就是错的。[5]我不过是在说，既然关于有意识动物所能经验到最坏的苦难和最大可能的幸福存有待知的事实——真正的事实——那么道德问题之解答有对有错的说法在客观上就是真的，无论我们在实践上是否总能回答这些问题。

而且，正如我已说过的，关于现实本质的具体问题，人们始终未能区分在实践上有答案和在原则上有答案之别。当思索科学对人类幸福问题的应用时，至关重要的是我们不能忽略这个区别。毕竟有数不清的现象在主观上是真的，而且我们能客观地(即诚实地和理性地)讨论,但仍然不可能准确地描述。试想一下,人们在吹熄生日蛋糕上的蜡烛时,诚挚默许的那整套"生日愿望"。我们能够全盘记得这些没说出口的念头吗?当然不能。许多人连回想起一个自己的生日愿望都有困难。难道这意味着愿望从来不曾存在,或者我们不能对它们做真或假的陈述吗?我如果说这每一个愿望都是用拉丁文许的,都聚焦于太阳能电池板技术的改善,而且都靠人脑刚好一万个神经元的活动所产生,你会怎么想呢?是空洞的陈述吗?不对,它描述得相当精细,但肯定是错的。只有疯子才会相信这样的内容。显然,我们能对人类(以及动物)的主观性做出真或假的主张,而且我们经常不用触及相关事实,就能衡量这些主张。这是个完全合理的、科学的、必须经常去做的事。然而,只因为对于人类经验的若干事实不能轻易得知,或者可能永远无法知道,许多科学家就会说道德真理不存在。我希望表明的是,这种误解对人类知识与人类价值之间的关系制造出很大的混淆。

另一件使道德真理的观念难以讨论的事情是,人们设想共识时经常采取双重标准:大多数人认为科学共识的意思是科学真理确实存在,而一些科学争议只不过是尚须进一步探索的征象;然而同一批人当中,许多人却相信,道德争议证明了不会有道德真理这样的东西,同时道德共识只表明了人类经常持有同样的偏见。显然这种双重标准造成了反对普遍性道德概念的局面。[6]

然而,更深入的议题是,真理在原则上和共识毫无干系:有可能只有一个人是对的,而其他所有人都是错的。共识可以引导我们发现世界究竟发生何事,但也仅仅如此而已。共识的存在与否绝不能制约什么可能为真或可能不真。[7]在科学界,一定存在某些物理的、化学的和生物学的事实是我们不知道的或认知错误的。同样地,当谈到"道德真理"时,也一定有关于人类或动物幸福的事实是我们不知道或认知错误的。在这两种情况下,科学,以及普遍的理性思维,是我们能用来发现这些事实的工具。

而这里就是真正争议的起点,因为许多人强烈反对我的主张:道德与价值和有意识动物的幸福的事实有所关联。批评我的人似乎认为,就价值而言,意识并不具有特殊的地位,或者任何意识状态都有同样的机会被赋予同等的评价。针对我的论证最常见的反对形态如下:

> 可是你还没说为什么我们必须在乎有意识生物的幸福。如果有人想把所有的意识性生物折磨到发疯的地步,我们如何认定他的"道德"层次跟你不同?

我虽然不认为有人真的相信这种道德怀疑论有任何意义,可是绝对有不少人强调这点的猛烈程度,会常常让人以为他们的质疑是真诚的。

且让我们从意识的事实着手:我想我们能够只通过推理就可知道,意识是唯一可理解的价值领域。其他还有什么选择?我请你试着设想一个与有意识生物(实际或潜在)的经验绝对无关的价值来源。花点工夫想一下这会涉及什么:不管这个替代选择是什么,它都无法影响任何生物(无论此生或来世)的经验。把这样东西放进一个盒子,你在盒子里所有的(就定义而言),似乎就是宇宙中最无趣的东西了。

所以我们应该花多少时间来为这样一个超验性的价值来源操心？我想，我花在打出这句话上的时间就已经太多了。所有其他的价值观念都会和有意识生物实际或潜在的经验产生关联。所以我主张意识是人类价值和道德的基础，这并不是个随意的讨论起点。[8]

现在我们已经把意识摊上桌了，我进一步的主张是"幸福"的概念掌握了我们能在知性上赋予价值的一切。而"道德"——无论人们对这个词的联想为何——的确与能够影响有意识动物幸福的意图和行为相关。

关于这点，宗教的道德律概念经常被提出来作为反例：因为被问到为什么遵循上帝法则很重要时，许多人会狡黠地说："为其自身之目的"。当然，这种说法是可能的，但似乎是个既不诚实又语无伦次的主张。如果一个更有力的上帝会因为我们遵循耶和华的律法而永世处罚我们，那怎么办？如此一来，"为其自身之目的"去遵循耶和华的律法还有意义吗？无法忽视的事实是：信教者跟其他任何人一样渴望寻觅快乐并规避苦难，只是他们许多人正好相信，意识经验中最重要的变化发生在死后（即在天堂或地狱）。而虽然犹太教有时被当作例外——因为它倾向于不把重点放在来世——但希伯来圣经说得极为清楚，基于不守教义的负面后果的考虑，犹太人应该遵循耶和华的律法。不信上帝或来世但仍认同宗教传统很重要的人，之所以相信上述说辞，是因为这样过日子似乎能对他们的幸福或别人的幸福有所贡献。[9]

因此宗教的道德理念并不是我们对幸福普遍关怀的反例。

所有其他的哲学努力,或以责任、公平、正义及其他原则来描述道德,即便没有与有意识动物的幸福产生明显关联,最终还是汲取了幸福的构想。[10]

由此立即引发出许多怀疑,完全依赖于“幸福”一词可能意味着什么怪诞又狭隘的见解。[11]我想,一般人认为重要的事情——像公平、正义、悲悯及对人间现实的知觉——绝大部分将有助于我们创造一个欣欣向荣的全球性文明,因此对人类的更大幸福不可或缺,关于这点应该少有怀疑的余地。[12]而正如我先前所言,个人和群体的茁壮成长可能有许多不同的途径——即道德景观中的许多峰峦——因此人们如何在生命中获致深层满足的方式若真存有多样性,那么这种多样性就能在科学的语境中加以说明并受到尊重。“幸福”的概念就像“健康”的概念,确实是有待修正与发现的。然而,无论就个人或集体而言,我们到底有多大的可能得以获致满足呢?会产生这种快乐的条件——从基因组到经济体系的改变——是什么呢?我们根本不知道。

可是如果某些人坚持他们的“价值”或“道德”和幸福毫无干系呢?或者,更实际一点,如果他们对幸福的想法极为独特又深具局限性,以至于在原则上威胁到对其他所有人的幸福,那又该如何呢?例如:如果一个像杰弗里·达默尔那样的人说“道德景观中我感兴趣的山峰,是能让我谋杀年轻男子并和他们的尸体性交”,怎么办?这种极为怪异的道德许诺之展望的可能性,是许多人对道德真理的核心怀疑。

再一次,我们应该观察有关共识意义的双重标准:那些与我们没有共同科学目标的人对科学论述根本没有影响;可是,出于某种原因,与我们没有共同道德目标的人却使我们变得连谈论道德真理都不行。也许值得回忆一下,有些受过训练的"科学家"同时也信奉圣经创世论,其"科学"思考之旨意乃朝向诠释科学资料以切合圣经的创世记。这种人当然声称自己从事的是"科学",可是真正的科学家可以直率地(而且的确有义务)指出他们误用了该词。同理,有人声称非常关心"道德"和"人类价值",可是当我们看到他们的信念造成极大的苦难,就不该阻止我们直指其误用"道德"一词,或者说他们的价值观是扭曲的。我们如何说服自己,在人生最重要的问题上,所有的观点都必须同等对待?

想想天主教会吧!这个宣传自己是宇宙中追求善的最大力量以及对抗邪恶之唯一真正堡垒的组织。连对非天主教徒而言,其教义也广泛地与"道德"和"人类价值"的概念相连接。然而梵蒂冈是个因妇女企图当教士就开除[13]、却不开除强奸儿童的教士的组织。[14]它把施行堕胎以拯救母亲生命的医生逐出教会——即使那个母亲是个被继父强奸而怀了双胞胎的9岁小女孩[15]——但没有开除过任何一个犯下种族大屠杀的德意志第三帝国的成员。我们真的有义务认为如此恶魔般的是非次序颠倒是另类"道德"框架的证据吗?不!看来天主教会在谈避孕的"道德"凶险时,显然也和他们谈论圣餐变体说(Transubstantiation)的"物理学"时,同样误入歧途。在这两个领域中,该教会对这个世界上值得注意的事情确实都荒诞地混淆了。

然而,许多人会继续坚持我们不能谈论道德真理,或把道德锚定于对幸福的深层关怀,因为像"道德"或"幸福"等概念必须参照特定目标或其他准绳来定义,而没有什么能防止人们对这些定义存有歧见。我可能主张道德真的是关乎幸福的最大化,而幸福蕴含一个更大范围的心理美德和有益身心的乐趣,可是别人也能自由地宣称道德依赖于对阿兹特克神祇的崇拜,而幸福的概念(如果还有一丝重要性的话)总蕴含着把一个吓坏了的人关在地下室里等候被牺牲。

当然,目标和概念性的定义是重要的。但这对所有现象以及我们可能用来研究它们的每个方法都成立。例如家父已经死了25年。我说“死了”的意思是什么?“死了”的意涵有指涉特定的目标吗?好吧,如果一定要找的话,是的——指涉了像呼吸、能量的新陈代谢、对刺激的反应等等目标。其实,“生命”的定义直到今天还很难确定,难道这就可以意味着我们不能以科学的方式研究生命吗?不!即使有这种模棱两可,生物科学还是在蓬勃发展。“健康”的概念则更为松散:其定义也必须指涉具体目标——没有承受长期的疼痛、没有不断呕吐等等,而这些目标却持续在改变。也许有一天,我们对“健康”的看法会用现在无法认真考虑的目标来界定(像自发地再生失去的肢体)。这难道意味着我们不能用科学研究健康吗?

我怀疑世界上有任何人会想用这样的问题来攻击医学的哲学基础:“那所有不跟你同样持避免疾病和早死这种目标的人怎么办?谁能说一个没有疼痛、长期不衰老的人生是‘健康的’?什么使你以为你能说服一名患有致命性坏疽的人不跟你一样健康?”然而当我就人类和动物的幸福谈道德时,所面对的正是这类反对。人类的语言有可能为这种怀疑发声吗?有!可是这并不意味着我们得予以严肃看待。

一位批评我的人这么说:“道德因时因地而异。若你并非已经接受幸福是一种价值,那么似乎就不存在为什么我们应当提倡幸福的论据。”作为这个断言的证明,他说我将无法说服塔利班成员,他们看重的事情其实是错误的。然而,按照这个标准,科学的真理也“因时因地而异”,而且无法说服不看重实证证据的人也应当重视它。[16]尽管进化已经被研究了150年,可是我们还不能说服大部分美国人相信进化是一项事实。这难道意味着生物学不是一门正当的科学吗?

每个人都有个直觉的“物理学”,但我们的直觉物理学有很多是错误的(就描述物质行为的目标而言)。只有物理学家对我们在宇宙中主宰物质行为的法则有深刻的理解。我强烈主张每个人也都有个直觉的“道德”,但我们的直觉道德有很多分明是错的(就把个人和集体的幸福最大化的目标而言)。只有真正的道德专家才会对人类与动物幸福的原因和条件有深刻的理解。[17]是的,我们谈到物理或道德时,必须有个目标来界定什么是“对”什么是“错”,而这个准绳在这两个领域是同等重要。是的,我清楚地认为塔利班成员正在此世觅求幸福(来世亦然)。可是他们的宗教信仰却导引他们创造出一个对人类的繁荣昌盛几乎完全敌对的文化。无论他们以为他们想从生活中得到什么——像是令所有妇女和女孩处于屈从与文盲状态——他们就是不了解,如果他们有不同的轻重缓急,生活会好过得多。

科学不能告诉我们,为什么科学上我们应当重视健康。可是我们一旦承认健康是医学的正当关切,我们就能通过科学来研究和促进它。医学能解决关于人类健康的具体问题——而且连“健康”的定义本身还在持续变化的时候就能这么做。的确,医疗科学在不知道其自身进步将对未来的健康概念改变多少时,就能做出了不起的成绩。

我想我们对幸福的关心甚至比我们对健康的关心还不需要依据,因为健康不过是幸福的许多面向之一。而我们一旦开始严肃思考人类的幸福时,我们将发现即便"幸福"的概念还在演变当中,科学依然能解决关于道德和人类价值的具体问题。

很重要的一点是,道德怀疑论者所提出的激进的依据要求,其实在科学的任何一个分支都不可能达成。科学是从理解宇宙实际运作过程的目标来定义的。我们能反过来要求科学为此目标合理化吗?当然不能。但这会使科学本身变得不科学了吗?若真如此,我们就是作茧自缚,被自己给拖垮了。

要证明我们对科学的定义正确是不可能的,因为我们的证明标准将建立在我们所提供的证明上。什么证据能证明我们应当重视证据?什么逻辑能演示逻辑的重要性?[18]我们可能观察到标准的科学比创世论的"科学"更能预测物质的行为。可是我们对一位目标只在认证上帝话语的"科学家"又能说些什么呢?这里我们似乎陷入了一个僵局。然而,没有人认为标准的科学就必须使所有可能的异议哑口无言;那我们为什么要对道德的科学要求更多呢?[19]

许多道德怀疑论者虔敬地引用休谟对实然/应然(is/ought)的区别,仿佛那是众所周知对于道德主题的最后说法,直到世界末日都屹立不倒。[20]他们坚称对于我们应该做什么或重视什么的看法,只有从其他的"应然"语境中才能将之合理化,无法单从世界是怎样的事实中证明。毕竟在一个物理和化学的世界,像道德义务或价值这样的东西怎么能真的存在？例如："我们应该对孩子好"怎么可能在客观上是真的呢？

可是在思索道德选择的语境中，这种"应然"的观念区分是全然人为的方式，而且容易造成毫无必要的混淆。其实它似乎是亚伯拉罕诸教另一个令人沮丧的产品——奇怪的是，它现在甚至束缚了无神论者的思考。如果这个"应然"观念的意思是任何我们可能在乎的东西，都必须转译成对有意识生物的实际经验或潜在经验的关心（无论在此生或来世）。例如说，我们应该以仁慈对待儿童似乎等同于：如果我们这么做的话，那每个人往往都会更好。声称他不想更好的人，要不是对于自己所为——其实是所欲——有错误的判断（即他不知道自己错过了什么），便是在撒谎，或者不知所云。坚称自己是为了与任何人的幸福无关的理由而致力于善待儿童的人，其实也是完全说不通的。在这个语境下值得注意的是，亚伯拉罕的上帝从未告诉我们要善待儿童，可是他的确叫我们要把回嘴者杀掉（《出埃及记》21：15、《利未记》20：9、《申命记》21：18～21、《马可福音》7：9～13、《马太福音》15：4～7等）。然而，每个人都觉得这个"道德"诫命完全是荒唐的。也就是说，没有一个人——包括基本教义派的基督徒和正统派的犹太教徒在内——能够完全忽视道德与人类幸福的联结，即便真的受制于上帝的律法。[21]

众人皆承受之最大可能的不幸

我论证了价值仅相对于有意识动物幸福的真正变化和潜在变化而存在。然而，如我先前所言，许多人似乎对"幸福"的概念有着奇怪的联想——幻想它跟正义、自主、公平、科学好奇心等原则相左,其实根本没有。他们也担心“幸福”的概念定义不清。我已经多次指出,为什么不认为这是个问题(就好像“生命”和“健康”等概念不是问题)。然而,值得注意的是,普通的道德观念可以参照意识经验光谱的负极来定义:我称这个极端为“众人皆承受之最大可能的不幸”。

即使每个有意识生物在道德景观中都有个独一无二的低谷,我们仍能设想一个宇宙的状态,在其中大家都受到了他或她(或它)所可能遭受的最大痛苦。如果你认为我们不能用“坏”这个字眼来描述,那我就不知道“坏”对你而言会是什么意思了(而且我也不认为你知道心目中的意思究竟为何)。我们一旦设想出“众人皆承受之最大可能不幸”,那就能进一步谈谈走向此深渊的渐进过程:所有人类同时在地球上的生活都变坏是什么意思?注意,这不需要与人们实施的文化制约的道德信条有任何干系。也许是一种神经毒性的粉尘会从太空降到地球而使每个人都极不舒服。我们所需要想象的只是一种情形,在其中每个人都损失一点点或损失很多,而没有补偿性的收益(即无人学到任何重要的教训、无人从别人的损失中获利等等)。如果“坏”这个字眼有任何意义的话,使每个人都更糟的变化以任何理性的标准来说,都可以合理地称之为“坏”,这应该是没有争议的。

我们只是要找一个立足的起始点而已。在道德领域,最好避免会使众人承受最大可能不幸的行为方式——我认为,从这样的前提出发是安全的。我并非声称大部分的人在乎所有意识性生物的经验;我想说的是,一个所有意识性生物都承受最大可能灾难的宇宙,比不上一个它们在其中经验幸福的宇宙。这是我们在科学语境中对“道德真理”所需要谈的一切。我们一旦承认绝对苦难和绝对昌盛的极端有所不同——无论这些状态对每个特定生物最终等同于什么——而且依赖关于宇宙的事实,那么我们就等于承认了道德问题的答案有对有错。[22]

没错,当我们问以下这样的问题时,会产生真正的道德困境:“我对别人的孩子应该付出多少关怀?为了帮助有需要的人,我愿意牺牲多少?或者应该要求自己的孩子牺牲吗?”我们本性上就并非不偏不倚的——而我们的道德推理有许多必须应用到我们跟他人之间的紧张关联:我们关心自己、关心与我们亲近的人,但也同时拥有想要更致力于帮助别人的道德感,这中间势必产生一些冲突。然而,即便在这个语境中,“更好”一定还是指众生经验中的正向变化。

想象一下地球上只住了两个人:我们可以叫他们亚当和夏娃。显然我们可以探究这两个人如何把他们的幸福最大化。对于这个问题,有错误的答案吗?当然有!(错误答案一:用大石块砸烂彼此的脸。)而虽然有方法能使他们的个人利害陷入冲突,但大部分解决两个人在地球上如何兴旺的办法不会是零和的。当然最好的解决办法绝非零和。是的,这两个人可能看不清更深层合作的可能性:举例而言,他们可能企图杀掉对方。这样的行为是错的吗?是,如果“错”的意思是他们放弃了更深刻和更持久的满足源泉。地球上的一对孤男寡女如果能认知其共同利益——像觅食、建造栖身处,及对抗较大的猛兽以自保等——生活就会过得更好,这么说似乎没有争议。假如亚当和夏娃够勤勉的话,他们或许能实现探索世界、繁衍人类子孙,以及创造科技、艺术、医学等的好处。穿越这个由各种可能性形塑的景观，有好的路径和坏的路径可选择吗？当然有。事实上，给定他俩各自的大脑结构、环境中当下的事实，以及大自然的法则，按照定义，这两个人既有朝向最坏苦难的途径，亦有朝向最大满足的途径。这里的基础，实际上是与这唯二存在的两个人的经验有关的物理学、化学、生物学事实。除非人心与物理学、化学、生物学原则可以完全分离，任何关于亚当与夏娃的主观经验（无论是否有明显的道德色彩）都是关于（部分）宇宙的事实。[23]

在谈论亚当和夏娃的第一人称经验时，我们谈的是大脑状态与环境刺激之间的一个极其复杂的相互作用。无论这些过程有多复杂，它们显然多多少少都能被理解（即关于亚当和夏娃幸福问题的答案有对错）。即便有一千条路使这两个人成功，也有许多路会使他们活不下去——在幸福的山巅上尽情享受与在自相残杀恐怖的低谷中潦倒，其间的差别将转译成科学上能理解的事实。为什么一旦在这个实验中加了67亿人以后，对的答案和错的答案之间的差别就突然消失了呢？

把我们的价值奠基于一个意识状态的连续体——在其深处的各点上代表着众人皆承受最大可能的不幸，而在其他各点则为不同程度的幸福——似乎是唯一可在其中设想价值和道德规范的正当语境。当然，任何人若有另一套替代性的道德公理，大可自由提出，这就跟人们可以自由按照自己想要的任何方式定义“科学”一样。可是有些定义会没用，或者更糟——当前有许多对“道德”的定义糟糕到远在心智科学尚无任何突破之前，我们就知道它们在关于我们该如何在这个世界生活的严肃交谈中没有任何地位。三K党骑士（Knights of the Ku Klux Klan）对粒子物理学、细胞生理学、流行病学、语言学、经济政策等等，都没有任何有意义的话好说。怎么他们对人类幸福议题的无知就会比较不明显了呢？[24]

一旦认同任何价值讨论必须放置在意识中方能显现意义的语境，我们就必须承认，对于有意识动物的经验能如何改变存在着有待知悉的事实。人类幸福和动物幸福是自然现象。作为自然现象，它们在原则上就能用科学的工具研究，并以或多或少的精确性来谈论。猪比牛在被牵去宰杀时更痛苦吗？总的来说，如果美国单方面放弃所有核子武器，人类会更痛苦还是更不痛苦？像这样的问题是很难回答的。但这并非意味着它们没有答案。

很难或不可能准确地知道如何把人类幸福最大化的事实，并不代表这么做的方式没有对或错，也不代表我们不能排除若干明显为错的答案。例如：个人自主和共同福祉之间常有冲突，而许多道德问题其实就是如何把这些相互竞争的价值排定优先级。然而，自主给人们带来明显的效益，因此是共同福祉的一个重要成分。决定个人权利与集体利益之间到底该如何平衡，可能非常困难，或者可能有一千种产生同等效果的方式可以去做，但这样的事实并不意味着就没有客观上糟糕的行事方法。对某些道德问题很难获得精准的答案，并不代表我们必须犹豫是否对塔利班进行道德谴责——不仅是个人的谴责，而且是从科学的观点来谴责。一旦承认我们在科学上对人类幸福已经知道了什么，我们就必须承认某些个人或文化对人类幸福绝对是错的。

高挂“容忍”名义的道德盲目

谁都可以自由地看重任何东西，这个肤浅想法会衍生出非常实际的顾虑——后果最严重的是，这让饱受教育的、世俗的、原本立意良善之人，在面对像强制戴面纱、女性外阴切除、烧死新娘*、逼婚，以及其他施行于别处之另类“道德”的欢愉产物时，会若有所思，甚至犹豫不决，不敢直接谴责。休谟“实然/应然”区别的热情追随者，似乎从来没察觉其中的利害关系，他们看不出这种对道德差异的知性“容忍”促成了悲悯的彻底失败。虽然对这些议题的辩论大部分要根据学术性的说法，但这不只是个学术辩论。此刻正有许多女孩因为敢学文识字，或者不愿意嫁给素未谋面的男人，甚至因为被强奸的“罪行”，就被硫酸毁容。令人惊叹的是，有些西方知识分子当被要求从哲学立场来为这些恶行辩护时，眼睛连眨都不眨一下。我有一次在某个学术会议演讲，谈论类似本书的主题。演讲快结束时，我做出了一个自认为难以辩驳的论断：我们已经有适当的理由相信，若干文化比其他文化更不适于把幸福极大化。我举出塔利班冷酷的女性歧视和宗教诈欺作为似乎不完全利于人类昌盛的例子。

没想到，在科学会议上贬抑塔利班竟然会惹来争议。在我结束谈话时，我与另一位受邀的演讲者辩论起来。乍看之下，她所处的立场应该能有效地推断科学对道德理解的含义。事实上，这个人后来被选入美国总统生物伦理研究委员会，而之后则

---

* 因新郎嫌嫁妆太少。——译者注

是美国总统奥巴马特派的13人顾问之一，专门探讨“生物医学及相关科技领域进展可能产生的问题”，以确保“科学研究、卫生保健服务及科技创新能担负起道德上的责任”。[25]以下是我俩对话的片段，几乎一字不漏：

她：什么使你认为科学能说明“强迫妇女穿罩袍是错的”？

我：因为我认为对错是增加或减少幸福的事情——而显然强迫一半的人口在布袋里生活，她们如果拒绝的话，就对她们或杀或打，这不是把人类幸福最大化的好策略。

她：可是那只是你的意见。

我：好吧……让我们举更简单的例子。如果我们发现有个文化在仪式上把每家的第三个孩子弄瞎，即当他（她）出生时真的把他（她）的眼珠挖出来，那你同不同意我们找到了一个无谓地降低人类幸福的文化？

她：那得看他们为什么那么做而定。

我（慢慢地把眉毛从后脑勺翻了回来）：假设他们是按宗教迷信的立场这么做的吧。在他们的经文中，上帝说：“每个老三必须在黑暗中行走。”

她：那你就永远不能说他们错了。

这种意见在象牙塔里并非特例。跟我说话的是位女士（很难不觉得其性别使得她的观点更令人不安），才刚给听众进行了一场清晰的演讲，谈论神经科学新近发展中蕴含的一些道德含义。她担心我们的情报机关未来可能会为了测谎而利用神经科学技术,这很可能侵犯了认知自由。她特别感到不安的是,我们的政府可能为了使被俘的恐怖分子更加合作,而让他们接触到含有荷尔蒙催产素的喷雾剂。[26]她虽然没说,但我怀疑她甚至会反对让这些囚犯去闻刚烤好的面包,因为已经证明面包香气具有同样效果。[27]在听她演讲时,我还没察觉她在强制戴面纱和仪式性剜眼球两个问题上的自由派观点,只以为她有点过于谨慎,但基本上是位明智的、口才伶俐的科学伦理权威。我必须承认,一旦开始交谈后,我就瞥见了在这些议题上有个可怕的鸿沟将我们彻底隔离。我发现自己不能再跟她多说一句话了。事实上,这段对话在我不由自主地做出两个神经生物反应之后终结了:我的下巴真的被惊掉了,紧接着脚后跟转身,掉头就走。

人类虽然有不同的道德准则,每个竞争性的观点都认定自己具有普遍性。这点似乎连道德相对论亦然。虽然很少哲学家会呼应“道德相对论”之名,可是只要科学家或其他学者面对道德多样性时,局部性的相对论观点就经常爆发出来。依其论点,在美国的波士顿或帕洛阿尔托(Palo Alto)穿罩袍也许不对,可是我们不能说穆斯林在阿富汗的喀布尔穿是错的。要求一个古文明的居民顺应我们对两性平等的观点,这在文化上是帝国主义,在哲学上是幼稚的。认同此说法的人普遍得令人吃惊,尤其在人类学家中间。[28]

然而,道德相对论往往自我抵触。相对论者可能说道德真理只相对于特定的文化框架而存在——可是这个对道德真理地位的主张却标榜能跨越所有可能的框架。在实践上,相对论几乎总是相当于声称因为没有道德真理能彼此取代,所以我们必须容忍道德差异。然而这种对容忍的许诺被提出时，并非表达自身只是数个同样有效的相对偏好（relative preference）之一。反而，容忍被认为比不容忍更符合道德的（普遍）真理。这里的矛盾真是令人吃惊。在深深倾向于建构普遍性道德主张的情况下，我想我们可以怀疑融贯的道德相对论是否曾经存在过。

道德相对论显然是基于对西方殖民主义、本族中心主义，及种族歧视进行知性补偿的企图。我想，这是对它所能说的唯一体谅的话。我希望读者能够明白，我并不是在为西方及其他原则上更开明的文化特性辩解。相反，我想说的是关于人类昌盛的最基本的事实，和其他大部分的事实一样，必须超越文化的界限。而如果真有文化建构的事实存在——例如学习一种特定语言或在脸上刺青会根本改变人类实践的可能性——那么这些事实也是出自超越文化的（神经生理）过程。

史蒂芬·平克在其精彩著作《白板》（*The Blank Slate*）中，引述了一段人类学家唐纳德·西蒙斯（Donald Symons）的话，一针见血地指出了多元文化主义（multiculturalism）的问题：

> 如果世界上只有一个人按住一个吓坏了、挣扎着、尖叫的小女孩，用肮脏的刀片割掉她的外阴，再缝起来，只留一个小洞让尿液和经血流出，那唯一的问题就是该对此人施以多重的处罚，以及死刑是否足够。可是当数百万人这么做的时候，即使严重性放大了好几百万倍，它却突然变成“文化”了，因此神奇地变得更不可怕而不是更为可怕，甚至会有包括女性主义者在内的一些西方“道德思想家”为它辩解。[29]

正是这种有学问的混淆（我忍不住想说“有学问的精神错乱”），才让普遍道德需要依赖宗教信仰的支持以增添可信度。事实和价值必须泾渭分明的观念，在世俗自由主义底下开了个大坑洞——引导出道德相对论和深到自虐程度的政治正确。想想“容忍”的拥护者反射性地责怪萨尔曼·拉什迪（Salman Rushdie）为自己惹来追杀令，或者阿扬·希尔西·阿里（Ayaan Hirsi Ali）为自己惹来不断的安全顾虑，或者丹麦的漫画家引发的众多“争议”，你就会明白，教育良好的自由派会认为人类价值没有普遍性的基础，到底是怎么一回事了。在西方的保守派之间，对理性力量的相同怀疑，很多时候直接涉及宇宙的救世主耶稣。本书的目的是想要在这个荒野中开辟出第三条路来。

道德科学

“科学主义”的指控没多久就会到来。毋庸置疑，仍然有些人会拒绝任何不是先用五音步抑扬格传达的对人性的描述。许多读者或许也会担忧，我意图立证的内容是暧昧的，甚至是明显的乌托邦式的。但并非如此，到了适当时机应该就会明白。

然而，对于科学权威性的其他怀疑甚至更根本。有些学者的整个学术生涯的基础就是指控科学的基础被各种偏见彻底腐蚀——性别歧视、种族歧视、帝国主义、北方观点等等。女性主义科学哲学家桑德拉·哈丁（Sandra Harding），大概是这种观点最有名的拥护者。根据她的说法，这些偏见已把科学逐入一个叫做“弱客观性”（weak objectivity）的知识论死巷。要补救这个悲惨的情况，哈丁建议科学家要马上给予“女性主义的”“多元文化的"知识论应有的地位。[30]

首先,我们得小心,别把这个相当疯狂的主张和其神智清楚的表亲搞混了:无疑,科学家偶尔会展现出性别歧视与种族歧视。有些科学分支的组成部分仍然不成比例地以白人与男性为主(虽然有些分支现在不成比例地是女性),我们可以合理地怀疑偏见是否为主要因素。对于科学的方向与应用也有正当的问题可问:例如在医学中,很清楚可见妇女的健康问题有时被忽视了,因为人类原型一直被当成是男性。我们也能争论妇女和少数族裔对科学的贡献曾偶尔被忽视或低估:罗莎琳德·富兰克林(Rosalind Franklin)屈居弗朗西斯·克里克(Francis Crick)和詹姆斯·沃森(James Watson)的阴影下,可能就是这样的例子。但这些事实,无论个案或组合起来,或无论如何产生加乘效果,都完全不能表示我们对科学客观性的理念因种族歧视或性别歧视而变得无效。

真的有女性主义的知识论或多元文化的知识论这样的东西吗?当哈丁终于透露女性主义的知识论不是只有一个而是有好几个时,对其立论并没有任何帮助。由此观点出发,为什么希特勒的"犹太物理学"观念(或者斯大林"资本主义生物学"的想法)就不是一个能使知识论更为丰富的精彩洞见?我们现在是不是不应该考虑"犹太物理学"的可能性,而是应考虑"犹太妇女物理学"?这样把科学"巴尔干化",怎么会是更进一步地走向"强客观性"(strong objectivity)呢?如果政治包容性是我们关切的主要重点,那这种对扩大科学真理概念的努力要到哪里才可能结束?物理学家往往在复杂的数学上有罕见的才能,没有这种才能的人,别人是不可能期待他对物理学做出多少贡献的。

为什么不也针对这种情况进行补救？为什么不为微积分不及格的物理学家创造一种知识论？为什么不更大胆一点，为因头脑受伤而衰弱的人建立一门物理学？谁能合理期待这种对包容性的努力会增进我们对重力这类现象的理解？[31]正如史蒂芬·温伯格曾经针对怀疑科学客观性的现象表达的看法："你必须非常博学才会错得那么厉害"。[32]的确，有人就是错得离谱——而且还不是少数。

然而，不容否认地，想把人类所有价值都化约到生物学的努力，可能产生愚蠢的错误。例如：当昆虫学家威尔森（E. O. Wilson）[与哲学家迈克尔·鲁斯（Michael Ruse）合作]写道："道德，或者更严格地说，我们对道德的信念，不过是一种适应性的落实到位，用以促进人类的生殖目的"，就被哲学家丹尼尔·丹尼特（Daniel Dennett）正确地驳斥为"胡说八道"。[33]我们的道德直觉可能授予我们的祖先一些适应益处的事实，但并不意味着当今的道德目的就是成功的生殖，也不代表"我们对道德的信念"只是个有用的妄想。（天文学的目的是成功的生殖吗？那实行避孕又当如何？也全是关于生殖吗？）它也不意味着我们的"道德"理念无法借由自我了解的成长而变得更深刻、更精致。

人类生活的许多普遍特征根本不需要被选择；它们很可能生来就是如此。诚如丹尼特所言，可能只是由文化传达的"好把戏"，或者是从所处世界的规律中自然冒出来的"强迫举措"。根据丹尼特的说法，有个基因知道你掷矛时得把"尖的一端放在前头"是很可疑的；但同样地，要说我们的祖先得花好多时间把这个知识传授给后续的每个世代也是相当可疑的[34]。

我们有好多理由相信,我们以“道德”之名所做的许多事情——谴责性行为不忠、处罚欺骗者、重视合作等等——是由天择塑造的无意识的过程自然产生的。[35]但这并不意味着我们过度满足的生活是进化设计出来的。再次强调,我在谈一门道德的科学时,指的并不是一种进化论的解释,用来说明人们在从事自认为“道德”的行为时所产生的所有认知与情感过程;我指的是支配所有意识经验可能范围的科学事实整体。当我说关于道德和人类价值的真理存在,其实就只代表有一些关于幸福的事实等待我们去探索,这无关乎我们进化的历史。虽然这种事实必然与有意识生物的经验相关,它们不可能仅仅是任何个人或文化的发明。

因此,对我而言,至少有三个课题不该混淆:

1. 我们能解释为什么人们倾向于在“道德”的名义下遵循若干思想与行为的模式(即便有许多显而易见是愚蠢且有害的)。
2. 我们能对道德真理的本质想得更清楚,并进而决定在“道德”的名义下应该遵循什么思想与行为模式。
3. 我们能说服在“道德”名义下矢志于愚蠢且有害的思想与行为模式者,放弃那些志向而去过较好的生活。

这些都是明确且值得个别努力的方向。大部分从进化、心理学或神经生物学的角度来研究道德的科学家,都完全致力于第一个课题:他们的目标在于描述与理解人们如何根据愤怒、厌恶、同理心、爱、内疚、屈辱等等道德上显著的情绪来思考和行为。这种研究当然引人入胜,但并不是我的焦点。而虽然我们共同的进化起源及其衍生之生理类似现象,表明了人类的幸福容许用科学理解的一般原则,我认为这个课题跟第二三个课题完全不相干。在过去,我常发现自己跟该领域的一些意见领袖冲突,因为他们中有许多人,像是心理学家乔纳森·海特(Jonathan Haidt),相信第一个课题代表了科学与道德之间唯一的正当接触点。

我则相信第三个课题——改变人们的伦理承担——是21世纪人性面临的最重要任务。几乎所有其他的重要目标——从对抗气候变迁,到打击恐怖主义,到治疗癌症,到拯救鲸鱼——都落入这个范围。当然,道德劝说是个困难的事业;但我深觉,如果我们没搞清楚道德真理是在什么意义下存在的话,那就会特别困难。因此我的主要焦点放在课题二。

要看出这三个课题的差别,最好考虑一下具体的例子:例如我们能对人类社会为什么往往把女人当作男人的财产给予一个言之成理的进化论说明;然而当若干人类社会的成长超越这个倾向而进行改变时,对是不是、为什么以及变好到什么程度给予一个科学性的说明,就是另外一回事了;决定在历史的这个时刻怎样才能最好地改变人们的态度,并在全球范围内为妇女争取权利,则又完全是另外一回事了。

我们很容易看出,为什么研究"道德"的进化起源可能导致道德跟真理毫无干系的结论。如果道德不过是一种组织人类社会行为及缓和冲突的适应手段,那就没有理由认为,我们目前的是非感会反映出对真实的本质有任何更深刻的理解。因此,狭隘地聚焦于人们为什么像现在这样思考与行为的解释,可能导致一个人认为"道德真理"的观念真的无从理解。

不过值得注意的是,头两个课题对"道德"如何切入自然世界给了相当不同的说法。在课题一里,"道德"是进化过程中我们日渐被灌输的冲动和行为(以及伴随而来的文化表征和神经生物学基础)的集合。在课题二里,"道德"指的是我们所能遵行得以将未来幸福最大化的冲动和行为。

举个具体的例子:想象一下,在健身房里有个英俊的陌生人想诱惑另一个人的妻子。当那女子客气地告诉这位爱慕者她已经结婚了,那无赖还坚持,好像快乐的婚姻对他的魅力不会是障碍。不久那女子就把谈话打断,不过远不及物理法则所允许的那般干脆。

我现在是在新近经验到的狂暴怒气下写出这些文字的。昨天当内人向我描述这件事时,我马上认为这是一个明确无疑的道德问题。其实她还没说完第三句话,义愤的黑暗汁液已开始流过我的脑际——嫉妒、羞窘、愤怒等等——尽管只是涓涓细流。起初,我对那男子的行为恼火——而且我怀疑如果我在场目睹的话,恼怒的程度会大得多。如果那个唐璜在我面前也跟在我背后一样不把我当一回事,我能想象这样的情节会以肢体暴力收场。

要解说我在那个情况下的反应,没有进化心理学家会觉得困难,而且几乎所有研究"道德"的科学家都会把注意力限制在这套事实上:我的内在猿猴本性原形毕露了,而任何我可能怀有的对"道德真理"的念头,都只是掩饰性的语言面具,真正重要的是底层的动物性考虑。我是一个进化的产物,在那个历史中,每个物种的男性一直都得防范其资源被滥用到另一个男人的后代。如果用仪器扫描我的大脑,并把我的主观感觉与神经生理学的变化联结起来,对这些事件的科学描述便几近完备。课题一就这样结束了。

可是一只猿猴对其他猿猴觊觎其妻可能有许多不同的反应方式。如果此事发生在一个以名誉为上的传统文化,那嫉妒的丈夫可能会揍他太太,把她拖到健身房去,强迫她指认谁是追求者以便他能朝那人脑袋打一枪。事实上,在一个注重门风的社会里,健身房的员工可能同情这个计划,而帮忙安排一场适当的决斗。或者做丈夫的会满足于比较间接的行动,即杀死一名对手的亲戚而启动一场古典的血债血偿。无论哪种情况,假设他自己没在过程中被杀的话,他可能接着会杀掉太太以端正家风,结果使他的孩子失去母亲。地球上有许多社群普遍施行这套男人法则,甚至现在就有数以亿计的男孩正开始在其脑海里运行这套古老的软件。

然而,我的内心显露了一些不确定的文明迹象:其一是我以怀疑的眼光看待嫉妒心。更重要的是,我正巧爱妻子而且真的希望她快乐,而这蕴含了对其观点有某种设身处地的理解。多想想后,我能对她的自尊因为那个男人的注意而提升感到高兴;我也能对最近我们的第一个孩子出生以后,她的自尊需要打气的事实感到同情。我也知道她不想无礼,而这可能是使她从那个转错弯的谈话脱身慢了点的原因。而且我也没有自以为是她在地球上唯一感觉有吸引力、会使她暂时分心的男人,我也没想过她对我的忠诚必须包括将其注意力弄到不可思议的狭隘。那么我觉得那男人怎么样呢?嗯,我还是觉得他的举止令人反感——因为我不能同情他想拆散人家婚姻的尝试,而且我知道我不会像他那样表现——可是我同情他肯定感觉到的其他所有事情,因为我也恰巧认为我的太太很漂亮,而且我知道在丛林里当个单身的猿猴是怎么回事。

最重要的是,我重视我自己的幸福,以及我太太和女儿的幸福,而且我想生活在一个使人类幸福的可能性最大化的社会里。课题二就在这里开始了:对如何使幸福最大化的问题,答案有对错之别吗?如果我对这桩插曲的响应方式是把太太杀掉,我的生活会受到什么样的影响?我们不需要一套完整的神经科学,就知道我的快乐以及其他许多人的快乐,会因此而大大缩减。那么,在可能支持那种行为的"名誉社会"中,人们的集体幸福会如何?在我看来那些社会的成员显然都更不好了。然而,如果我在这点上判断错误,也就是说,事实上有办法组织一个能达到相同程度的人类昌盛的"名誉文化",那就随它去吧。那将代表道德景观中的另一座山峰。再次重申,多重山峰的存在并不表示道德真理仅仅是主观的。

在道德景观的框架中,肯定有许多人会有错误的道德构想,就像许多人有错误的物理概念一样。有些人认为"物理学"包括了(或者证实了)占星术、巫毒教、顺势疗法之类的东西。但这些人,不管以何种姿态出现,对物理学的看法根本是错的。在美国,大多数人(57%)相信禁止同性恋者结婚是个"道德的"诫命。[36]然而,如果这个信念的立足点是错误的,也就是误判了如何能把我们的幸福最大化的观念,那么这种人对于道德的界定可能根本是错的。数百万的人把"道德"一词当作宗教教条主义、种族歧视、性别歧视或其他缺乏洞见和悲悯的同义词,直到世界末日我们都不该被迫接受其用语。

获取一个对人类心灵深刻的、一贯的及完整的科学性理解,对我们有什么意义？虽然还有许多不清楚的细节，但在我们对现世既知的条件下，迎面而来的挑战是要开始理智地谈论是非与善恶。这样的对话似乎注定了会在未来的岁月里，塑造我们的道德和公共政策。[37]

第2章

善与恶

也许没有什么比人类合作更重要的事了。每当紧迫性的忧虑——像致命的疾病大流行、小行星撞地球或其他全球性的大灾难——眼看着就要发生时，人类合作便是唯一的补救（如果还能补救的话）。合作是构成有意义的人类生活和可行性社会的重要元素。因此，合作这一主题与人类幸福科学的成熟发展再契合不过了。

无论今天或人生中的任何一天，当你打开报纸，就会目睹从世界各个角落通报来的大大小小人类合作的失败。这些失败的结果不会因为司空见惯就更不具悲剧性：诈骗、偷窃、暴力，以及与它们相伴而生的苦难，因无休止地误用人类精力而产生。当我们考虑到在时间和资源有限的情况下，却必须耗费如此高的比例来防范偷窃和暴力（还未针对其后果来谈），就不免会将人类合作的问题视为唯一值得思索的问题了。[①]“伦理”和“道德”（对这两词，我会相互替换地使用）是我们对这些事情深思熟虑的概括名称。[②]显然，很少主题对人类幸福的问题有更大的影响力。

随着对人脑的运作更加了解，我们将越来越明白使朋友和陌生人得以对文明之共同课题成功合作的所有力量——慈悲、互惠、信任、对论述的开诚布公、对证据的尊重、对公平的直觉、对冲动的控制、对攻击性的舒缓等等。以这种方式了解我们自己,以及用这种知识去改进人类生活,将是未来数十年在科学上最重要的一个挑战。

许多人想象进化论设定了自私是一种生物性本能。这个普遍的误解对科学的名誉伤害很大。其实人类的合作及随之而生的道德情感与生物进化是完全兼容的。在“自私”基因层次的生物选择压力下,像我们这样的动物自然会倾向于为自己的亲人牺牲,只因为亲人跟我们分享了同样的基因:这个真理反省起来虽然未必明显,但你的兄弟或姊妹生育上的成功,在某种程度上就是你的。这个现象叫作“亲族选择”(kin selection),直到20世纪60年代才在威廉·汉米尔顿(William Hamilton)的著作中被正式分析[③],但至少已暗藏于更早的生物学家的理解中。据传,霍尔丹(J. B. S. Haldane)有次被问到,他愿不愿意冒生命危险去救一个落水的兄弟,他俏皮地答道:“不愿意,可是我愿意救两个兄弟或八个堂兄弟”。[④]

进化生物学家罗伯特·特里弗斯(Robert Trivers)关于互惠利他主义(reciprocal altruism)的著作,在解释跟没有亲属关系的朋友和陌生人之间的合作上迈进了很大的一步。[⑤]特里弗斯的模型纳入了许多关于利他和互惠的心理因素和社会因素,包括:友谊、道德侵犯(moralistic aggression,例如处罚作弊者)、内疚、同情、感激等,以及模仿这些状态蒙骗他人的倾向。正如最先由达尔文提出,而近来由心理学家杰弗里·米勒(Geoffrey Miller)所阐述的,性选择(sexual selection)也许进一步鼓励了道德行为的发展。因为美德对两性都有吸引力,它可能被当作孔雀尾巴来使用：制造和保养的代价不菲，可是最终对一个人的基因有益。[⑥]

显然，我们的自私与不自私之间并非永远存在利益冲突。其实，别人的幸福，尤其是那些与我们亲近的人的幸福，是我们的主要（而且的确是最自私的）利益之一。虽然关于我们道德冲动的生物性还有很多地方尚待理解，但亲族选择、互惠利他、性选择等解释了我们并非仅仅受制于私利的原子化自我，而是进化成乐意为共同利益服务的社会自我。[⑦]

若干生物特质似乎是由人类的合作潜能塑造出来并予以提升的。例如：不像地球上的其他动物，包括同目的灵长类动物在内，只有我们人类眼睛的巩膜（sclera，包围有颜色的虹膜的部位）是白色的并且是裸露的。这使得人正在注视哪里很容易被察觉到，于是彼此间即便视觉注意力最细微的转移也可能被察觉。心理学家迈克尔·托马塞洛（Michael Tomasello）提出以下的适应逻辑：

> 如果我实际上会故意显露眼睛注视的方向，那我所处的社会环境一定充满了不常想利用这个来害我的人，例如比我抢先取得食物或躲掉我的攻击。的确，我一定会处在一个合作性的社会环境中，探随我眼光的人多少会对我有帮助。[⑧]

托马塞洛发现，连12个月大的小孩也会跟随别人的眼光，而黑猩猩往往只对头部动作感兴趣。他主张，我们对注目方向独特的敏感促成了人类的合作和语言发展。

虽然我们每个人都自私，但不是只有自私而已。我们自己的快乐要求我们把私利圈子延伸到他人——像是家人、朋友，甚至完全陌生的人，只要其愉悦和痛苦是我们在乎的。虽然很少有思想家比亚当·斯密（Adam Smith）更关注竞争私利在社会中扮演的角色，但连他都承认，我们每个人都深深关怀别人的快乐。[9]然而，他也同意我们对别人的关怀有其极限，而这些极限本身就是我们个人和集体关心的对象：

> 且让我们假想一个庞大的帝国与其无数的居民突然被一场地震吞没，再让我们设想欧洲有位仁者，他跟世界的那部分毫无任何干系，当他接到这个可怕灾难的情报时，会如何反应呢？我猜想，首先他会对那个不幸民族的厄运表达强烈的悲伤，会对人生的无常做出忧心忡忡的反省，想到人的所有劳动不过是镜花水月，能在一瞬间就灰飞烟灭。如果他是个喜欢投机的人，或许也会开始做许多推测，考虑这场灾难可能对欧洲商业产生的后果，以及对一般世界贸易和商业会造成怎样的影响。而当这些美好的哲理全都思索过后，所有人道的情绪也已经表达得差不多了，他就会同样轻松、平静地追求其事业或乐趣，从事休憩或消遣，好像这样的事故从没发生一样。然而，降临己身最琐碎的倒霉事反倒会惹起更真实的骚动。假设他知道明天会丢掉一根小指头的话，今天晚上肯定会睡不着觉；可是只要他眼不见，哪怕一亿个同胞毁灭了，他仍能安安稳稳地酣睡。对他而言，那么大程度的覆灭比起自己微不足道的不幸，其实更无利害关系。因此，若为了免除自己这微不足道的不幸，在可以永远眼

> 不见为净的情况下，一个具备人性的人会愿意牺牲一亿同胞的性命吗？人性会对这种想法感到震惊，而世界在最堕落和最腐败的时候，也从未产生过一个敢这样做的恶棍。可是，是什么造成这个差别的呢？[10]

斯密在这里可说比谁都更贴切地抓住了我们的反射性自私与更广泛的道德直觉之间的紧张关系。关于我们的真相再明白不过了：我们大部分的人几乎在生活中的每一刻都被自私的欲望强力慑服；我们对自己痛楚和愉悦的注意简直不敢稍有怠慢；只有最刺耳的无名受难者的哭嚎，才能引起我们的注意，而且稍纵即逝。然而，当我们有意识地反省我们应该做什么的时候，一个仁慈、公正的天使似乎就在我们内心展开了她的翅膀：我们诚挚地想要公平、正义的社会；我们要别人实现他们的希望；我们希望离开世界时比初见它时更好。

人类幸福的问题比任何明确的道德准则都更深刻。道德——就有意识遵守的戒律、社会契约、正义观念等等而言——是个相对晚近的发展。这种公约最起码得要求一种复杂的语言和与陌生人合作的意愿，由此带领我们超越霍布斯（Thomas Hobbes）的"自然状态"一大步。然而，任何有助于减轻我们祖先自相残杀苦痛的生物性变化，都会落入作为个人幸福和集体幸福指引的道德分析的范围内。在此且把事情大大地简化：

1. 大脑的基因变化引起了社会情感、道德直觉、语言等……
2. 这些容许了越来越复杂的合作行为、承诺的遵守、对自己名誉的关心等等……
3. 这又变成文化规范、法律、社会制度等的基础，其目的一直在于使这个成长的合作体系在面对抵消力量时能持久生存。

这样的进化曾经以某种形态发生在我们身上,而且每个步骤代表了我们个人幸福和集体幸福不可否认的提升。当然,灾难性的退化总是可能的。我们可能(由于设计或疏忽)运用辛苦赢得的文明果实,以及几千年生物进化和文化演变造成的情感和社会的杠杆,把自己弄得比自然独自所能造成的惨况更加彻底。想象一下,全球若都施行独裁统治,大部分饥馑的人民都被一个头发蓬松的狂人役使:这可能比一个充满好战南方古猿的世界更糟。在这个语境下,“更糟”是什么意思呢?正是我们的直觉所提示的:更痛苦、更不令人满意、更容易导致恐怖和绝望,诸如此类。把这种不符现实的假设状态拿来比较或许并不可行,但这并不意味着没有经验性的真相可以比较。再一次强调,实践性的答案和原则性的答案之间有所差别。

我们一旦开始就幸福问题来思索道德,就很容易看出一个跨人类社会的道德等级体系。且来考虑以下鲁思·本尼迪克特对多布岛民(Dobu Islanders)的说法:

> 在大多数社会,人们通过文化制度的约束来减轻憎恨敌对;相反地,多布族的生活方式与文化制度,却在使憎恨敌对达到最极端的地步。在他们心目中,这个宇宙充满了险毒的形势,人就是要在这种环境下求生存。根据他们的生活哲学,人类社会与自然力量都充满了恶毒的意图;能够找到对象发泄此意图,斯为美德。生存就是一场剧烈的竞争,对立的双方拼命争取生活所需。猜疑和残酷是最妥当

的策略；既不怜悯别人，也不求人怜悯。[11] *

多布人似乎对真正合作的可能性和对现代科学的真理同样盲目。虽然应该有数不清的事情值得他们注意——毕竟，多布人极为贫穷且十分无知——但他们似乎把恶意的妖术当作主要的当务之急。每个多布人的首要兴趣是对部落的其他成员下咒，以祈使他们生病或死亡，并希望用魔法占用他们的收成。相关的咒语一般从舅舅传下来而变成每个多布人最重要的资产。不消说，没有这种继承物的人被认为处境非常不利。然而，咒语可以购买，而多布人的经济生活几乎完全贡献在交易这种荒诞的商品上。

部落的若干成员被理解为拥有对特定疾病的成因和疗法两者的专利。这种人受人畏惧而不断地被取悦。其实，连最平凡的活儿，大家也相信必须有意识地运用魔咒。连地心引力的作用也得用不懈的魔法补充；少了正确的咒语，一个人种植的蔬菜就可能会在冒出土壤后凭空消失。

更糟的是，多布人想象好运符合严格的热力学法则：一个人如果比邻人种出更多山药，他多余的收获一定是透过妖术偷盗来的。由于所有的多布人都不断努力用这种方法来偷取他人的收成，幸运的农夫就很可能用完全相同的眼光来看待自己的丰裕。因此丰收就等于"承认偷窃"。

这个贪婪和魔法思维的奇怪结合，制造出多布社会对秘密的完全痴迷。爱和真正友谊的可能性无论还剩下什么，都似乎

---

* 译文摘自：潘乃德，1976，《文化模式》，黄道琳译，台北：巨流出版社。——译者注

被一个最终信条扑灭了：相信一个人若与其意图加害者的关系越紧密，妖术的力道便会随之增强。这个信仰让每个多布人对其他人产生炽烈的疑虑，而且对最亲近者最烈。因此，如果一个男人生重病或死亡，他的不幸马上会被怪罪到妻子头上；反之亦然。整个图景呈现出一个完全受制于反社会妄想的社会。

多布人爱他们的朋友和家人，如同我们爱我们的朋友和家人一样深吗？许多人似乎认为这种问题的答案在原则上一定是“对”的，或者认为该问题本身就是虚妄的。然而，我认为很明显地，这是个好问题，而且很容易回答。答案是“不”。作为智人（Homo sapiens）同胞，我们必须认定多布岛民的大脑跟我们类似到足以相提并论。多布人的自私和普遍的恶意会表现在他们的大脑层次，这有任何疑问吗？除非你认为大脑除了从血液中过滤出氧和葡萄糖外不做别的事。我们一旦更充分地了解像爱、悲悯、信任等状态的神经生理学，就有可能更详细地阐明我们自己和多布人那类民族之间的差异。可是我们用不着等待任何神经科学的突破，就能看出一般性的原则：正如个人和团体可能对怎样维持其身体健康犯错一样，他们在如何把个人和社会的幸福最大化上也可能犯错。

我相信我们将越来越根据科学而了解善恶、是非，因为道德关怀转译成了关于我们的思想和行为如何影响有意识动物的幸福的事实。如果对这种动物的幸福有事实可知——并且的确有——那么对道德问题的答案，一定有对有错。学哲学的人会注意到这使我承担起某种形式的道德实在论（moral realism，即道德主张确有真假）以及某种形式的结果论（consequentialism，即一件行为的正确性依赖于它如何冲击有意识动物的幸福)。虽然道德实在论和结果论在哲学圈里都承受不少压力,但它们的优点在于能够符合许多我们对世界怎么运作的直觉。[12]

我的(结果论)起点是这样的:所有关于价值的问题(是非、善恶等等),依赖于经验这种价值的可能性。少了在经验层次的潜在后果——快乐、受苦、喜乐、绝望等等——所有价值讨论都是空话。因此,说一项行动在道德上是必要的或邪恶的或无可指责的,就是对它在有意识动物生命中的后果(无论实际的或潜在的)做(不言而喻的)断言。我没察觉这个规则有任何值得注意的例外。不用说,如果一个人为取悦上帝或他的天使而担心,就假设了这种看不到的实体能够意识(在某种意义下)并认知人类的行为。同时一般也假设了无论在今生或来世,都有可能遭受他们的天谴或享有他们的恩允。因此,即便在宗教中,后果和意识状态仍然是所有价值的基础。

且考虑一下,决定把自己跟一群异教徒一起毁灭的穆斯林人体炸弹的想法:这个看来是对结果论态度完全的否定。然而,当我们检视在伊斯兰教中追求殉死的理据,就会知道这种行动的后果,无论真的或想象的,都完全是关键所在。立志当烈士的人期待取悦真主并经验死后的永恒快乐。我们如果完全接受传统伊斯兰教形而上学的预设,则必须将殉道看成是事业升进的终极尝试。烈士也是最伟大的利他主义者:因为他不仅为自己在乐园中取得一席地位,也为 70 位与他最近的亲人取得了入园门票。立志当烈士的人也相信,他们正在地球上推动真主的工作,能由此获致生命欲求的结果。我们对这些人怎么想知道很多——的确,他们不停地宣扬他们的观点和意图——全都离不开相信真主在古兰经和圣训(hadith)中确切告诉他们的若干思想和行动的后果将是什么。当然,要说我们的宇宙是设计来奖赏那些既相信特定书籍之神圣起源,又彼此杀戮的灵长类动物个体,这似乎极不可能。立志当烈士的人对其行为后果几乎肯定错误的事实,正是使其行为显得格外骇人且不道德的滥用人类生命之处。

由于大部分宗教把道德构想成听从上帝话语的事情(通常是为了获得超自然的奖赏),宗教的戒律就常常和在此世将幸福最大化毫无干系。因此,信教的人能宣称避孕、自慰、同性恋等等不道德,却从不觉得有义务去辩解这些作为会实际造成的苦难。他们也可能追求确确实实是不道德的目标,毫无必要地使人类的痛苦永存,而同时相信那些行动是出于道德义务。这般虔诚地把道德关怀与人类及动物受苦的事实分开,曾造成了极大的伤害。

显然有某些心智状态和机能对我们的一般幸福(快乐、悲悯、和善等等)做出了贡献,也有一些心智状态和无能消减了幸福(残忍、憎恨、恐怖等等)。因此,问一个具体行动或思考方式会不会影响一个人的幸福及别人的幸福是有意义的,而我们对这种效果的生物性最终能得知很多。一个人发现,他自己在这个可能状态的连续体中位于何处,将由许多因素决定——遗传的、环境的、社会的、认知的、政治的、经济的等等——而虽然我们对这种影响的理解可能永远不会完备,但它们的效果是在人类大脑的层次实现。因此,当我们对人脑越来越了解时,关于思想和行动如何影响人类福祉的各种主张,将显得越来越相关。

注意！我在前段中没提道德，或许根本不需要吧。我在本书一开始就主张，即使存在部分科学家和哲学家一个世纪的怯懦，道德还是能跟关乎有意识动物的快乐和受苦之事实直接联结。然而，有意思的是，设想一下，如果我们干脆忽视这个步骤而仅仅谈“幸福”会怎么样。如果我们停止对“是非”和“善恶”操心，而仅仅针对把自己和别人的幸福最大化来行动，那我们的世界会是什么模样？我们会失去任何重要的东西吗？而如果一件事情重要，那按照定义，难道不是关于某人幸福的事情吗？

我们对是非能否总有“对”的时候呢？

哲学家暨神经科学家乔舒亚·格林（Joshua Greene）在道德的神经影像方面，做过一些最有影响力的研究。[13]在想要了解主宰我们道德生活的大脑过程的同时，格林相信，在形而上学的立场上，我们应该对道德实在论抱持怀疑的态度。对格林而言，问题不在“你怎能确知你的道德信念为真”，而在“怎么可能有任何人的道德信念为真”。换言之，到底是关于世界的什么能使一个道德主张为真或假？[14]他显然相信这个问题的答案是“并无此物”。

然而，在我看来这个问题很容易回答。如果道德观甲势必导致对人类思想/意图/行为与人类幸福之间的关联更正确的理解，那么道德观甲就比道德观乙更真。强迫妇人和女孩穿罩袍会对人类幸福有正面的净贡献吗？它会产生更快乐的男孩和女孩吗？它会产生更悲悯的男人和更满足的妇女吗？它会使男女间、母子间、父女间的关系更好吗？我敢以生命打赌，这几个问题的答案都是“不会”。我想许多科学家也会跟我下同样的赌注。然而如我们所见，大部分科学家被训练成认为“这种判断不过是文化偏见的表现”——而因此在原则上并不科学。我们很少有人愿意承认，这种简单的、道德的真理越来越落入我们科学世界观的范围内。格林把盛行的怀疑论阐明得相当好：

> 在大多数情况下，促动道德判断的来源不是道德推理，而是情感性质的道德直觉。我们对道德判断的能力，是对极度社会性的生活所产生的一种复杂的进化适应。事实上，我们对做出道德判断适应得很好，乃至从我们的观点来看，下道德判断相当容易，只是“常识”的一部分而已。而且就像其他许多常识能力一样，做出道德判断的能力感觉像种感知能力，一个在这种情况下能立即可靠地辨别独立于心智外的道德事实的能力。结果，我们自然倾向于一个对道德实在论的错误信念。鼓励这种错误信念的心理倾向具有重要的生物性目的，这解释了我们为什么会觉得道德实在论这么有吸引力，即使它并不真确。再次强调，道德实在论是个我们生来会犯的错误。[15]

格林声称，道德实在论假设了“在人们基本的道德展望中有足够的统一性，乃至能据理引申，仿佛关于‘对’或‘错’、‘公正’或‘不公正’有一个明摆着的事实”。[16]可是为了让道德问题有对的答案，我们真的需要假设这样的统一性吗？生理的或生物的实在论是建立在“人们基本的（生理或生物性的）展望中有足够的统一性”吗？就人性整体而言，我相当肯定人们对残忍是错的

(一个共同的道德信条),比对时间的流逝会随速度而变(狭义相对论),或比对人类和龙虾有共同祖先(进化论),有更大的共识。我们对这些生理或生物性的真理断言该怀疑是否有个"明摆着的事实"吗?一般人对狭义相对论的无知,以及美国人普遍不愿接受进化论的科学共识,会使我们的科学世界观遭受一丁点的怀疑吗?[17]

格林指出,关于道德真理要让众人同意经常是困难的,甚至很难使某个人在不同的语境中同意自己。这样的紧张关系导致他做出以下结论:

> 道德理论化会失败,是因为我们的直觉并不反映一套浑然一体的道德真理,而且也没被天择或其他什么设计来表现得好像环环相扣……你如果想要搞清楚你的道德感,那就转向生物学、心理学和社会学吧。别再找规范伦理学了。[18]

以此反对道德实在论看似合理,直到我们察觉它可以同样强度地适用于人类知识的任何领域。例如:我们可以同样批判逻辑学、数学和物理学的直觉并没有被天择设计来追踪真理。[19]难道这意味着,我们必须扬弃关于物理现实的实在论吗?在科学上,我们不必多费工夫,就能找到无法轻易综合的理念和意见。有许多科学框架(及描述的层次)抗拒整合,它们把我们的论述分割成多个专业领域,甚至使同一学科的诺贝尔奖得主彼此针锋相对。这是否意味着我们永远无法冀望去了解世界是怎么回事吗?不!它意味着的是,彼此间的论述对话必须继续。[20]

在道德领域建立完整的统一性——无论人际间或个人心智内——也许没有希望。那又怎样？这正是我们在人类知识的所有领域所面临的未决状况。作为科学目标的完全共识，只存在于限制性的假想当中。为什么我们对人类幸福的思考不能容忍同样的开放性？

再一次，这并不意味着所有对道德的意见都是合理的。正好相反——我们一旦接受人类幸福问题的答案有对有错，就必须承认许多人对道德的意见根本错了。在古代中国的紫禁城里有一个朝代接着一个朝代服侍皇家的太监群体，他们似乎觉得自己的发育被打断、人生被隔绝，可通过在宫廷中获得的影响力加以补偿，并且相信其生殖器一直保存在罐子里，死后跟人一起埋葬，可确保他们能再投胎为人。碰到这样的奇异观点时，一个道德实在论者会想说，我们目击的不仅是意见的不同，我们面对的是道德错误。做父母的把儿子卖去服侍政府，而这个政府打算“只用辣椒酱做局部麻醉”来把儿子的生殖器割掉，在我看来，我们能很有自信地据理认定那是坏的行径。[21]这意味着，在 1996 年 94 岁时去世的清朝最后一个太监孙耀庭错了，因为他胸怀的最大遗憾是“矢志奉侍之帝王制度的崩溃”。大部分科学家似乎相信，无论一个人的道德承担有多不适切或多么受虐，都不可能说他对什么构成好的生活会是错的。

道德悖论

结果论在实践上的一个问题就是，我们无法每次都能决定一个行动的效应究竟是好是坏。其实，令人吃惊的是，连回顾时也可能很难决定。丹尼特把这个问题称之为“三里岛效应”。[22]三里岛的炉心熔毁结果是好是坏？乍看之下，似乎当然是坏的，但它也可能是我们迈向更大的核子安全的途径，因而拯救许多性命。或者它可能导致我们越发依赖污染更大的技术，助长了更高的癌症率和全球性气候变迁。或者它可能产生多重效应，有些互相加强，又有些互相抵消。我们如果连一个分析得这么好的事件的净结果都无法决定，那我们怎么评判我们一生中必须做的无数决定的后果呢？

我们在决定一个事件的道德效价时所面临的一个难题，就是常常似乎不可能决定我们应该最关怀谁的幸福。人们有互相竞争的利害、互不兼容的对快乐的看法，而且我们一旦开始思索全体人口的福祉，就有许多周知的悖论跳进我们的路径。正如我们即将看到的，人口伦理学是个恶名昭彰的悖论发动机，而就我所知，没人想出过一种衡量集体幸福的方法，可以保留我们所有的直觉。正如哲学家帕特里夏·丘奇兰德（Patricia Churchland）所说：“对于如何比较 500 万人的轻微头疼和两个人的断腿，或者比较自己两个孩子的需要和塞尔维亚 100 名头脑受损儿童的需求，无人摸得着头绪。”[23]

这种谜团也许看来只有学术价值，直到我们察觉人口伦理学主宰了大部分社会所做的最重要的决定。在战争时、疾病扩散时、数百万人饥馑时或全球资源匮乏时，我们的道德责任是什么？这些是我们必须以理性和伦理的方法去评估集体福祉变迁的时刻。当 25 万人死于海地岛上的一场地震时，我们必须如何积极地去作为？无论我们知道与否，对全体人口福祉的直觉，决定了我们对这些事情的思维。

除非我们单纯地忽略人口伦理学——我们似乎在心理上倾向于这么做。心理学家保罗·斯洛维克（Paul Slovic）及其同事的研究揭露出令人吃惊的结果：当我们考虑一大群人——或其实该说，多于一个人的群体——时，我们的道德推理能力出现严重的局限性。[24]斯洛维克观察到，当人命受到威胁时，我们的关怀应该随着攸关的生命数目而增加，这似乎才合乎理性与道德。而且如果我们想到损失许多性命可能会有一些额外的负面后果（像文明的崩溃），我们的关怀曲线就应该变得更陡。但这并不是我们对别人受苦时的典型反应。

斯洛维克的实验研究显示，我们在直觉上对单一的、可识别的人命最关心，对两条命就稍不关心了，而随着死者数目的增加我们就变得更冷漠。斯洛维克相信这种“心灵麻木”解释了众以为憾的事实，即我们一般对一个孩子（甚至一只动物）的受难，比对真正的灭种屠杀还要苦恼。斯洛维克称之为“灭种屠杀的忽视”——面对最可怕的、最没必要的人类苦难，我们无论在实践上或情感上总是反应不足，这代表了我们道德直觉中一个比较令人费解、而且造成严重后果的失败。

斯洛维克发现当给予一个捐钱赞助贫苦儿童的机会时，倘若只告诉意图捐赠者单一孩子的苦难，他们捐钱最大方，也最感同身受。当介绍两个贫童的情况时，他们的悲悯就减弱了。而且这个极其恶劣的倾向会继续下去：需要越大，人们越不动情，也越不愿意捐钱。

当然，慈善机构早就心知肚明，在资料上放张脸，就会使劝募对象跟有人受苦的实情联结起来而增加捐款。斯洛维克的研究证实了这个猜想，现在多了个名称叫作“可识别受害者效应”。[25]然而，令人惊讶的是，若把这些个别性的要求扩大范围，增添信息以提高问题的严重性，反倒证明适得其反。斯洛维克显示，把一个待援者的故事放进更宽广的人类需求语境里，总会削弱利他的心意。

人们面对人类苦难的增加似乎反倒较不关心，代表了一种对道德规范的明显违犯。然而，重点在当我们一旦被点醒，就马上明了这种对情感和物质资源的分配是多么无以辩驳。实验结果真正引人注目之处是它们明显的前后矛盾：你如果特别关心一个小女孩怎么了，以及她弟弟怎么了，那你应该至少同样关心他们俩合起来的命运，你的关怀就应该（就某种意义来说）是累积性的。[26]当你对这个原则的违犯被揭发时，你会觉得你犯了一项道德错误。这解释了为什么这种结果只能从研究对象之间取得（即一群人被要求捐助一个小孩，另一群人被要求赞助两个小孩）；我们有把握在研究中如果对每个参与者同时提出这两个问题，效应就会消失（除非研究对象在违反道德推理规范时，并未察觉自己犯错了）。

显然，文明的一大任务，就是创造各种文化机制来保护我们免于片刻性的伦理直觉失灵。我们必须把自己好的一面纳入我们的法律、税则和制度里去。既然知道我们一般没有办法重视两个孩子甚于其中的一个，就必须建立一个能够反映并加强我们对人类幸福更深刻理解的结构。这就是道德科学不可或缺的地方：我们越了解人类成就的起因和组成，以及越了解同胞们的经验，我们对采纳什么社会政策就越能做出明智的决定。

例如：估计有9万人在洛杉矶的街上露宿。他们为什么无家可归？这些人里面有多少患有精神疾病？有多少对药物或酒精上瘾？有多少不过是在我们的经济中失败了？这样的问题是有答案的。而且这每个问题都允许了某种特定范围内的反应，以及可能错误的解决方法与轻忽。有没有我们能采取的政策，使得在美国的每个人都能轻易帮忙纾解自己小区的街友问题呢？有没有什么没人想过的妙方，能使人们比起想要看电视或玩电子游戏，更想要纾解街友问题呢？有没有可能设计一个电子游戏来帮忙解决真实世界中的街友问题？[27]再一次，这类问题开启了一个事实的世界，无论我们能否使相关事实显现。

显然，道德在很大程度上是由文化规范塑造的，而且凭一己之力做自己相信是对的事可能很困难。有位朋友的4岁女儿最近注意到在做道德决定时社会支持所扮演的角色：

> 她贪婪地啃着羔羊排骨时说："吃羊宝宝好伤心喔！"
>
> "那你怎么还吃个不停？"她爸爸问。
>
> "他们为什么要杀这么温柔的动物？他们为什么不杀别的动物？"
>
> "因为，"她爸爸说，"大家喜欢吃这种肉，就像你现在一样。"
>
> 他女儿反省了一会儿——一面还在啃羊肉——然后答道：
>
> "那不好。可是他们不停止杀它们的话，我就不能停止吃它们。"

而结果论的现实问题并不就此打住。当思索把某个人口群体的幸福最大化时，我们是按照总体幸福还是平均幸福来想呢？

哲学家德里克·帕菲特(Derek Parfit)揭示了两种计算基础都会导致麻烦的困境。[28]我们如果只关心总福祉,那比起我们当中有70亿人生活在完美极乐的世界,我们应该更偏爱几千亿人都仅仅苟且生存的世界。这是帕菲特著名论证的结果,一般称为“矛盾的结论”(Repugnant Conclusion)。[29]另一方面,我们如果关心的是人类的平均福祉,我们就应当偏爱只包含一名快乐居民的世界,而不喜欢一个几十亿居民只稍微不快乐的世界;这甚至暗示着我们可能会想要不带痛苦地杀掉许多现在活着的最不快乐的人,以便增进人类幸福的平均值。偏爱平均福祉也会导致我们更喜欢几十亿人生活在不断受折磨的不幸世界,而不喜欢仅仅一人稍微多受点折磨的世界。它也可能使一个行动的道德性依赖于不受影响的人们的经验。正如帕菲特所指出的,我们如果在意历时性的平均,我们可能认为今天生孩子是错的,因为他的生活虽然非常有价值,却比不上古埃及人的生活。帕菲特甚至设想出某种情形,其中每个现存者的生活质量会比别种方式要低些,但平均生活质量却会提高。[30]显然,这证明了我们不能把福祉用简单的总数或平均值来作为唯一的度量标准。然而,就极端的案例而言,我们也看得出人类福祉必须用某种方式来累积:我们大家都深深满意,确实要比每个人都活在绝对的苦恼中来得好。

只把后果放进我们道德平衡的考虑也导致难以启齿的问题。例如:我们有没有道德义务在拯救穷的、病的、笨的人质之前,先解救有钱的、健康的、聪明的人质?毕竟后者释放后,比较可能对社会做出正面的贡献。还有对自己的朋友和家人保持偏心又如何呢?如果在过程中,我不去救陌生人的8个小孩而拯救了自己独生子的性命，这错了吗？纠结于诸如此类的种种问题，许多人因而相信，道德并不是遵从简单的算术法则。

然而，这种困境只是表明若干道德问题在实践上很难或不可能回答；它们并不暗示道德依赖于我们行动和意图之外的任何东西。这是个常见的混淆的来源：结果论相较而言不是回答道德问题的方法，而是对道德真理地位的声明。我们在道德领域对后果的衡量必须像在其他所有领域一样进行：在不确定性的阴影下，由理论、资料和诚实的会话来指引。我们思想与行动的后果可能经常难以获知，甚至不可能知道，但这个事实并不意味着人类价值还有其他什么基础值得操心。

在我看来，即便有这样的困难，未来还是很有可能会解决常被认为不能回答的道德问题。例如：就产生的后果而言，我们可能同意偏爱自己的挚友（一般福祉因此增加）比采取完全公正的态度要好。也就是说，或许对某种形式的爱与快乐最有利的，就是我们每个人特别与某个子集合的人类产生关联。就描述我们目前的状况而言，这点似乎毫无疑问为真。例如：忽视双亲对自己孩子特别情深的公社实验看来不太成功。以色列的集体农场从惨痛经验中学到教训：发现公社式的养育使得父母和孩子都更不快乐以后，他们恢复了核心家庭。[31]大部分人或许在一个保留对自己孩子自然偏见的世界里更为快乐——假设在法律和社会规范无视这个偏见的情境中。当我带女儿去医院时，我自然对她比对候诊室的其他孩子更关心。然而，我不期待医院人员也有我的偏见。事实上，在有时间去反省以后，我意识到我不希望他们有我的偏见。这样的否定个人私益，怎么会反倒有助于自我利益的需求呢？首先，一个体系可以有许多方法来对我不利，而不是对我有利，而我知道，比起一个容易腐败的体系，我更可能从一个公正的体系获益。我正巧也关心别人，而这种感同身受的经验我甚为在乎。作为一个看重公平的人，我的感觉更好，而且我希望我女儿也变成一个共有这种价值的人。如果看小女的医生真的也有我对女儿的偏见，并认为她比他看诊的其他病人重要得多，我会觉得怎么样呢？老实说那会令我不寒而栗。

不过，或许有两个可能的世界都以完全同样的程度将其居民的幸福最大化：在世界甲中，每个人都不带偏见地专注于所有他人的福祉；同时在世界乙中，每个人都对他们的朋友和家人表现了某种程度的道德偏爱。也许就其居民都享有完全一样程度的幸福而言，这两个世界同样好。它们可以被想成是道德景观中的两座峰峦。也许还有其他山峰。这对道德实在论或结果论构成威胁了吗？没有！因为我们目前在道德景观中的位置移向哪个山巅的方式还是有对错之分，而一切终究关乎是否增加了幸福。

且让我们回到保守的伊斯兰教，针对它让我们最容易想到的例子加以讨论：绝对没有理由认为把同性恋者妖魔化、拿石头砸通奸者、要妇女戴面罩、悬赏谋杀艺术家和知识分子、庆祝人体炸弹的勋绩等，会使人性移向道德景观中的另一个山头。我认为这个主张和我们在科学中所能提出的主张同样客观。

且考虑一下丹麦漫画的争议：由此爆发出的宗教疯狂，至今仍未歇止。漫画家库尔特·韦斯特加德（Kurt Westergaard）画了那些完全无害，却被认为深具煽动性的漫画，而从2006年伊斯兰极端分子呼吁格杀他之后，他就隐居起来了。行笔至此的几星期前——从争议开始的3年多以后——一名索马里男子持着斧头闯进韦斯特加德家。多亏韦斯特加德建造了一间特别设计的“保险室”,才得以免于为了真主的荣光而被杀(他5岁的孙女也目睹了袭击)。韦斯特加德现在过着由警方无休止保护的日子——丹麦其他87名不幸也叫作“库尔特·韦斯特加德”的男子亦然。[32]

在全世界几乎每个社会中,伊斯兰极端分子的特殊顾虑,都造就出面对批评就变得非常抓狂的社群。单单为了漫画,他们会产生暴动、烧大使馆、猎杀和平人士。顺便一提,这是他们在抗议其他穆斯林同胞对自己不停施暴时从不会做的事情。这种优先次序的错置骇人听闻,其无法将人类快乐最大化的原因可以从许多层次分析——范围从生物化学到经济学。但面对这样的案例,我们还需要进一步的信息吗?在我看来,我们已经对人类状况多有了解,足以知道格杀亵渎真主的漫画家,并不会引领我们至道德景观中任何值得去的地方。

还有其他心理学和行为经济学的结果使得人类幸福的变化难以衡量。例如:人们往往认为损失比被放弃的收益重大,即使净结果一样时亦然。例如:当面对有50%的机会损失100美元的打赌时,大部分人会认为只要赌赢的潜在获利比200美元少就没吸引力。这一偏见与我们知道的“禀赋效应”(endowment effect)有关:人们对已经拥有的东西,会比当初要他们去买那东西愿意花的钱要求更多,才肯交易出去。用心理学家丹尼尔·卡尼曼(Daniel Kahneman)的话来说:“一货品若被认为可能失去或放弃,就比被评估成潜在获益时值钱。”[33]这种对损失的规避使得人们一般宁可错在维持现状。它也是靠协调来化解冲突的重要障碍：因为如果各方都认为对方的让步是得，而自己的让步是失，那各方都将注定感觉自己的牺牲较大。[34]

规避损失曾被用功能性磁共振成像技术（fMRI，functional magnetic resonance imaging）来研究。如果这个偏见是伴随潜在损失而来的负面感觉的结果，我们会预期其势必与被认定主宰负面情绪的大脑区域相关。然而，随着损失的增加，研究者并没有发现大脑的任何区域有活动增加。反之，随着潜在损失的增加，代表获益的那些区域显示了活动减少的迹象。事实上，这些大脑结构本身呈现出"神经系统的规避损失"：在面临潜在损失时，它们的活动减少率比对潜在获益时的增加率更陡峭。[35]

已经有案例明确显示这种偏见似乎产生了道德错觉——个人的是非观将视结果被描述成得或失而定。这些错觉当中，有的可能不容易受到完全矫正。就跟许多知觉上的错觉一样，即使明明"知道"两种情况在道德上相等，却依然无法把它们"看成"相等。在这样的案例中，也许彻底忽略事情看起来的样子才合乎道德。或者可能是，我们所采取的达到同一结局的途径，对我们而言真的重要——因此使得两者得失无从比较。

且想象一下，例如：有个孩子在一家医院受到不符合标准的治疗，你担任一个民事审判的陪审员，必须决定该医院得对孩子的父母赔偿多少损失。有两种情形可以考虑：

> 夫妇甲得知他们3岁的女儿被医护人员非故意地注射了神经毒素。女儿在入院前是个智商195的音乐天才。之后，她失去了全部的智力天分。不再有任何奏乐的灵巧，智

商也只剩下刚好是平均值的100。

夫妇乙得知医院因疏忽而没给他们智商100的3岁女儿注射一种完全安全而且不贵的基因强化剂,可以变得有非凡的音乐天才而且智商几乎加倍。现在,女儿的智商依旧普通,也缺少任何可以察觉的音乐天分。并且,施予这种强化剂的关键期已经错过了。

上述两个例子的最终结果显然都是一样的。可是,如果伴随损失而来的心理痛苦,注定比伴随被遗忘而来的获益来得大,会怎么样?果真如此的话,也许把这个差别考虑进来是妥当的,即使我们对"为何失去什么比没有得到什么更坏"无法给予一个理性的解释。这是道德领域中另一个困难的源头:不同于行为经济学中的两难,要建立能够将两种结局判断为等同的标准常常很难。[36]然而,在这个例子中可能有另一个原则在起作用:相较于疏忽之罪,人们常对故犯之罪更严厉地看待。* 我们不清楚该怎么解说这个偏见。不过,再一次,说对于如何把人类幸福最大化的问题有对的答案,并不是说我们将总是处于能回答这种问题的立场。无论我们是否总是知道走哪条路上山,在道德景观中都将有峰峦与幽谷,而且显然有可能在它们之间移动。

我们的主观性还有许多其他特征具有道德含义。例如:人们往往根据一个经验的高峰强烈程度(无论是正面的或负面的)与其最后时刻的质量来评估它。在心理学上,这个叫作"峰/终极定律"(peak/end rule)。在临床环境中测试这个规则:一个小

---

* 疏忽之罪(sin of omission)指未做该做之事。故犯之罪(sin of commission)指做了不该做之事。——译者注

组发现做大肠镜检查的时候(在还不用麻醉的时代),如果医生在病人的不适感最低时没必要地把大肠镜多留插几分钟,会显著降低病人的痛苦感知,而且会增加他们回来复检的可能性。[37]相同原理似乎也对令人嫌恶的声音[38]以及受冻成立[39]。这种发现显示出,在某些情况下,没必要地延长一个人的痛苦以减少后来他对受苦的记忆是悲悯的。的确,不这么做可能不伦理。不消说,这是个极为反直觉的结果。但这正是科学之所以如此重要的地方:它用深入表象背后的方式使得我们能探究世界,以及我们在其中的位置。为什么我们不对道德及人类价值也这么做?

公平与等级体系

许多人认为,关注个人行动的后果不过是研究伦理学的若干途径之一,一种矛盾重重而常不可能落实的途径。可以想见的其他选择,要不就像现代哲学家约翰·罗尔斯(John Rawls)的著作那样高度理性[40],要不就断然相反,如我们在世界主要宗教所颁布的亦经常相互矛盾的异类教规中所见。

我摈斥天启宗教作为道德指导的根源,理由已在别处阐明[41],所以除了指出明显的要点外,这里不再赘述这个老话题:(1)有好多天启宗教可供我们信仰,而它们提供了彼此不兼容的教义;(2)许多宗教的经文,包括最被赞同者(即基督教和伊斯兰教)在内,公然支持像奴隶制之类不合伦理的惯行;(3)我们确认宗教规诫的判断力(比如,判断金箴是明智的,而杀死叛教者是愚蠢的),是我们加诸经文之上的,而非来自经文本身;(4)相信世界的任何宗教是“天启”于我们祖先(而非单单由没福气接受21世纪教育的男女所发明)的理由,若不是荒唐的,就是不存在的——这些彼此抵触的教义在逻辑上是不可能共存的。在这里我们能拿罗素著名的评论来避难,他说:即使我们有把握世界诸宗教有一个完全是真的,而既然有那么多相互冲突的信仰可供选择,纯粹作为一个概率问题,每位信徒都应该期待天谴。

在对结果论的理性挑战中,约翰·罗尔斯的"契约主义"(contractualism)是近几十年来最有影响力的。罗尔斯在《正义论》(*A Theory of Justice*)中,提供了一个建立公平社会的途径,他认为那是对于把人类幸福最大化目标的一个替代选择。[42]这本著作因其主要方法而声名大噪:如果人们不知道他们在一个社会中会是什么样的人,那他们在私利的引导下会多合理地建构该社会?罗尔斯将这个新奇的起点叫作"原初状态"(original position),每个人必须由此原初状态在"无知之幕"(veil of ignorance)后面,判断每个法律和社会安排的公平性。换句话说,只有我们假定我们没法事先知道自己会是白人或黑人、男或女、年轻或年老、健康或有病、智慧高或低、长得美或丑等等,我们才能设计任何喜欢的社会。

作为判断公平性的方法,不容否认这个思想实验是很高明。但它真是一个思考我们行为实际后果的替代选择吗?我们如果戴着无知的面罩建构了我们的理想社会以后,被一个全知全能的存在告知我们所做的几个选择,虽然极其公平,却会导致数百万人没必要的苦难,同时稍微较不公平的参数就不会蕴含这种受苦,会觉得怎么样?我们能对这个信息无动于衷吗?我们设想正义是与人类幸福完全分离的瞬间,我们就会面对这样一种可能性：道德上是“对的”行为和社会体系，总体而言却对每个受其影响者不利。在这点上若仅仅像罗尔斯那样硬着头皮接受，并表示“没有理由认为正义直觉会把善最大化”[43]，那似乎就代表了道德和哲学的挫败。

有些人担心致力于社会福祉的最大化，可能导致只要极少数人的损失能被许多人更大的获益抵消，我们就会牺牲那极少数人的权利和自由。为什么不能让几名奴隶不停地为社会中其他人的愉悦工作到死？其担忧是若把焦点放在集体福祉上，似乎就不把人当作目的本身来尊重。而且我们应当关心谁的福祉呢？例如：持种族偏见的人凌辱某少数族群所得的乐趣，似乎和一位圣人牺牲自己的性命去帮助陌生人所得的乐趣一样。如果持种族偏见的人比圣人多，似乎持种族偏见的人就会赢，我们就有义务建设一个社会来把不义之人的乐趣最大化。

不过这种顾虑显然寄托于一幅不完整的人类幸福的图景上。就某种程度而言，把人当作目的本身来待人，是个保障人类幸福的好方法，也正是我们应当做的。公平并不只是个抽象原则——它是感受到的经验。我们当然都从心里知道这点，可是神经影像学也已显示了公平驱动头脑中与报酬有关的活动，而接受不公平的提案需要规制负面的情感。[44]把别人的利益列入考虑，做出不偏不倚的决定（而且知道别人会这么做），对贫困的人提供帮助——这些是对我们的心理幸福和社会幸福做出贡献的经验。在结果论的框架下，我们每个人都顺从一个公正体系，在其中我们直接的、自私的利害常被对公平的考虑取代，这看来完全合理。然而，它只在每个人处于这样一个体系中都往往会更好的假设下才合理；而看来他们会的。[45]

虽然每个个体对快乐的追求,可能不会与我们建立一个公正社会的努力兼容,但我们可别忘记社会不会受苦的事实——受苦的是人。不公正唯一错的地方,就是它在某个层次上实际或潜在地对人不好。[46]不公正使受害者明确显示较不快乐;而且我们也很容易论证,它往往也使加害者比起如果他们在意他人幸福的话更不快乐。不公正也破坏了信任,使陌生人很难合作。当然,这里我们谈的是意识经验的本质,所以我们势必得谈论人类大脑的运作过程。道德和社会情感的神经科学才刚起步,但似乎无疑地,它有一天将对我们快乐和受苦的物质起因给予在道德上中肯的见识。虽然在这条路途上可能有些意想不到的事等着我们,但有充分的理由期待仁慈、悲悯、公平和其他古典的“善的”特质将会被神经科学证实——就是说,我们将只发现进一步的理由来相信它们对我们是好的,因为它们普遍提升我们的生活。

我们已经开始察觉,道德就像理性一样蕴含若干规范的存在——即它不仅描述我们通常怎么思考与行动,也告诉我们应该如何思考与行动。道德和理性共有的一个规范,就是视角的可互换性。[47]对于一个问题的解决方法不应该受你是丈夫或妻子、雇主或员工、债主或债务人等等的影响。这就是为什么我们不能只根据偏好来争辩我们观点的正确性。在道德的领域中,这个要求位于我们所谓的“公平”者的核心。它也揭露了为什么对朋友和陌生人有不同的伦理准则不是好事。

我们都遇到过在业务上和私人生活中举止相当不同的人。他们虽然永远不会对朋友撒谎,但可能毫无疑虑地对客户或顾客撒谎。这为什么是个道德缺失呢?最起码,它容易受到可以称之为“不愉快的意外”原则所害。想想看,当这样的一个人发现他的一位顾客其实是位朋友时会如何?“喔,你为什么没说你是珍妮弗的妹妹呢!呃……好吧,别买那款。买这个会更划得来。”在此瞬间暴露了一个人总是有损形象的伦理裂缝。有两套伦理准则的人永远容易遇到这类尴尬。他们也比较不可信赖——而信任是一个人在保卫别人的幸福上有多可靠的一个量度。即使你正巧是这种人的密友——也就是你在他伦理思维“对”的一边——也无法信任他跟你可能关心的其他人互动(“我不知道她是你的女儿,对不起啦”)。

或者考虑一下一名纳粹分子在第三帝国下的立场,他完全献身于消灭世界上的犹太人,然后像许多人一样,得知他自己就是个犹太人。除非有什么不可抗拒的论据显示其自杀的道德必要性,否则我们很难想象故事的主人翁会用他的纳粹伦理处理自己真正的身份。显然,他的是非感是由他对自己身世的错误信念所断定。一个真正的伦理应该不那么容易受到这种“不愉快的意外”影响。这似乎是获致罗尔斯“原初状态”的另一途径。对的事不能依赖一个人是否身为某部族的成员——如果除了一个人可能搞错自己成员身份的事实以外,没其他原因的话。

康德的“定言令式”(categorical imperative)也许是道德哲学中最著名的处方,其中捕捉到一些相同的顾虑:

> 因此仅有一个定言令式:“仅依据你能同时意愿它成为一项普遍法则的那种准则而行动。”[48]

康德虽然相信这个普遍适用性的准绳是纯理性的产物,但它之所以吸引我们,是因为它依赖对公平和正当理由的基本直觉。[49]除非一个人的观点能概括到他人,否则那个人不能对任何事情声称是“对”的,无论那是理性事项或伦理事项。[50]

为善会太难吗?

大部分的人在一生当中都会花些时间决定,如何(或要不要)响应地球上其他人或可避免的死于饥馑的事实。我们大部分人也会花些时间决定,在家里或在喜欢的饭馆想吃什么令人愉快的食物。以年度计算,这两个课题哪个吸收掉你更多的时间和物质资源呢?你如果像大部分生活在发达国家的人,那这样的一个比较不会带领你成为圣徒。我们对满足私欲的承担,与我们对解除几百万人没必要的苦难和死亡的承担,两者之间的差异能在道德上等量齐观吗?当然不能。这种伦理一贯性的失败常被看成是对结果论的打击。但,不该是如此。谁敢说真的为善甚或在道德上一致,必定是容易的?

我并不怀疑,自己实际做到的善比不上能够做到的善。也就是说,我没有用真正使他人的幸福最大化的方式过活。然而,我也几乎能确定我并没有以使我自己的幸福最大化的方式过活。这是人类心理的悖论之一:我们常未能做我们表面上想做、最符合自我利益的事。我们常未能做我们最想做的——或者我们未能在一天(或一年,或一生)结束时,完成我们最希望完成的事。

只要想想许多人不过为了戒烟或减肥而必须忍受的艰苦奋斗就明白了。正确的行动途径一般都很明显:你一天抽两包香烟或超重50磅,当然没有把自己的幸福最大化。也许现在这对你没有那么清楚,不过想象一下:如果你能戒烟或减肥成功,那一年以后你会对这个决定后悔的机会有多大?大概是零吧。然而,如果你像大部分人那样,你将发现要得到你想要的结果,所需做的简单行为的改变极为困难。[51]

我们大部分人就道德而言都处于这个困境。我知道帮助挨饿的人比我所做的大部分事情都重要得多。我也不怀疑做最重要的事情给我的乐趣和情感的满足,会比我通过追求乐趣和情感的满足所做的大部分事情多。可是这个知识并没有改变我。跟帮助挨饿的人相比,我还是比较想做能直接带来愉悦的事。我非常相信如果我更想帮助挨饿的人,我会更快乐——而且我不怀疑如果我花更多的时间和金钱帮助他们的话,他们会更快乐——但这些信念并不足以改变我。我知道我如果在这些方面变得不同的话会更快乐,而且世界会是个(稍微)更好的地方。因此,我确定自己并没像我所能做的那么道德,也没那么快乐。[52]我知道这一切事情,而且我想把自己的快乐最大化,可是我一般没有感动到去做我相信会使自己比现在更快乐的事。

归根结底,这些主张关乎我心智的架构和我们世界的社会架构。对我而言很清楚的是,给定我目前的心智状态——即我的行动和对注意力的运用如何影响我的生活——我如果比较不自私就会更快乐。这意味着我如果比较不自私的话,反倒呈现更明智、更有效的自私。这并不矛盾。

如果我能改变自己的心智架构呢?在某些层次,这总是可能的,就像我们花费了注意力的每件事、采取的每项纪律或者获得的每个知识,都改变了我们的心智。我们每个人现在也有渠道使用一大堆控制情绪、注意力与清醒状态等的药物,而且更彻底地(以及更精准地)改变我们心智力的可能性,或许也指日可待。影响是非感的心智改变是好的吗?我们改变道德感的能力会削弱我对道德实在的论述吗?例如:假如我能重塑大脑,使得吃冰淇淋不仅极为舒畅而且感觉像是我所能做的最重要的事情,那会如何呢?

即便冰淇淋唾手可得,我的新状态似乎也对自我实现形成挑战。我会增加体重,我会忽视社会义务和知性追求。无疑,我不久就会以我歪曲的优先次序冒犯他人。可是,如果神经科学的进步终于允许我们改变每个大脑对道德相关经验的反应,那又会怎么样呢?如果我们能重新设计使整个物种痛恨公平、赞赏欺骗、喜爱残忍、鄙视悲悯等等,又将如何呢?这会是道德上好的吗?再一次,魔鬼存在于细节中。这真是个与我们同等幸福的世界吗?其中"幸福"的概念也像我们的世界一样,易受检视和修正吗?果真如此的话,就随它去吧。还有什么会比真正的幸福更重要的呢?可是给定幸福的概念在我们的世界所蕴含的一切,很难想象随着我们在道德景观中移动,它的性质能够完全互换。

此两难困境的迷你版确已显露端倪:我们越来越需要考虑利用药物来舒缓心灵受苦的伦理。例如:一个人吃了药就对孩子的死无动于衷,这样对她好吗?当然这在她还负有当母亲的责任时不好。可是如果一位母亲失去了她唯一的孩子因而伤心欲绝呢?她的医生应该使她比承受伤心欲绝的感觉好多少呢?她应该想要感觉多好呢?我们任何人在这种情况下,会想要感觉完全快乐吗?可以选择的话——而这种选择肯定会以某种形式降临——我想我们大部分人会希望我们的心智状态与我们的生活实况挂钩,无论多松散。要不然我们彼此间的纽带如何能维持? 例如: 我们能爱自己的孩子,却完全不在乎他们的受苦和死亡吗? 我怀疑我们不能。可是一旦我们的药房开始贩卖悲伤的真正解药时,我们会怎么做呢?

我们如果总是不能解决这种难题的话,那该怎么继续下去呢? 是的,我们无法完美地衡量或调解几十亿生灵互相竞争的需求,也经常无法对我们自己的竞争性需求有效地划分优先级。我们能做的是,试着在现实的极限内,遵循一个看来既能使我们自己的幸福最大化,又能使他人的幸福最大化的途径。这就是明智生活和伦理生活的意义。正如我们将看到的,我们已经开始发现大脑的哪个区块允许我们这么做。然而,对道德生活完整含义的理解,需要一种道德的科学。

为多样性困惑

心理学家乔纳森·海特在道德判断上,提出了一个非常有影响力的论题,叫作“社会直觉式模型”(social-intuitionist model)。海特在一篇广为引用的文章《情感的狗及其理性尾巴》(*The Emotional Dog and Its Rational Tail*)中,总结了我们的困境:

> 我们的道德生活被两个错觉困扰。第一个错觉可以叫作“尾摇狗”错觉: 我们相信自己的道德判断(狗)受自己的道德推理(尾巴)驱动。第二个错觉可以叫作“摇别的狗的尾巴”错觉: 在道德争辩中,我们期望成功反驳对手的论证

> **会改变对手的心。这样的信念就好比相信用你的手来强摇一只狗的尾巴会使那只狗高兴。[53]**

海特并没有走到宣称推理永远不会产生道德判断的地步；他不过是说这比大家想的更不常发生得多。海特对于我们到底能不能对是非或善恶做出切合实际的主张是悲观的，因为他观察到人类往往根据情感来做道德决定，用事后归因的推理（post hoc reasoning）来为这些决定辩解，而且在他们的推理已肯定不通时还固执己见。他指出，当人们被要求为他们对特定道德的（或假道德的）两难的反应辩解时，他们常常“在道德上呆若木鸡”。他的实验对象会“结巴、傻笑，并对自己无法找到支持理由表示吃惊，但他们还是不会改变原来的判断……”。

然而，对于我们无法有效推理也可以这么说。且考虑一下蒙提·霍尔问题（Monty Hall Problem）[基于电视博弈节目《一锤定音》（*Let's Make a Deal*）]。想象你自己是一个博弈节目的参赛者，制作单位给你三扇关着的门：在一扇门后面摆着一辆新车；另外两扇门后面藏了山羊。选对了门，车就是你的。

游戏是这么进行的：假设你已选了一号门。主持人打开二号门，露出了一只山羊。现在他给你一次机会可以把你打的赌从一号门换成剩下的三号门。你该换吗？正确的答案是“该”。可是大部分人觉得这个答案非常费解，因为它违反了通常的直觉：既然还有两扇门没开，那车在两者之一的概率应该是1/2。然而并非如此，你如果坚持原来选择的话，你的胜算其实是1/3。如果换了，那胜算就增加到2/3。[54]

说蒙提·霍尔问题使许多陷入困境者“在逻辑上呆若木鸡”

是公平的。就算人们在观念上理解了他们为什么该换门,他们还是无法摆脱起初的直觉,而以为每扇门代表1/2的成功机会。这种人类推理的普遍失败名副其实就是推理的失败。但它并不表示蒙提·霍尔问题没有正确答案。

然而像乔舒亚·格林和乔纳森·海特之类的科学家似乎认为,道德争议的存在本身就抵消掉道德真理的可能性。按照他们的意见,我们能做的,不过是研究人类以"道德"之名做些什么。因此,如果信教的保守派觉得同性恋者结婚的可能性可憎,而世俗的自由派觉得完全可以接受,那我们面对的就不过是个道德偏好的差别——不是与人生更深层真理有关的差异。

海特认为,自由派的道德看法是个"关于人与人之间关系的正义的、权利的、福祉的规定性判断"体系,并进而对其提出反对时,要求我们思索以下类似的谜团:

> **如果道德是关于我们如何彼此对待,那为什么有那么多古代文本会花那么多篇幅在关于月经、谁能吃什么、谁跟谁能性交等规则上呢?**[55]

有意思的问题!这些是把奴隶制看成道德上没问题的古代文本吗?也许奴隶制确实没有道德含义——要不然这些古代文本铁定会有相当多话可用来反对它。废除黑奴制度会不会是自由派偏见的终极例子?或者,遵循海特的逻辑,为什么不问:"如果物理学不过是个按照质量与能量来解释宇宙结构诸法则的体系,那为什么这么多古代文本花了那么多篇幅在上帝之非物质影响力和奇迹行为上?"的确,为什么呢?

海特显然认为无批判地接受他研究对象的道德范畴是一种知性美德。可是哪里写着人们以“道德”之名所做或决定的每件事,都值得被认为是道德的主题事项部分?大多数美国人相信《圣经》提供了对古代世界的正确叙述。好几百万美国人也相信癌症的主要成因是“压抑的愤怒”。庆幸的是,当涉及关于历史和肿瘤学的严肃讨论时,我们并不会被这些意见所左右。看来足够清楚的是,许多人对于道德的观点根本是错的——就像许多人对物理、生物、历史,以及每件值得了解的事物的看法是错的。把我们的眼光调离开这项事实达成了什么科学目的呢?如果道德是个思索关于像我们这样的有意识动物的幸福(以及使之最大化)的体系,那许多人的道德关怀一定是不道德的。

像海特之类的道德怀疑论者一般都强调道德分歧的棘手性:

> 大部分道德争论的残酷惨烈、徒劳和自以为是,现在已能被阐明了。在一个关于堕胎、政治、两厢情愿的乱伦,或我的朋友对你的朋友怎么了的辩论中,双方都相信,他们的立场是基于对事实与涉及事项的推理(“尾摇狗”错觉)。双方都提出他们认为支持自己立场的绝佳论证,双方都期待对方对这种理由有所反应(“摇别的狗的尾巴”错觉)。当对方不为这么好的理由所动时,双方就做出对方一定是思想封闭或不诚恳的结论。以这种方式,关于同性恋和堕胎之类问题的文化战争,就能产生持不同立场的、受道德驱使的竞赛者,他们相信对方未受道德驱使。[56]

不过海特描述的机制，对每个曾经就任何题目辩论过的人而言，应该都不陌生。这种说服的失败并不表示争议双方都同样可信。例如：以上片段完美地捕捉住了我偶尔与“9·11”阴谋论者的冲突。美国俄亥俄大学斯克里普斯调查研究中心(Scripps Survey Research Center)所做的一项全美民意调查发现，超过1/3的美国人怀疑，美国联邦政府“帮助了‘9·11’恐怖分子袭击或未采取行动来制止他们，以便美国能到中东打仗”，而且16%的人相信这个主张“非常可能”是真的。[57]许多人相信世界贸易中心双塔之所以倒塌，不是因为被加满油的喷气客机撞上，而是小布什政府秘密地在那两座建筑中安装了炸药(所有回答者中6%判断这“非常可能”，10%判断“相当可能”)。每当我遇到心怀这种信念的人，海特所描述的僵局便准备就绪了：双方“都提出他们认为支持自己立场的绝佳论证。双方都期待对方对这种理由有所反应(‘摇别的狗的尾巴’错觉)。当对方不为这么好的理由所动时，各方就做出对方一定是思想封闭或不诚恳的结论”。然而，不容否认的是，如果这个辩论的一方对2001年9月11日到底发生了什么的想法是对的，那另一方就一定绝对错误。

当然，众所周知，我们对客观推理的感觉常是错觉。[58]然而，这并不意味着我们不能学会更有效的推理，更注意证据，并变得更在乎无时不在的犯错的可能性。海特注意到大脑的感情线路常支配我们的道德直觉，而且感觉驱动判断的方式肯定值得研究是对的。但这并不意味着对道德问题的答案没有对错。就像人们声称理性时常不太理性一样，人们声称道德时可能并不太道德。

海特在描述我们可用的不同道德形式时，提供了“契约式”和“蜂窝式”两种途径的选择：第一个是自由派的领域，而自由派关心的主要是伤害和公平；第二个代表保守的（一般是宗教的）社会秩序，它进一步纳入了对团体的效忠、对权威的尊敬，以及宗教的纯粹。这两种对好生活概念的对立也许值得讨论，海特关于自由派和保守派之间差异的数据也很有趣，可是他的诠释正确吗？例如：他的“道德五项基础”也许不过是关于“伤害”更广义的诠释面向。

亵渎《古兰经》到底有什么问题？除了有人相信《古兰经》是凭神力著作的文本这一事实外，就不会有问题。那种人几乎确切相信，这种亵渎必然会导致某种伤害降临其身或他们的部落——如果不在此生那就在来世。更玄奥的观点则可能是任何亵渎经文的人将会直接伤害到他自己：缺少崇敬本身可能就是惩罚，因为遮蔽了信仰之眼。无论我们偏好哪种诠释，神圣与对宗教权威的尊敬似乎都同样化约成对伤害的关切。

同一论点朝相反方向也能推演：连一个像我这样的自由派，倾心于按照伤害和公平来思考，也马上能看出我对好生活的愿景必须防范他人侵略性的部族主义。当我扪心自问时，我发现自己与我的保守邻居们同样想把蛮族挡在城墙外，而且我知道为了这个目的，也许值得牺牲我自己的自由。我期待这种顿悟在未来的岁月会大幅增加。例如：且想象一下，在一桩核子恐怖主义事件后，自由派会怎么去想伊斯兰的威胁。也许有天自由派对快乐和自由的渴望，会产生若干非常强硬的对更严厉的法律和对部族忠诚的呼吁。这会不会意味着自由派变成了渴望蜂窝组织的宗教保守派了呢？或者自由派的避免伤害的看法，足够有弹性到去包含对秩序的需要以及群内与群外之别呢？

还有个问题就是保守主义是否包含了对认知偏见——或者根本是伪善——的额外通融？因为社会保守派的道德信念经常与他们的悖德行为不符。美国最保守的地区往往有最高的离婚率和青少年怀孕率，以及对春宫作品的最大需求。[59]当然，我们可以争辩，社会保守主义正是周遭犯罪泛滥的后果。不过这似乎是很不可能的解释——尤其对那些高度保守道德主义和对罪的偏爱能出现在同一个人身上的例子。你如果想要看着这种伪善的人物，福音派牧师和保守派政客似乎很少令人失望。

什么时候一个信仰体系不只为假，而且非常鼓励虚伪和无必要的受苦程度才值得我们谴责呢？根据晚近的一项民意调查，36%的英国穆斯林（年龄从 16 岁到 24 岁）认为，叛教者应该因他们的不信真主而被处死。[60]这些人是出于海特意指之"受道德驱使"呢？还是不过在道德上犯了糊涂罢了？

而如果无论我们怎么摆弄海特的伤害、公平、对团体的效忠、对权威的尊敬、精神的纯粹这五个变项，若干文化包庇的道德准则看起来都很糟糕，那该怎么办呢？如果我们发现一个集团的人对伤害和公平并不特别敏感，或者对神圣不察知，或者未以任何其他方式在道德上敏于行事，那又该怎么办呢？然而海特对道德的构想，就能允许我们制止这些蒙昧的人虐待他们的孩子吗？或者那是不科学的呢？

道德的头脑

想象一下你到一家餐厅用餐，瞥见你最好朋友的太太坐在稍有距离的地方。当你站起来要打招呼的时候,注意到坐在她对面的不是你最好的朋友,而是一位英俊的陌生人。你犹豫了。他是她工作上的同事吗?还是她外地来的兄弟呢?眼前的景象让你觉得有些不正当。虽然听不到他们在谈什么,可是两人之间的关系明显有点暧昧。你突然想起,你最好的朋友正离家开会去了。他的太太是在幽会吗?你该怎么办?

大脑的好几个区块会对这个道德凸显的印象以及随后道德感情的激荡做出贡献。有许多不同股的认知和感觉在这里交错:对语境的敏感,对他人信念的推想,对面部表情和肢体语言的诠释、怀疑、愤慨、冲动控制等等。这些完全不同的过程在什么时间点构成一个道德认知的例子呢?很难说。至少,我们知道,一旦有意识地想到关系道德的事件(例如友妻背叛的可能性)时,就进入了道德的领域。为了这个讨论的目的,我们无需把线画得比这个还清楚。

涉及道德认知的大脑区,横亘在前额叶皮层(prefrontal cortex)和颞叶(temporal lobes)的许多地方。神经科学家豪尔赫·摩尔(Jorge Moll)、里卡多·德奥利维拉-索萨(Ricardo de Oliveira-Souza)与同事们写下了对这项研究最周全的评注。[61]他们把人类行动分成四个范畴:

1. 不影响别人的利己行为。
2. 对别人有负面影响的利己行为。
3. 有高度概率会互惠的对别人有益的行为("互惠利他")。
4. 没有直接私人利益(物质的或声誉的收益)的对别人有益并且没有互惠可期待的行为("真正利他")。这包括利他的帮助行为以及对违犯规范者之代价高昂的处罚

（“利他处罚”）。[62]

正如摩尔与同事们所指出的，我们与其他社会性哺乳动物共有上面 1 到 3 的行为，而 4 似乎是人类的特殊领域［我们也许应该补充说明，这种利他必须是故意的/有意识的，这样才能排除在蜜蜂、蚂蚁、白蚁等真社会性（eusocial）的昆虫身上所见到的真正英雄性的自我牺牲］。摩尔等人虽然允许忽视真正利他的报偿成分［常被称作与合作关联的“温情效应”（warm glow）］，我们从神经影像学研究知道，合作与头脑中报偿区加剧的活动关联。[63]这里再次显现，自私动机与不自私动机的传统对立似乎被打破了。如果帮助别人能觉得有报偿，而不是仅仅痛苦，那应当想成是另一种为自己服务的方式。

正面和负面动机在道德领域扮演的角色很容易看出来：我们对别人在道德上的越轨感到鄙夷/愤怒，对自己在道德上的差错感觉歉疚/羞耻，而当我们对别人好时会产生报偿的温情效应。少了这种动机机制的纠结，道德的处方（纯粹理性的“应然”看法）就很不可能转译成实际行为。动机是个独立变量的事实解释了上面简短触及的难题：我们常知道什么会使我们快乐，或者什么会使世界变成一个更好的地方，然而我们发现自己没有动机谋求这些目的；反之，我们常主动以自己知道以后会后悔的方式去行为。显然，道德动机能和道德推理的成果区分开。一门道德的科学必然需要对人类动机有更深的理解。

统御是非判断的脑区包括一个皮层结构和皮层下结构组成的广泛网络。这些地方对道德思想和道德行为的贡献因情感基调而异：外侧额叶区（lateral regions of the frontal lobes）似乎统御与处罚越轨者联想的愤慨，同时内侧额叶区（medial frontal regions)产生与信任和回报联想的报偿感。[64]而如我们将看到的，个人的与同个人无关的道德决定之间也有差别。结果的图像很复杂：像道德敏感度、道德动机、道德判断、道德推理等因素依赖于相互分离又相互迭代的过程。

关于道德和大脑间的探讨，内侧前额叶皮层(MPFC, medial prefrontal cortex)是多数讨论的重心。正如在第3章、第4章进一步讨论的，此区涉及自我相关(self-relevance)的情感、报偿和判断。它似乎也注记了信与不信之别。在这儿受伤已与多种缺陷相关联，包括糟糕的冲动控制、情感钝化，以及像同理心、羞耻心、尴尬、内疚等社交情感的衰减。当额叶损伤局限于内侧前额叶皮层时，推理能力以及道德规范的概念知识一般都能幸免，但得体待人的能力则往往被扰乱了。

有趣的是，在评估若干道德两难时，内侧前额叶皮层受到损伤的病人，比正常的受试者更倾向于结果论的推理。例如：当牺牲一个人的性命以拯救许多人的手段是个人的而不是非个人时。[65]且考虑以下两种情形：

1. 你在一辆速度失控而迅速接近轨道分叉处的有轨电车的驾驶座上。通往左边的轨道上有一组5名铁道工人；通往右边的轨道上则只有1名铁道工人。

   你如果什么也不做，那电车会继续往左，造成那5名工人死亡。要避免那些工人死亡的唯一方法，就是按下仪表控制盘上的一个开关来让电车往右边前进，造成那名单独的工人死亡。

   你按下开关来避免5名工人之死是恰当的吗？

2. 一辆失控的电车在轨道上朝着5名工人开来，如果电车在目前的路线上前行会撞死工人们。你正在铁道上方的人行天桥上,位于接近中的电车和那 5 名工人之间。在天桥上你身边有位正好块头很大的陌生人。

拯救那 5 名工人的唯一方法,就是把那位陌生人推下桥到下面的铁道上,那样他的大块头可把电车止住。你如果这么做的话,那陌生人会死,但能救那 5 名工人。

你把陌生人推到铁轨上以救那 5 名工人是恰当的吗?[66]

大多数人在第一个情形中强烈支持牺牲 1 个人以救 5 个人,却认为在第二个情形中这样的牺牲在道德上令人发指。这个悖论在哲学圈已经众所周知多年。[67]乔舒亚·格林与同事们最先使用功能性磁共振成像(fMRI)来看大脑对这些两难的反应。[68]他们发现,那些像情形二描述的个人型两难更强烈地激活与感情关联的脑区。之后另一个小组发现,人们对两个情形反应的差别能被情感语境调节,不过很轻微。研究对象在面临人行天桥的两难前,如果先看了几分钟愉快的录像比较会把那个人推下去送死。[69]

对于内侧前额叶皮层受伤的病患比较容易为多人牺牲一人的行为可以有不同的诠释。格林把这个看成情感过程和认知过程常朝相反方向作用的证据。[70]然而,我们有理由担心,单单用结果论思维和负面感情间的对立并不能恰当地说明这些资料。[71]

我猜想,对涉及此类道德判断的大脑过程进行更细致的理解能影响我们的是非感。然而道德两难间表面上的差异可能继续在我们的推理上扮演一个角色。如果损失总是会比没得到的收益造成更多折磨,或者推一个人去死确实会以按一个开关所不能的方式给我们带来精神创伤,那这些区别就变成了限制我们能如何朝更高境界的幸福跨越道德景观的变数。然而,在我看来,一门道德的科学能吸纳这些细节:在纸上显然会导致同样结果的情形(例如:丢 1 条命,救 5 条命),在真实世界中其实可能会有不同后果。

精神变态

为了了解心灵与大脑之间的关系,研究缺乏特定心智机能(无论出于疾病或受伤)的对象经常是有用的。好巧不巧,大自然就提供给了我们一个对传统道德近乎完美的剥离。这种人一般被称为"精神变态者"(psychopaths)或"社会变态者"(sociopaths)[72],其数量似乎比我们大部分人所意识到的多很多。研究他们的头脑,对传统道德的神经基础,产生了相当可观的发现。

作为一种人格失调,精神变态者在媒体上已被大肆渲染到研究时很难不觉得我们是在迎合自己或迎合我们的听众。然而,毫无疑问的是,精神变态者存在,而且他们许多人公开谈论他们从恫吓与折磨无辜者中得到的乐趣。最极端的例子,包括连环杀人犯和性虐待狂,看来使我们完全无法有同情的理解。的确,你如果埋首于这种文献,每个个案看起来似乎都比上一个更可怕、更不可解。我虽然不愿纠缠这些犯罪的细节,可是我怕抽象的谈论会蒙蔽基本的事实。尽管每天都被喂食揭示人类邪恶的新闻,我们还是很难牢记有些人真的缺乏关怀其他同胞的能力。让我们看看一名因重复强奸与拷打其 9 岁继子而被判刑的男子的陈述:

在猥亵我儿子差不多2年，还有买过、租过、交换过所有那些色情商品以后，我找到一些搞小孩的“捆绑调教”影片。我读过的一些东西和看过的照片里，呈现的是完全的屈服。可以强迫孩子们去做我想要的事。

而我终于开始把这种捆绑调教用在自己的儿子身上，它升级到我用大型可封口塑料袋套在他头上的地步，我用黑胶带或黑的电工胶带黏住他脖子，然后强奸他，猥亵他……直到他脸色发青，甚至昏厥过去。在那个时候，我会把袋子从他的头上扯下来，不是怕伤害他，而是出于兴奋。

我会因为造成痛苦而极度亢奋。而当我看他昏过去并变色了，我变得非常亢奋和高昂，随即把袋子从他的头上扯下来，然后跳到他胸口，对着他的脸打手枪，然后在他……开始苏醒过来时，强迫他吸吮我的鸡鸡。在他咳嗽和噎住的同时，我就强奸他的嘴。

用塑料袋和胶带进行同样的虐待方式，每星期大概两三次，持续了应该1年多一点吧。[73]

我想对此男人私下激情的简短一瞥就足以表达论点了。请放心，这还不是一个男人或女人只是为了乐趣而对一个孩子所做的最坏的施虐。而且精神变态文献上的一个不可思议的特征就是，连最坏的人也能在某种程度上找到合作的共犯。例如：在这些案例中，暴力色情影片扮演的角色就很难被忽视。单单儿童色情商品——正如许多人所指出的，这是实际犯罪的视觉记录——现在是高达几十亿美元的全球性产业，涉及绑架、“性观光”、有组织犯罪，以及对互联网极精湛的利用。显然有足够的人热切渴望看小孩——以及越来越多的学步儿童和婴儿——被强奸和拷打，才能创造出一整套的次文化。[74]

虽然精神变态者在监狱里呈现特别高的比例[75]，但有许多是在低于公然犯罪的门槛下生活。每有一个杀小孩的精神变态者，就有数万个人干了不那么伤风败俗的坏事。创造评估精神变态的标准诊断工具——精神变态检查表修订版（Psychopathy Checklist-Revised，简称 PCL－R）——的罗伯特·黑尔（Robert Hare）估计，在美国任何时间点连环杀人犯大概不到 100 名，但同时大概有 300 万名左右的精神变态者（约占人口的 1%）。[76]如果黑尔是对的，那我们每个人都经常遇见那种人。

例如：我最近遇到一个人，他相当自豪能够过着对老婆不忠的生活却仍风平浪静。其实他也欺骗了那许多与他不忠的女人——因为每个第三者都以为他是忠实的。这一切"豪勇"都需要假名、假工作，更别提一大堆的谎话了。我虽然不能说这个人是精神变态，但相当明显地，他缺少我们大部分人所认为的正常的良心。一个不停地欺骗与自私诡计的人生，似乎对他没造成任何不适。[77]

精神变态者可由他们异乎寻常的自我中心，以及完全缺乏对别人受苦的关怀来辨别。显示其最常见特色的清单，读起来会像是一则来自地狱的个人广告：铁石心肠、爱摆布他人、好瞒骗、冲动、爱偷偷摸摸、浮夸、喜寻求刺激、乱交、不忠、没责任感、倾向于反应性的和算计性的攻击[78]，并且缺乏感情深度。他们对（无论实际的或预期的）惩罚也表现出更弱的情绪敏感。最重要的是，精神变态者不会经历正常范围的焦虑和惧怕，这也许说明了他们为什么欠缺良心。

对精神变态者所做的第一桩神经影像学实验发现，当与非精神变态的罪犯及非罪犯的对照组比较，他们在一般对情绪刺激做出反应的脑区，显现出相当少的活动。[79]虽然我们大部分人宁可生活里没有焦虑和惧怕，但它们对社会规范和道德规范起了定锚作用。[80]少了对自己罪过（无论真的或想象的）感到焦虑的能力，规范就变成不过是“别人定的规则”。[81]发展心理学的文献也支持这个诠释：胆怯的孩子显示了较大的道德理解力。[82]因此，我们能多合理地想要免于焦虑仍然是个未解的问题。再一次，这是一门实证的道德科学才能决定的事情。而随着可望出现更有效的对焦虑的治疗法，这是个我们得以用某种方式面对的议题。

据进一步的神经影像学研究显示，精神变态也是病态的激发和奖励的产物。[83]在精神变态人格清单上得分高的人，在其大脑报偿区［尤其是伏隔核（nucleus accumbens）］对安非他命反应时，显示了不正常的高度活跃，而且同时期待获得金钱利益。这个线路的超敏感特别联结到精神变态的冲动型反社会维度，该维度导致损人利己的危险行为。研究者猜测，对预期报偿的过度反应能防止一个人向别人的负面情绪学习。

精神变态者不像其他有心理疾病或情绪障碍的人，他们一般不觉得自己有什么不对。他们也符合法律对神志清楚的定义，即他们拥有对是非之别的知性理解。然而，精神变态者一般无法区别传统的冒犯与道德的冒犯。当被问到“如果老师允许，你就能在课堂上吃东西吗”对比“如果老师允许，你就能打同学吗”，39 个月以上的孩子往往把这两个问题看成根本上有所区别，而认为后者的冒犯是本质上的错。在这点上，他们显然是受到对潜在的人类受苦的知觉所影响。有精神变态风险的儿童往往认为,这两个问题在道德上无所区别。

当被要求仅仅根据人们眼睛的照片来辨识别人的心理状态时,精神变态者显示出没有一般性障碍。[84]他们在“心智理论”(theory of mind)的处理上(即理解他人心智状态的能力)似乎基本完整,只有一些细微的缺陷肇因于他们不在乎别人的感受。[85]然而,一个关键的例外就是,精神变态者常无法认出别人惧怕和忧伤的表情。[86]而这也许就是造成所有差别的所在。

神经科学家詹姆斯·布莱尔(James Blair)与其同僚表示,精神变态源于杏仁核(amygdala)和前额皮层(orbitofrontal cortex)的遗传障碍所造成的情感学习的失败,那些区块对处理感情至关重要。[87]他人的负面情感,而不是来自父母的处罚,也许才是驱使我们社会化的来源。因此,精神变态可能是对别人的惧怕和忧伤学习失败的结果。[88]

一个有精神变态风险的儿童,由于情感上对自己造成别人的受苦盲目,可能在整个青春期和成年期为了追求自己的目标,而越来越诉诸反社会的行为。[89]正如布莱尔所指出的,增加同理心的育儿策略,往往在健康的儿童身上能成功地缓和其反社会行为;但这种策略对呈现精神变态特有之麻木不仁/无感情(CU,callousness/unemotional)特质的儿童则难免失败。虽然也许很难接受,但研究强烈表明有些人就是学不会关怀他人。[90]也许我们有一天能发展出改变这种现象的干预法。然而,就本书讨论的目的而言,指出我们正开始理解哪种头脑病态导致最极端的人类邪恶,似乎就足够了。而且正如有些人存有明显的道德缺陷,必定有其他人具备道德天分、道德专长,甚至道德天才。就和任何人类的能力一样，这些逐渐的变化肯定表现在大脑的层次。

博弈论暗示了进化或许选择了两种稳定的进程朝向人类合作：一报还一报（tit for tat，常叫作“强互惠”）和永久性背叛（permanent defection）。[91]一报还一报即我们一般在社会中到处所见者：你对我表示了一些友好的举动，我就急于回报你的好意；你做出粗鲁或伤害性的事，我就变得很难抗拒不以同样方式回报。但想想看永久性背叛出现在人际关系上会是什么样子：背叛者多半会持续诈欺和耍手段，装出道学的攻击（以激起别人的愧疚和利他），以及策略性的模仿像同情之类的正面社会情绪（以及像内疚之类的负面情绪）。这听起来有点像家常版的精神变态。精神变态者的存在似乎能用博弈论来预测，否则一切将显得神秘难解。然而，一辈子都住在小村子里的精神变态者肯定处于极不利的地位。永久性背叛作为策略的稳定性，需要背叛者能找到对他的声名狼藉还无所知的人来欺诈。不消说，都市的发展使这种生活方式变得比以往都更为可行。

邪　恶

当面对最极端的精神变态时，很难不按照善恶来考虑问题。可是我们如果采取一个比较自然主义的观点，那会怎么样呢？且考虑一下与一只野熊一起关在笼子里的光景：这为什么会是个问题？是的，野熊显然有某种明显的认知缺陷和情感缺陷。你的新室友不容易被说服或安抚；他不太可能认知你拥有与他自己可相比拟的利害，或者你们俩有共同的利害；而且他即使能理解这种事情，大概也缺少关心的情感资源。从他的观点来看，你最多不过是个消遣,是个畏缩的讨厌鬼,是个可用牙齿试试看的嫩东西。我们或许可以说野熊像个精神变态者,在道德上精神错乱。然而,我们极不可能说他的状况是“邪恶”的一种形式。

人类的邪恶是个自然现象,而且某种程度的掠夺性暴力是我们与生俱来的。人类和黑猩猩往往对他者展现相同程度的敌意,但黑猩猩比人类在群体内攻击性要强得多(大约相差了200倍)。[92]因此我们似乎有黑猩猩所欠缺的亲社会的能力(prosocial ability)。而且,尽管外表不是那样,人类已变得越来越不暴戾。正如贾雷德·戴蒙德(Jared Diamond)所解释的:

> 当然,20世纪的国家社会确实发展出大规模杀戮的高科技武器,进而打破暴力死亡的所有历史记录。但这是因为它们享有人类历史上规模空前的潜在被害人口;因暴力而死的实际人口百分比,在传统的前国家社会,比第二次世界大战期间的波兰或波尔·布特(Pol Pot)统治下的柬埔寨还多。[93]

我们必须不断地提醒自己,在什么是自然的和什么是真的对我们好之间有所差异。癌症是完全自然的,然而根除癌症是现代医学的一个主要目标。进化也许选择了地盘性暴力、强奸和其他显而易见的不合伦理的行为,来作为繁衍我们基因的策略——但我们的集体幸福显然依赖我们对这种自然倾向的反对。

地盘性暴力对无私利他的发展曾经甚或是必要的。经济学家塞缪尔·鲍尔斯(Samuel Bowles)主张致死的“群外”敌意

（“out-group” hostility）和“群内”利他（“in-group” altruism）是一体之两面。[94]据其计算模型显示，少了某种程度的群体间冲突，无私利他就无从产生。如果上述为真，这就是我们必须透过理性来超越进化压力的许多地方之一——因为除了来自外太空的攻击以外，我们现在缺少一个适当的、能激励我们更进一步利他的“群外”环境。

其实，鲍尔斯的研究对我的道德景观的论述有着有趣的启示。且考虑以下帕特里夏·丘奇兰德的说法：

> 假定我们住在林地的猿类祖先以及我们自己的人类祖先都从事对群外的袭击，就像黑猩猩和几个南美洲的部族现在还在做的那样，我们能有自信在道德上谴责他们的行为吗？我看不出在实际上对这种判断有任何基础。如果像塞缪尔·鲍尔斯所主张的那样，即现代人类典型的无私利他和群外竞争一起进化，这样的判断就会有问题。[95]

当然，我的论证目的就是对价值的普遍判断提出一个“实际的基础”。然而，正如丘奇兰德所指出的，如果我们的祖先在朝向利他的进步上，除了发展出对群外的敌意外别无其他方法，那也只好那样了。假定就道德而言，利他的发展代表一个极其重要的进展（我相信如此），这就类似于我们的祖先在道德景观中降入一个不愉快的幽谷，只是为了朝向一个更高的山峦前进。重要的是，这样的进化约束不再有效了。事实上，通过最近生物学上的进展，我们现在已对有意识地推动我们未来的进化有了头绪。我们应当这么做吗？如果应当，该以什么方式？只有可能推动人类幸福的科学性理解才能指导我们。

自由意志的错觉

大脑允许有机体改变它们的行为与内在状态，以对环境中的变化做出反应。这些结构的进化往往朝向大型化和复杂化，已导致地球上各物种如何生活的巨大差异。

人脑对来自几个领域的信息做出反应：从外在世界，从身体的内在状态，以及越来越多地从意义的领域——包括口语和文字、社会线索、文化规范、互动仪式、对别人具备理性的假设、对口味和风格的判断等等。一般而言，这些领域似乎在我们的经验中是统一的：你瞧见你的挚友站在街角，衣冠不整，情绪怪异。你察觉她正在哭泣，并疯狂地在手机上拨号。有人侵犯她了吗？你冲到她身边，感到想帮她的强烈渴望。你的"自我"似乎站在这些输入和输出的交叉点上。从这个观点来看，你倾向于觉得你是自己思想与行动的源头。你决定做什么或不做什么。你似乎是把自己的自由意志付诸实践的媒介。然而，如我们将看到的，这个观点无法跟我们对人脑所知道的调和。

我们对每瞬间大脑处理的信息只有一小部分有意识。我们虽然持续地注意到我们经验中的变化——在思想、情绪、知觉、行为等方面——却对产生这些变化的神经活动毫无察觉。其实，别人不过瞄你一眼或听你的口气，就常常比你自己更清楚你的内在状态和动机。然而我们大部分人还是觉得我们是自己思想与行动的创作者。

我们所有行为都能追溯到自己意识不到的生物性活动：这

已在表示自由意志是个错觉。例如生理学家本杰明·利贝特(Benjamin Libet)著名的证明:大脑运动区块的活动能在一个人感到他决定做动作的350毫秒之前就被测知。[96]另一个实验室近来用功能性磁共振成像数据显示了,有些"有意识的"决定能在它们进入知觉之前10秒就被预测(远比利贝特测出的准备活动早得多)。[97]显然,这类发现很难与一个人是自我行动源泉的感觉调和。请注意,大脑中"高级"系统和"低级"系统的区别对我们来说并无意义:我既没有造成我大脑边缘系统的动物性爆发,也没有启动前额叶皮层执行区的活动。这样的真理看来不可避免:我,作为自己经验的主体,直到一个想法或意图兴起前,无法知道我下一步将怎么想或怎么做;而思想和意图是由我无法知觉的身体活动和心智酝酿所引起的。

许多科学家和哲学家早就明白,自由意志不能与我们对物理世界渐增的了解相符合。[98]即便如此,许多人还是否认这项事实。[99]生物学家马丁·海森堡(Martin Heisenberg)最近观察到,大脑中一些像离子通道(ion channels)的开合及突触囊泡(synaptic vesicles)的释放之类的基本过程,是随机发生的,因此不能由环境的刺激来决定。因此,我们的许多行为可以想成是"自行生成的",他想象自由意志的基础就位于其中。[100]但在这个意义下,"自行生成的"意思不过是这些活动起源于大脑中。同样的话也能拿来说一只鸡的大脑状态。

我如果得知我之所以决定喝今天上午的第三杯咖啡,是出于神经传导物质(neurotransmitters)的随机释放,那启动事件的不确定性怎能算是我意志的自由行使呢?这种不确定性,如果普遍对整个大脑有效,会抹杀任何人性动因的可能。想象一下,如果你所有的行动、意图、信念、欲望等，都是以这种方式“自行生成的”，你的人生会是什么模样：你会像简直没有心灵似的。你会像被内在的风吹来吹去般的过日子。行动、意图、信念、欲望等，都只能存在于受到行为模式和刺激反应法则显著约束的系统中。事实上，能与其他人类理性沟通——或者，勉强认为他们的行为和言词可以理解——的可能性，依赖于其思想和行动会乖乖遵循共有现实的假设。极端一点而言，海森堡“自行生成的”心灵事件相当于彻底的疯狂。[101]

问题在于，没有任何因果关系的说明为自由意志留下了空间。各种思想、情绪、欲望等不过是蹦了出来，并且为了从主观观点来看完全高深莫测的原因驱动我们，或无法驱动我们。我在上一句话中为什么用了“高深莫测”一词呢？我必须坦承我不知道。我能自由采用别种方式吗？这样的主张可能是什么意思？到底为什么“晦涩”一词没有出现在脑海？是的，它原先就是没有——而现在它已在本页占有一席之地了，可是我觉得我还是偏爱原来的选择。我这个偏好是自由的吗？当我就是不觉得“晦涩”是更好的词时，我有觉得“晦涩”是更好的词的自由吗？我能自由地改变主意吗？当然不能。能被改变的只有我。

说一个人若选择别的做法他就会按别的做法去做是没有意义的，因为一个人的“选择”不过是从他心智之流上不知哪个地方蹦出来的。在这个意义下，我们每个人都像个由看不见的手敲奏的现象学钟琴。从你的有意识心灵的视野来看，你对你下一桩思考（因而去做）的事所负的责任，并不比对你被诞生到这个世上所负有的更大。[102]

我们对自由意志的信念，出自我们对特定前因在每一时间点上的无知。“自由意志”一词描述的是，每个念头出现在意识的当口，与其内容等同的感觉是什么。“我女儿生日我该给她什么？我知道，我要带她去宠物店让她自己选几条热带鱼”，像这样的一连串想法传达的是自由选择的明显事实。但从更深层的角度来看（既主观又客观地说），念头不过兴起（否则它们还能怎样?），没有先导的发起者，然而却发起了我们的行动。

正如丹尼尔·丹尼特所指出的，许多人把决定论和宿命论混淆了。[103]这引发了诸如以下的问题：“如果每件事都是注定的，那我为什么一定要做什么？为什么不静观其变?”可是我们的选择依赖先前的成因并不意味着它们无所作为。我如果没决定写这本书，它自己不会写成。我之选择写它无疑是它之所以应运而生的主要成因。决定、意图、努力、目标、意志力等等是大脑的因果状态，导致具体的行为，而行为导致在世界上的一切后果。因此人的选择与自由意志的信徒所相信的一样重要。而“静观其变”本身就是个会导致它自己后果的选择。它也极端为难：就试着整天待在床上等事情发生吧；你将发现自己深受想起床做些什么的冲动所折磨，而需要越来越卓绝的努力来加以抵抗。

当然，自愿性行动和非自愿性行动有所区别，但它毫不支持一般性的自由意志观念（也不依赖它）。前者与感觉到的意图（欲望、目标、期待等等）相关，而后者则否。所有依意图强弱程度所进行的传统区别——从（手不受大脑控制的）古怪的神经性疾病异己手综合征（alien hand syndrome）[104]到（手受大脑精密控制的）狙击手的预谋行动——都能保留：因为它们不过是描述当一项行动发生时心里又浮现了别的什么。自愿性行动伴随着要体现它感觉到的意图,而非自愿性行动则并非如此。我们的意图本身来自哪里,以及在每个瞬间什么决定它们的特点,就主观而言仍然是完全神秘的。我们对自由意志的感觉出于未能体会这项事实:我们并不知道我们将意图做什么直到意图产生。要看出这点就得要明白,你并非像人们一般以为的那样是你自己思想与行动的"发起者"。然而,这个洞见并未使社会自由和政治自由变得比较不重要。做自己意图做的(而不做不意图做的)的自由,并不会比从前更不可贵。

道 德 责 任

自由意志的问题并不只是哲学研讨课的玩意儿。对自由意志的信仰支撑了宗教对"罪"的看法,以及我们对报复性正义(retributivc justice)一直以来的信奉。[105]美国联邦最高法院管自由意志叫作对美国法律体系的一个"普遍且坚持不懈的"基础,与"作为我们刑事司法体系基石的信条相冲突的对人类行为的决定论观点"有别(1978 年的"美国诉格雷森"案,United States v. Grayson, 1978)。[106]任何威胁我们对自由意志看法的科学发展,似乎都会质疑处罚坏行为的伦理学。[107]

不过,当然,人之善和人之恶是自然事件的产物。令人大为忧心的是,任何对人类行为基本成因的诚实讨论,似乎都腐蚀了道德责任的看法。我们如果把人们看成是神经元天气模式,那我们怎么能逻辑连贯地谈道德呢?而如果我们继续致力于把人看成人,有些人能与之说理而有些人不可理喻,我们似乎就必须找到某种符合事实的个人责任的看法。

对一项行动负责的意思到底是什么？例如：我昨天到市场去，结果我衣冠整齐，没偷任何东西，也没买凤尾鱼。说我对我的行为负责，不过是说我的作为完全符合我的思想、意图、信念、欲望等，而能被认为是它们的延伸。另一方面，如果我发现自己赤裸裸地站在市场里，企图偷拿数量尽可能多的凤尾鱼，这个行为就完全不符合自己的特性；我会觉得我的心智不正常，要不然便是我对自己的行动没有责任。因此，对于责任的判断取决于一个人心灵的整体状态，而不是心智因果关系的形而上学。

且考虑以下人类暴力的例子：

1. 一个4岁的小男孩在玩父亲的手枪时打死了一名年轻女郎。那把枪已经上膛，并放在没上锁的梳妆台抽屉里。
2. 一名12岁的少年是持续受肉体与情感虐待的被害人，因为一名年轻女郎逗弄他，他就拿他爸爸的枪故意把她打死。
3. 一名25岁的男子在儿童时期曾不断受凌虐，因为他的女朋友移情别恋，因而故意拿枪把她打死。
4. 一名25岁的男子由好爸妈养大并且从来没被凌虐过，他"只为了好玩"就故意拿枪打死一位素未谋面的年轻女郎。
5. 一名25岁的男子由好爸妈养大并且从来没被凌虐过，他"只为了好玩"就故意拿枪打死一位素未谋面的年轻女郎。对那男子的头脑所做的核磁共振成像（MRI）显示，在他的内侧前额叶皮层（medial prefrontal cortex，负责控制感情和行为冲动的区域）有个高尔夫球大小的肿瘤。

在每个案例中都有位年轻女郎死了，而且每个案例中她的死都是另一个人大脑活动衍生的结果。我们所感到义愤的程度显然取决于每个案例中所描述的背景情况。我们怀疑一个4岁的孩子无法真的意图杀人,而12岁孩子的意图也不会像成人的那么深。在例1和例2中,我们知道凶手的头脑还没完全成熟,而且还没被赋予做人的全部责任。在例3中凌虐的历史和突发状况似乎减轻了那男子的罪行:这是个自己受别人伤害的人所犯的激情罪行。在例4中,没有凌虐的因素,其动机给肇事者打下了精神变态者的烙印。在例5中,我们显然有同样的精神变态行为与动机,但脑肿瘤就似乎完全改变了其道德演算:以它在内侧前额叶皮层的位置看来,就使凶手摆脱了所有责任。当大脑及其背景在每个案例中都是一名女子死亡的真正原因,且又以相同程度影响事件的发生时,我们能如何理解这些道德谴责的层次呢?

在我看来,我们并不需要有任何错觉,以为人的心里住了一个随性的代言人(casual agent),会谴责这样的心灵是缺乏道德、粗心大意,甚至是邪念丛生的,因而有可能导致进一步的伤害。我们对另一个人的谴责,是针对其施害的意图——因此任何使一个人无法具备这种意图的条件或状况(例如事故、精神病、年幼无知)都将减轻罪愆,而这完全不必求助于自由意志的观念。同样地,罪孽的程度,就像现在司法实务中那样,将援引案例的相关事实来判断:被告者的人格、前科、与他人交往的模式、对致醉物质的使用、自己承认对于被害人的意图等等。如果一个人的行动似乎已经完全反常,这将会影响我们对他现在对别人造成威胁的感觉。如果受控者显得不思悔改并渴望再杀人,我们毋需援引任何自由意志的观念,就会把他当成对社会的危险。

当然,我们彼此问责的不止于那些我们有意识计划的东西,因为多数自主行为的发生并未经过明确的计划。[108]但为什么有意识地决定去伤害别人特别应该被谴责?因为意识是一种语境,我们的意图在其中变得完全可以触及。我们接在意识性计划后做的,往往最能完全反应我们心灵的全面特性——信念、欲望、目标、偏见等等。如果经过几星期的深思熟虑、图书馆研究以及与朋友的辩论,你仍然决定要杀国王,那么杀国王就真的反映了你是什么样的人。结果社会上其他人对你的担心就很有道理了。

虽然把人类看成自然的造物并不能使人免于思考道德责任,但它的确使我们对"惩戒"的逻辑有所存疑。显然,我们需为意图伤害别人的人盖监狱。可是如果我们能让地震和台风也因它们的罪孽而入狱的话,我们也会为它们盖监狱。[109]男女死囚都有某些坏基因、坏父母、坏想法、坏运气等的组合。这些未知数中,到底有哪些该由他们负起责任?没有哪个人是他自己基因或教养的"发起者",然而我们很有理由相信这些因素决定了他一生的品格。我们的司法体系应当反映我们对人生际遇大不相同的了解。事实上,道德本身涉及许多运气成分,对这一点不予承认似乎是不道德的。

设想一下,如果我们发现了对人类邪恶的治疗法会怎么样。为了便于讨论,想象一下,在人脑进行的各种相关改变都很便宜、无痛而且安全。对精神变态的治疗剂能像维生素D那样直接放进食品里。邪恶现在就不过是种营养不良罢了。

我们如果能想象对邪恶的治疗存在,我们就能看出我们的惩戒冲动有深深的缺陷。例如:试想一下,作为对一个杀人犯的部分处罚,把治疗邪恶的药剂扣住会怎么样?这样有任何道德的道理吗？说一个人应当被剥夺这种治疗的权利可能意味着什么吗？如果在那人犯罪前该治疗法就已经有了呢？他还对他的行动有责任吗？似乎更有可能的是那些知道他的情况的人会被以疏忽罪起诉。在例5中，如果我们知道脑肿瘤是那人暴行的近因的话，那作为处罚而不准他动手术能有任何意义吗？当然没有。因此，对惩戒的竭力主张似乎是基于我们未看见人类行为的深层原因。

即便有我们对自由意志的依恋，大部分人都知道头脑的病变能胜过心灵最良善的用意。这种理解上的转移代表了对我们的共同人性更深、更始终如一并且更悲悯的理解——而且我们应当注意这是脱离宗教形而上学的进步。在我看来，很少有概念能比得上独立于所有物质影响（从基因到经济体系）的灵魂不朽观念，就推动人类的残忍而言。

然而对我们在神经科学所做进步的恐惧之一，就是这个知识会使我们非人性化。把心灵想成物理头脑的产物，会不会消减我们对彼此的悲悯呢？虽然提这个问题是合理的，可是在我看来，平衡而言，灵魂与躯体的二元论一直是悲悯的敌人。例如：依然环绕在情绪和认知病变的道德污名，似乎主要是把心灵与大脑彻底区分的结果。当胰脏未能产生胰岛素时，运用合成胰岛素来补偿胰脏失去的功能，并不会产生羞耻感。但许多人对拿抗抑郁剂来调整情绪的感觉就不一样了（而且不是为了顾虑任何潜在副作用的理由）。如果这个偏见在近年有所减低，那是因为大家对把大脑当成身体器官更有体会了。

然而，惩戒问题真的很微妙。贾雷德·戴蒙最近在《纽约客》(*The New Yorker*)杂志上写了篇引人入胜的文章,谈我们把复仇(vengeance)交给国家的高昂代价。[10]他把他朋友丹尼尔的经验与他岳父的悲剧相比较:丹尼尔是位新几内亚高地人,他为一位叔叔之死复了仇而感到极大的解脱;而他岳父虽有机会杀掉那个在纳粹大屠杀期间谋害他家人的家伙,但他选择把凶手交给警察,结果凶手只坐了一年牢就被放出来了,戴蒙德的岳父却在他后来的60年人生中,“被懊悔和自责折磨”。新几内亚高地的族间仇杀文化虽然颇有可非议之处,可是显然复仇的惯行满足了一个普遍的心理需求。

我们深深倾向于把人看成是其行动的“发起者”,要求他们为加诸我们身上的过失负起责任,并且觉得那些债必须偿还。我们经常认为,似乎唯一适当的补偿,就是要求罪行的加害者受苦或丧失生命。最好的司法制度如何管理这些冲动仍然有待观察。显然,人类行为成因的完整解释应当削弱我们对不公的自然反应,至少到某种程度。例如:假使戴蒙德的岳父家人是被一头大象踩死或因霍乱而卧床不起,他还会承受同样的得不到响应的报仇之痛,就似乎很可疑。同样地,如果他得知杀他家人的凶手在某病毒摧残其内侧前额叶皮层之前,一直过着无瑕的道德生活,我们可以预期戴蒙德岳父的懊悔会大为缓和。

一种虚假的惩戒形式仍然有可能是道德的,如果它能使人的举止变得更好。强调对若干罪犯的处罚——而不是对他们的遏制或改造——有没有用,是个社会科学和心理科学的问题。不过似乎很清楚的是,一个基于自由意志观念——每个人是他思想与行动的“发起者”——的惩戒冲动,是寄托在一种认知和情感上的错觉,并进而成为长久的道德错觉。

一般认为,我们的自由意志感呈现了一个引人入胜的谜团:它一方面不可能就因果关系来理解;另一方面有个我们是自己行动“发起者”的强烈主观感。[111]然而,我认为这个谜团本身就是我们混淆的征兆。自由意志并非单单是个错觉:我们的经验并非单纯地传达了一个扭曲的真实观;而是我们误解了我们经验的本质。我们并不能感受到我们自认为感受到的那种自由。我们对自己的自由感源于我们没注意到我们实际上是怎么样。就在我们注意的那一刻,就开始明白自由意志无处可寻,而我们的主观感与这个真相完全兼容。思想和意图就只是在头脑里发生。要不然它们还能如何?关于我们自己的真相比许多人以为的还要奇怪:对自由意志的错觉本身就是个错觉。

第3章

信念

某位美国总统候选人有一回与一群支持者在某位富有的捐助人家里聚会。在简短的介绍后,他瞥见身边的桌上摆着一碗百花香(potpourri)。他误以为是一碗果仁什锦(trail mix),就抓了一把这种装饰用的渣滓——包括树皮、熏香、花瓣、松球及其他林地来的不可吃的碎片——贪婪地塞进嘴里。

我们的英雄接着做了什么没有报道(不必多说,他没变成美国的下任总统)。然而,我们能想象该场景的心理学:那候选人中了埋伏而睁大眼睛,夹在主人脸上的恐惧表情和他自己舌头的恐慌之间,在众目睽睽之下,得赶快决定把那令人不快的东西吞下去或吐出来。在场众明星和电影制片人都假装没看到这位大人物的狼狈,大家突然都变得对房间的墙壁、天花板和地板感兴趣起来。有些人当然比较不谨慎。我们能从候选人的观点来想象他们的脸:从惊愕到幸灾乐祸,各式各样掩饰得不好的情绪。

所有这些反应,其个人的和社会的意义,以及其每一刻的心理效应,都是从心智能力中产生的,并且明显地是只有人类才有的:认出别人的意图和精神状态、自我在物理空间和社会空间中的表征、挽回面子(或帮别人挽回面子)的冲动等等。这些精神状态虽然无疑地在其他动物的生命中有类比,但我们人类的体验特别强烈。这可能有许多原因,但一个显然至关要紧的是:在地球上所有动物中,只有我们拥有用复杂语言来思考和沟通的能力。

考古学家、古人类学家、遗传学家、神经科学家等的研究——且不提我们灵长类表亲的沉默无言——表明人类语言是个非常晚近的适应。[1]我们人类在630万年前才与黑猩猩的共祖分离出来。而且现在看起来,其与黑猩猩的分家也许不是那么干脆,因为对两者基因组的比较,焦点放在那相似性大于预期的X染色体上时,显示两个物种虽分离了,但仍互相交配了一阵子,然后才永远分家。[2]尽管有这种粗鄙的遭遇,所有现在的人类显然起源于大约公元前5万年住在非洲的一个狩猎采集的人口群。这些是我们人类中,首度展示借由语言才使技术和社会创新成为可能的成员。[3]

遗传学证据指出,这些人中的一支也许有150人的队伍离开了非洲,然后逐渐栖居于全球。然而,他们的移民不是毫无困难的,因为他们并不孤独:尼安德特人(Homo neanderthalensis)已经占据欧洲和中东,而直立人(Homo erectus)则占领了亚洲。两者都是古人类的生物种,他们在先前的一次或多次走出非洲后,以分别的进化途径发展。两者都拥有大型头脑,制作的石器与智人雷同,而且都武力强大。然而以后的2万年间,我们的祖先逐渐取代了所有对手,并且可能实际上把他们消灭了。[4]由于尼安德特人有更大的头脑和更强壮的体格,因此推定,只有我们的生物种具备完整复杂的象征性语言的优势,似乎是合理的。[5]

虽然对人类语言的生物性起源,以及对它在其他动物的沟通行为中最可能的前驱是什么，仍有争议，[6]但无疑地，有语法的语言（syntactic language）是我们能了解宇宙，沟通想法，在复杂社会中与别人合作，以及（我们希望）建立一个能永续的、全球性文明的根基。[7]但为什么语言造成了这样的差别呢？说话（以及近来的读写）能力如何给予现代人对世界更大的掌握呢？到底最后这5万年间有什么值得沟通的呢？在我看来，创作小说的能力不是这方面的驱使力，我希望这样的主张不会显得太过庸俗。语言的力量当然源于它允许只用词语就能代替直接经验，而且只用思想就能模拟世界的诸可能状态等事实。像“我昨天看到那个山洞前有几个很可怕的家伙”之类的言辞，在5万年前会很有用。大脑接受这种命题为真的能力——作为行为和情感的有效指南，作为未来后果的预测等等——解释了词语的变革力。我们对这样的接受有个共通的词汇，叫作“信念”。[8]

什么是“信念”？

很少有精神状态像“相信”那样对人类生活施加了那么广泛的影响，所以很令人吃惊地，在这方面的研究竟然如此贫乏。我们虽然常对“信念”与“知识”做传统的区别，但这些范畴其实相当误导。知道乔治·华盛顿（George Washington）是美国的第一任总统，和相信“乔治·华盛顿是美国的第一任总统”的陈述，相当于同一件事。当我们在日常会话中区别信念和知识时，一般的目的在于把注意力导向确定的程度：当我相当确定我对世界的一个信念是真的时，我恰如其分地说“我知道”；当我比较没把握时，我也许会说“我相信这大概是真的”之类的话。我们对世界的大部分知识都落于这两个极端之间。这种信念的整个“光谱”——从扔铜板猜出现哪面到赌上自己性命——都表达了“相信”的逐渐变化。

然而怀疑“相信”是否真的是头脑层次的单一现象，是合理的。我们对人类记忆渐增的了解应当促使我们谨慎：在过去50年间，“记忆”的概念已化解成若干认知的形式，现在已经知道它们在神经上和进化上是有区别的。[9]这应该会使我们想知道，一个诸如对“相信”的看法在映射到大脑上时会不会也被分解为分离的过程。其实信念和若干类型的记忆重叠，因为记忆可以相等于对过去的信念（例如：“我上星期大部分的日子吃了早餐”）[10]，而且有些信念与常被称为“语义记忆”（semantic memory）者没有区别（例如：“地球是从太阳数过来的第三个行星”）。

没有理由认为任何我们对于世界的信念都是以命题形式，或者以离散结构储存在大脑里。[11]仅仅了解一个简单的命题，常需要无意识地激活相当多的背景知识[12]，以及一个活跃的测试假设的过程。[13]例如像“因为第二阶段未能发射，小组非常失望”的句子，虽然读起来够容易，可是少了对火箭发射和一组工程师的一般概念就无法理解。所以即便是基本的沟通都比单纯解码词语要复杂。因此，必定可预期的是，特定信念的周遭也会有类似联想的灰色地带。

然而我们的信念能以离散的陈述来表征和表达。想象一下，听到一位可信赖的朋友做出以下断言之一：

1. 美国疾病管制中心（CDC）刚宣布手机真的会造成脑癌。

2. 我弟弟这个周末在拉斯维加斯赢了10万美元。

3. 你的车子被拖吊走了。

我们成天都在交换这种对世界的表述。对这种陈述为真(或很可能为真)的接受,是我们获得世界大部分知识的机制。虽然在脑中搜寻对应于特定句子的结构没有任何意义,我们却似乎可以了解使得我们接受那样的句子为真的大脑状态。[14]当有人说"你的车子被拖吊走了",你接受这项陈述为真才会冲出门去。因此,"信念"能被设想成当下发生的一个过程;它是理解本身,而不是被理解的东西。

《牛津英语词典》界定了"信念"(belief)一词的多重意义:

1. 信任或信赖一个人或一件事物的心智行动、状况或习惯;信任、依赖、信赖、信心、信仰。
2. 根据权威或证据而在心智上接受一命题、陈述、或事实为真;对一陈述,或根据他人的证词对一超出观察外事实的真实性,或根据意识的证据对一事实或真理,所显示之心智的赞同;涉及此赞同的心智状况。
3. 所信的事物;被当成真的命题或命题组。

定义 2 正是我们所追求的,而定义 1 也可能适用。前两者的含义和定义 3 所赋予的以资料为中心的意义相当不同。

且考虑一下以下的断言:**星巴克不卖钚**。我猜我们大部分人都会愿意赌相当多的钱说这个陈述为真,也就是说我们相信它。然而,在读这个陈述之前,你可能根本没考虑过这个世界上最热门的连锁咖啡店也做世界上最危险物质买卖的可能性。因此,在你脑中似乎不可能有个结构已经对应于这个信念。然而你显然心怀某种相当于这个信念的对世界的表征。

许多信息处理方式必须为我们判断上述陈述为"真"奠基。我们大部分人以种种或隐或显的方式知道,星巴克不太可能是核子材料的扩散者。好几种有区别的能力——情景记忆(episodic memory)、语义知识(semantic knowledge)、对人类行为和经济诱因的设想、归纳推理等等——促使我们接受以上命题。说我们已经相信在星巴克买不到钚,不过是在目前的瞬间对这些过程的概括赋予一个名称:即"信念"在这个案例中是接受一命题为真(或很可能为真)的意向。

然而这种接受的过程经常不止于表达我们先前的许诺。它能在一瞬间修正我们对世界的观点。且想象读到明天《纽约时报》的头条标题:《世界上大部分咖啡现在已被钚污染》。相信这个陈述会马上影响你在许多方面的想法,以及你对前面命题真实性的判断。我们的大部分信念正是以这种方式获得的,作为我们接纳的陈述,而我们之所以接纳是因为相信其来源可靠,或因为来源的数量之多排除了错误的任何显著可能性。

其实,我们所知道的每件个人经验以外的事情,都是我们面对特定语言命题——太阳是颗恒星;凯撒是位罗马皇帝;吃西兰花菜对你有好处——并且认为没有理由(或手段)怀疑它们的结果。就是这种作为认可行为(act of acceptance)的"信念"形式,成为我在神经科学研究中追求更佳理解的对象。[15]

在大脑中寻找信念

一个物理系统若要能做复杂的行为,在其输入和输出之间就必须有某种有意义的隔离。就我们所知,这种隔离在人脑的额叶(frontal lobe)中最能彻底达成。我们的额叶就是根据我们先前的目标和当前的推断,而允许我们在范围广大的对输入信息的反应中做选择。这种对感情和行为"高层次"的控制,就是构成人类个性的材料。显然,大脑对事实之陈述——你把钱包丢在酒吧了;那个白粉是炭疽粉;你的老板爱上你了——信或不信的能力,对引发、组织和控制我们最复杂的行为是至关重要的。

但我们极不可能找到一个人脑区是给信念专用的。头脑是个进化出来的器官,而看来在自然中没有一个过程能创造出新结构,好专门给完全新颖的行为或认知方式使用。结果,头脑的高阶功能必须从低阶机制兴起。例如:像脑岛(insula)这样的一个古老结构帮忙监视我们的内脏活动,统御对饥饿和厌恶之类原始情绪的感知。但它也涉及痛感、同理心、骄傲、屈辱、信任、音乐鉴赏、上瘾行为等。[16]它也可能在信念形成和道德推理上扮演重要的角色。这种功能的混杂性是头脑许多区的共同特征,尤其在额叶。[17]

头脑里没有哪个区是在神经真空、或与同时在基因组中发生的其他突变隔绝的情况下,进化出来的。因此人脑好像一艘在大海上用一片片木板建造又重造的船,即使海浪连续猛击着它的每寸船壳,它的帆、龙骨、舵都被做了改造。而且我们的许多行为和认知,即使现在看来对我们的人性是必不可少的,却根本没经过天择。没有哪方面的头脑功能是进化来举行民主选举、经营金融机关或教我们的孩子阅读的。我们的每个细胞都是自然的产物,可是我们也一再透过文化而重生。这文化传承中,有许多肯定在个人的头脑中以不同的方式实现。两个人想到股票市场,或想起圣诞节是个(美国的)国定节日,或解决汉诺塔之类的游戏的方式,几乎可以肯定是互不相同的。这对想把精神状态用特定头脑状态来辨别而言,构成了明显的挑战。[18]

难以把任何心智状态做严格定位的另一个因素,就是人脑的特色在于大规模的互联互通:它多半是在跟自己说话。[19]而且它贮存的信息也一定比我们主观经验到的概念、象征、客体、状态等更细致。“表征”源于跨神经元网络的活动模式,在一般意义上,并不把一一对应于世界中的事物/事件的稳定的映射关系,或是心智中的概念,加诸到人脑中的离散结构上去。[20]例如“杰克结婚了”这样的简单念头,不可能是神经元网络中任何单一节点的工作。它一定是从许多节点间的通联模式中产生。对要在人脑中寻求信念“中心”的人而言,这都不是好兆头。

在加州大学洛杉矶分校的博士研究中,我用功能性磁共振成像(fMRI)审视了相信、不信、犹疑等状态。[21]为了达成目标,我们要志愿者阅读各式各样范畴的陈述,同时扫描他们的头脑。在读了一个像“加州是美国的一部分”或“你有棕色的头发”之类的命题后,参加者就按钮决定命题是“真”“假”或“无法决定”。据我所知,这是第一次有人试图用神经科学的工具研究相信和不信。结果,我们没有办法对头脑的哪个区域制驭这些心智状态形成详细的假说。[22]然而,期待前额叶皮层(PFC)在控制感情和复杂行为上涉及更广的角色是合理的。[23]

17世纪哲学家斯宾诺莎(B. S. F. Spinoza)认为,仅仅理解一个陈述蕴含着心照不宣地接受其为真,至于不信则需要后续的摈斥过程。[24]几个心理学研究似乎支持这个猜想。[25]理解一个命题可能类似感知在物理空间中的一个物体:直到被证明不是之前,我们可能接受表象为真实。我们的研究中获得的行为数据支持这个假设,因研究对象们判断陈述为“真”,比他们判断陈述为“假”或“无法决定”更快。[26]

当我们比较相信和不信的心智状态时，发现相信与在内侧前额叶皮层（MPFC）的活动存在更多关联。[27]额叶的这个区域涉及把事实知识和相关情感联结起来[28]，以及涉及响应报偿而改变行为[29]，以及涉及以目标为基础的行动[30]。内侧前额叶皮层也与进行中的现实侦测相关，这里受伤会导致人们虚构，也就是做出明显为假的陈述，而全然不自觉他们说的不是实话。[31]无论虚构症在脑中的成因是什么，它似乎是个对信仰的处理失控的状况。内侧前额叶皮层常与自我呈现攸关[32]，而当研究对象想到自己时，这里就看得到比研究对象想到别人时更多的活动。[33]

比起不信，我们对相信的运作，可在内侧前额叶皮层找到更多的活动，也许反映了更大的自我关联及/或真值陈述的报偿价值。当我们相信一个命题为真时，就仿佛我们接受它是我们延伸的自我之一部分——我们实质上在说：“这是我的。我能用这个。这个符合我对世界的观点。”在我看来，这种认知的接受确实是正面的情感效价（positive emotional valence）。我们其实喜欢它为真，而且我们可能其实不喜欢它为假。[34]

内侧前额叶皮层对信念处理的牵涉，显示了信念的纯认知方面与感情/报偿之间的解剖学联结。连判断情感上中性命题的真值，都占用了与边缘系统有密切连接的头脑区，该边缘系统统御了我们正面和负面的情绪反应。事实上，数学性的信念（例如：2+6+8=16）表现出类似伦理性的信念（例如：“让你的孩子们知道你爱他们是好的”）的活动模式，而这两者大概是在我们的实验中用到的最迥异的刺激。这表示无论一个命题的内容是什么，信念的生理学都可能一样。它也表示就基本的头脑功能而言，事实与价值的区分并没有什么意思。[35]

当然，我们能把我对道德景观的论证，与我对信念所做的功能性磁共振成像工作区别开来。我已论证过事实与价值之间并无鸿沟，因为价值化约成若干类型的事实。这是一项哲学的主张，也因此我能根本不进实验室就提出来。然而，我对信念的研究显示，事实和价值之间的切割看起来应该可疑：首先，信念看来大受内侧前额叶皮层的调节，这似乎已经构成推理和价值之间的一道解剖学的桥梁。其次，无论一种信念的内容如何，内侧前额叶皮层看来都被同样地占用。这个内容独立的发现非常直接地对事实/价值的区别构成挑战：因为从大脑的观点来看，如果相信"太阳是颗恒星"与相信"残忍是错的"极度相似，那我们怎能说科学判断和伦理判断之间没有共同之处呢？

而且我们还能以其他方式横越事实与价值之间的疆界。如我们将看到的，推理的规范似乎对事实性的信念和价值方面的信念同样适用。在两个领域中，前后矛盾与偏见的证据都是不光彩的。这类相似性表明，两个领域若非等同，就是具有深深的类似。

偏见的浪潮

我们如果想要了解另一个人是怎么想的，只知道他是否相信特定的一套命题通常是不够的。两个人可以出于非常不同的原因而有同样的信念，而这种差异一般都非常要紧。在2003年，因为在阿富汗进行的战争更重要而相信美国不该出兵伊拉克是一回事；但因为你认为异教徒冒犯穆斯林的土地是件可憎的事而相信这一点，又是另一回事。知道一个人对特定主题相信什么并不等同于知道那个人怎么想。

几十年的心理学研究表明，无意识过程影响了信念的形成，而且并非所有的无意识过程都有助于我们对真理的寻求。当要求人们判断一事件会发生的概率，或一事件造成另一事件的可能性时，人们经常会被各种因素误导，包括多余信息无意识的影响。例如：如果要人回想其社会安全卡号码的最后四位数，然后要他们估计在旧金山执业的医生数，结果出来的数字会显现统计上有意义的关系。不用说，当问题的次序颠倒过来时，这个效果就消失了。[36]曾有人努力要无视这种对理性的偏离，而把它们理解为随机的表现误差，或实验对象误解了要他们做的任务，或者甚至当作研究心理学家自己被错误的推理规范误导的证据。可是想为我们的心智极限免责的努力一般都失败了。有些事我们就是天生不行。而且人们在推理作业上往往会犯的范围广泛的错，并不只是误差；它们是无论作业内或作业间都有强烈关联的系统性误差。正如我们所期待，许多这些错误都随着认知力的提高而减少。[37]我们也知道，运用范例和形式规则都能缓和许多这类的问题，并改善一个人的思维。[38]

推理错误以外，我们知道人们获得对世界的信念，是出于比完全认知更具情感性和社会性的理由。如意算盘、利己偏见、群内忠诚、坦白的自我蒙骗等，都能导致对理性规范的严重偏离。大部分信念都是衬托着其他信念来评价的，而且常在一个人与他人共享的意识形态语境中。结果，人们很少像理性主导那般似乎会开明地修正其观点。

在这个阵线，互联网已同时促成对信念的两个相反的影响：一方面它减低了知性隔绝，使人们对任何题材很难再装作不知道意见有多样性，但它也允许坏的想法蓬勃，因为任何有计算机和太多闲暇的人都能传播他的观点，而且常常能找到听众。因此知识虽然越来越具有开放性，但无知也是。

一个人在既定领域中越无能，就越倾向于高估自己的能力。这样的事实，经常使信心与无知丑陋地结合，而那是非常难以纠正的。[39]反之，对一主题越有知识的人，往往就更能觉察别人有更大的专长。这造成公共论述中一个相当不可爱的不对称——只要科学家与宗教的护教论者辩论，一般就会显现出来。例如：当一位科学家以适当的审慎谈他领域中的争议，或谈到他自己理解的极限时，他的对手就常对所提供的空档能插进什么宗教教义做出极度没有理据的夸夸其谈。如是，我们常碰到没有科学训练的人以显然确定的口吻谈量子力学、天文学或分子生物学的神学含义。

这里值得说点简短的离题话：虽然在这样的辩论中，指控科学家“高傲”是个标准的修辞招数，但其实在科学论述中，谦虚的程度是它最显著的特色之一。依我的经验，在科学研讨会中高傲的常见频率和赤身裸体一样罕见。在任何科学会议中，你会遇到一个接一个的报告者在表达意见时，夹杂着事先声明和致歉。连要诺贝尔奖得主评论他们特殊专长最前沿的什么时，他们都会说类似这样的话：“好的，这真不是我的领域，可是我猜想 X 是……”，或者“我肯定这间房间里有几位对这点知道的比我多，可是仅就我所知，X 是……”。科学知识整体如今每隔几年就加倍。既然还有那么多东西不知道，所有的科学家心里都一直清楚,自己无论何时在别的科学家面前开口,听众中一定有人关于某一特定题目知道得比自己多。

认知偏见不能不影响我们的公共论述。试想一下政治保守主义:这是个界定相当清楚的看法,其特色为对社会变迁的普遍不适以及对社会不平等的甘愿接纳。政治保守主义即便这么容易描述,我们却知道它受制于许多因素。心理学家约翰·乔斯特(John Jost)与同僚们分析了从12个国家2.3万名调查对象中得来的数据,发现这个态度与教条主义、无弹性、对死亡的焦虑、希望事情有了结的需要等正相关,并与对经验开放、认知复杂性、自尊、社会稳定性等负相关。[40]即便只是操控这些变量中的一个,都能影响政治意见与行为。例如:仅仅提醒人们死亡的事实,就能增加他们处罚违规者并奖赏维护文化规范者的意愿。一个实验显示只要促使法官们在做裁决前想到死亡,就会导致他们对娼妓强加特别严苛的处罚。[41]

然而,乔斯特与同僚们在核查过联结政治保守主义与许多偏见的明显来源的文献后,得到以下的结论:

> 保守的意识形态就像其他所有信仰体系一样,被采纳的原因,部分在于它们满足了种种心理需求。说意识形态的信仰体系有强烈的动机基础,不是说它们是无原则的、无正当理由的,或对理由和证据没有反应。[42]

这个可不只是一小撮对它的委婉说法。我们当然能说,一个被认为特别听命于教条主义、无弹性、对死亡的焦虑、希望事情有了结的需要等的信仰体系,会比其他认知系统较没原则,较没正当理由,以及对理由和证据较没反应。

这并不是说自由主义就不受若干偏见的制约。在最近的一个对道德推理的研究中[43],研究受试者被要求判断,牺牲1个人的性命以救100人在道德上正确与否,问话时微妙地暗示了涉及者的种族。研究结果证明了保守派比自由派更不受种族影响,因此比较不偏不倚。而自由派则非常热心地牺牲1名白人以救100名非白人,但反之则不然,同时他们还始终坚持他们没有将种族纳入考虑范围。要点当然是科学逐渐使得我们能辨识使我们偏离事实的规范和道德推理之心智面向——当这些规范亮出来时,所有各方一般都承认它们是有效的。

有这样一种感觉,即所有认知都可说是被激励的:我们被激励去了解世界,去与现实挂钩,去消除怀疑等等。换个角度来看,我们或可说动机是认知本身的一个面向。[44]然而,像寻求真理、不想被误认等等意念,往往以许多别的承诺所没有的方式与知识论的目标结盟。正如我们已开始看到的,所有的推理都可能与情感分不开。可是如果一个人持有一种信念的初级动机,是遵守一个正面的心态——以缓和焦虑、羞窘、内疚等感觉——这就恰恰是诸如"一厢情愿"和"自欺"等词语所描述的。这样的一个人,会出于必要,对与他企图维持的信念相反的一连串证据和论证反应不足。因此,指出别人世界观中非知识论的动机永远是一种批评,因为它对那个人与现实世界的联系提出了质疑。[45]

误会我们的极限

透过安东尼奥·达马西奥(Antonio Damasio)与其同僚的神经学研究,我们老早就知道若干类型的推理与情感无法切割。[46]为了有效地推理,我们必须对真相有感。我们最初的功能性磁共振成像(fMRI)研究似乎证实了这一点。[47]如果相信一道数学方程式(对比于不相信另一道)和相信一个伦理学命题(对比于不相信另一个),在神经生理学上产生同样的变化,那科学的不动感情和价值判断之间的界限就变得很难成立了。

然而,这种发现一点也没消减理性的重要性,也不会混淆有理据的和无理据的信念之间的区别。反之,理性与情感的不可分割,肯定了一种信念的有效性不能只靠其信徒所感觉的信念;它依赖将它与真实相连的一连串证据和论证。感觉对判断真相也许必要,但并非充分。

神经学家罗伯特·伯顿(Robert Burton)称“知感”(feeling of knowing,即认为自己的判断正确的信念)是个初级的正面情绪,它常常不受理性过程左右而浮动,而且偶尔能变得完全脱离逻辑或感官的证据。[48]他是从神经失调的研究对象推断出这点的,患者表现出病态的有把握[如精神分裂和科塔尔妄想症(Cotard's delusion)]与病态的无把握(如强迫性神经失调)。伯顿的结论是:对人类的理性有太多期待是非理性的。根据他的说法,理性的特性主要是抱负性的,而且常常只比掩饰纯粹的、无原则的感觉的假象多不了多少。

其他神经科学家也持类似主张。一位使用功能性神经影像

技术(functional neuroimaging)的先锋——克里斯·弗里思(Chris Frith),最近写道:

> 有意识的推理是怎么牵连进来的呢?它是在已做选择之后将其正当化的企图。而且它归根结底是我们必须试图对别人解释,我们为什么做某特定决定的唯一方式。可是当我们缺乏接触所涉及头脑过程的门径,我们的正当化常常是站不住脚的:一个事后归因的合理化,甚或是虚构的,是个从想象与记忆混淆中生出的“故事”。[49]

我对弗里思意图否认理性在做决定上曾经扮演的角色持怀疑态度,即使他文章的标题是“没人真用理性”(No One Really Uses Reason)。然而,他融合了两项关于心智的事实:虽然所有有意识的过程,包括任何对推理的努力,都依赖我们对它没意识的事件,这并不意味着推理就只相当于对兽性情绪的事后归因。我们对允许我们遵循代数法则的神经过程一无所觉,但这并不意味着我们从不遵循那些法则,或它们在我们的数学运算中扮演的角色一般是事后归因的。我们对大脑的运作大部分一无所觉,但这并不会使我们对自己的信念有好理由和坏理由之间的区别较不清楚或较无后果。它也不表示内在连贯性、对信息开放、自我批评和其他认知的长处,比我们一般想定的更没有价值。

有许多方式可把人类思想的无意识基础小题大做。例如:伯顿观察到我们对许多道德问题的思考——从地球变暖到死刑——会受到我们对风险容忍力的影响。在评估地球变暖的问题时，我们必须衡量融化极地冰帽的风险；在判断死刑的伦理时，我们必须考虑把无辜者处死的风险。然而，人们对于风险的容忍力有相当差异，而且这些差异似乎是受种种基因影响，包括管控 D4 多巴胺受体（D4 dopamine receptor）和微管解聚蛋白（protein stathmin）的基因［主要表现在杏仁核（amygdala）中］。伯顿相信风险回避没有“最适值”，于是得出“我们永远无法对这种伦理问题进行推理”的结论。“理性”将仅仅是我们对我们的无意识的（而且是遗传决定的）偏见的命名。可是，说每个程度的风险容忍力在我们建立全球文明的奋斗中都同样符合我们的旨趣，是真的吗？伯顿真的会认为，区分对风险的健康态度与不健康甚至自杀性的态度，是没有根据吗？

事实证明，多巴胺受体在宗教信仰中可能也扮演了一个角色。继承了最活跃型 D4 受体的人比较会相信奇迹并对科学怀疑；最不活跃型则与“理性唯物论”正相关。[50]左旋多巴（L-dopa）是一种增加多巴胺水平的药物，用在怀疑论者身上，会显示接受对新奇现象的神秘解释的倾向加大。[51]宗教既是个文化的普遍现象，又看来被绑在基因组上，这项事实导致像伯顿之类的科学家做出结论，认为我们就是没办法消除基于信仰的思考。

在我看来伯顿和弗里思误解了无意识认知过程的意义。根据伯顿的说法，世界观会保持各异，且不能比较，而我们可能透过理性论辩来说服彼此，并因而融合我们的认知水平的希望，不仅徒劳，并且正表露了我们想消除的无意识过程本身和坦白的非理性。这导致他得出结论认为，任何对宗教性非理性的理性批评，都是易遭非议地浪费时间：

> 科学与宗教的争议不会消失;它扎根于生物学……蝎子会螫人。我们谈宗教、来生、灵魂、更高的权柄、冥想、目的、理性、客观、空洞、随机等。我们身不由己……坚持世俗者和科学者,必须普遍接受,悍然不顾神经科学告诉我们的不同人格特质衍生各异的世界观……(以及)不同的遗传、气质、经验等导致对比的世界观。理性不会弥合信者与不信者之间的鸿沟。[52]

然而,问题在于我们对巫术也能这么说。历史上,对巫术的执着曾是个文化普遍性(cultural universal)。然而几乎在发达世界的每个地方对魔法的信仰现在已经声名狼藉。地球上有哪个科学家会想辩说,对邪眼(evil eye)或对癫痫(epilepsy)的恶魔起源信仰注定仍然不受理性所影响?

为了不使宗教与巫术之间的比喻看来古怪,值得记住的是,对魔法和恶魔附身的信仰在非洲仍然盛行。在肯尼亚,老先生、老太太经常被当作巫师而活活烧死。[53]在安哥拉、刚果、和尼日利亚,这种信念则主要针对儿童:数以千计倒霉的男孩女孩因为驱魔行动而被弄瞎,注射电池酸液,以及受到其他折磨;其他孩子则干脆杀掉;更多孩子被家里弃养而无家可归。[54]不消说,许多这种疯狂是打着基督教名义散播的。这问题特别棘手,因为有责任保护这些巫师嫌犯的政府官员也相信巫术。欧洲在中世纪时对巫术的信仰无所不在,而就跟中世纪的例子一样,只有对疾病成因、作物歉收及生活中的其他不幸真正全面无知,这种妄想才有可能蓬勃。

我们如果把对巫师的恐惧与脑中某受体的亚型牵连起来会如何?谁会想说因此对巫术的信仰是不可磨灭的呢?

由于我接到过好几千封来信和电邮,发件人不再相信亚伯拉罕的上帝,他们知道对理性力量的悲观是莫须有的。人们能被引导去注意他们信仰的不合理处、他们的教友们的自我欺骗和一厢情愿的想法,以及经文的信念和现代科学发现之间越来越多的冲突。这种推理能鼓舞他们去质疑他们对教义的执着,而这种执着在绝大多数的例子中,不过是在妈妈膝下被灌输的。真相是对几乎任何题目,人们都能超越单纯的情绪并澄清他们的思维。让竞争的观点冲撞——透过公开辩论、乐意接受批评等等——扮演的正是这样的一个功能,常暴露出一种信仰体系的前后矛盾,能使其信徒深度不安。我们有标准引导我们,即使在意见不同的时候亦然,而对这种标准的违犯,一般似乎对所有牵涉者都有后果。例如,无论一个人谈的是什么,自我矛盾都被看成是个问题。而有谁把它当成美德的话,人家就不可能对他认真。再一次,理性和感觉在这个地方不是分明对立的;它蕴含对真相的感觉。

反之,有些场合无论我们怎么歪头斜视,一个真的命题似乎就是不对,然而其真相可被任何愿意去做必要的知性工作的人确认。小小分量的物质含有了巨大无比的爆发性能量,这是不易领会的,可是物理学方程式——以及我们原子弹的破坏力——已证实的确如此。同样地,我们知道大部分人都做不出或认不出符合随机性统计测验的一连串数字或抛硬币。但这点并没有阻挡我们从数学上了解随机性,或者把我们对随机性的天生盲目,纳入我们对认知与经济行为的了解。[55]

理性一定植根于我们的生物性事实,并不否定理性原则。

维特根斯坦曾经观察到我们语言的逻辑,因而允许我们问:“那是枪炮声吗?”可是不许我们问:“那是声响吗?”[56]这似乎是神经病学视情况条件而定的事实,而不是根据逻辑的绝对限制。例如:经验了自己主要感官间串音(crosstalk)(看见了声音、味觉、颜色等等)的联觉者(synesthete),可能有办法毫无矛盾地提出后一问题。世界对我们而言究竟如何(以及对于其表象能合理地描述),依赖关于我们头脑的事实。在我们能说出一件物品“到处是红和绿”这个逻辑事实前,必须先有视觉的生物性事实。但这并不会阻止我们看穿这偶然性本身。随着科学的进展,我们越来越能了解我们理解力的自然极限。

信念与推理

信念与推理之间有个密切的关系。我们的许多信念是从个别事例(归纳),或者从一般原则(演绎),或者从两者得出推论的产物。归纳是我们借以从过去对新奇事例的观察做推断、对世界的未来状态做预期,以及从一领域对另一领域做对比的过程。[57]你相信自己大概有个胰脏(因为人们一般都有同样的脏器),或解读你儿子脸上的厌恶表情,意味着他不喜欢马麦脱酸酵母(Marmite),都是归纳的例子。这种思维方式对普通的认知以及对科学的实践特别重要,而且曾经有种种努力想用计算做出它的模型。[58]演绎虽然在我们生活中没那么重要,却是任何逻辑论证不可或缺的成分。[59]你如果相信金比银贵,而银比锡贵,演绎就揭示了你也相信金比锡贵。归纳法使我们认识到未知的事实;演绎法则使我们把目前信念的含义变得更明确,得以探求反例,以及看出我们的观点是否逻辑连贯。当然,这些(以及其他)推理形式之间的界限并非总是能轻易地具体指出,而且人们在两种方式中都会屈从于范围广泛的偏见。

推理的偏见到底是什么值得反省:偏见不仅是错误的来源;它还是错误的一个可靠模式。因此,每个偏见都反映了关于人类心智结构的某些内容。而把有错误的模式诊断为"偏见",只能针对指涉特定规范发生——而诸规范有时会冲突。例如:逻辑的规范并不总是对应于现实推理的规范。一项论证在逻辑上可以有效,但包含了假值的前提就不可靠了,而因此导致假的结论(例如:科学家们很聪明;聪明人不会犯错;所以科学家不会犯错)。[60]许多对演绎推理的研究表明,人们有个对健全结论的"偏见",而如果一项有效论证的结论缺乏可信度的话,就会判断它无效。这个"信念偏见"是否应当考虑成原生非理性(native irrationality)并不清楚。反之,它似乎是个抽象逻辑规范与现实推理规范可能冲突的例子。

神经影像研究曾在种种人类推理上做过。[61]然而,如我们所见,接受这种推理的果实(即信仰)似乎是个独立的过程。这点虽已由我自己的神经影像研究表明,它也从推理只占了我们对世界信念的一个子集这项事实直接推出。试考虑以下诸陈述:

1. 所有已知土壤样本都含有细菌;所以我花园中的土壤大概也含有细菌(归纳)。
2. 丹是个哲学家,所有哲学家都对尼采有意见;因此丹对尼采有意见(演绎)。
3. 墨西哥与美国接壤。
4. 你此刻正在阅读。

这些陈述每个都必须由不同的神经处理渠道衡量(而只有头两个需要推理)。然而每个都有同样的认知效价:既为真,每个都激起信念(或既被信,每个都被视为“真”)。这种认知的接纳,使任何明显的事实在我们思想和行动的节约措施中各得其所,界时它就拥有其命题内容所需的说服力。

没有欺骗的世界?

知道一个人相信什么等于知道他有没有说实话。结果,任何决定一项研究主体相信什么命题的外在手段,就构成了一个实质的“测谎器”。对信与不信的神经影像研究,可能有一天能使研究者把这种对等用在对欺骗的研究上。[62]这种新的研究途径有可能可以绕过昔日在研究欺骗上的障碍。

衡量欺骗的社会成木时,我们需要考虑动辄靠谎言来养成和支撑的所有恶行——预谋杀人、恐怖分子的滔天罪行、种族屠杀、庞氏骗局(Ponzi schemes)等等。从这较大的语境来看,欺骗应被视为人类合作的主要敌人,也许甚至还在暴力之上。试想:当真理真的重要而变得不可能说谎时,我们的世界会变成怎样。如果每回有人在联合国大会上隐瞒事实时,整栋楼都会警铃大作,那国际关系会是什么模样?

法医学对DNA证据的利用,已经使得否认自己对若干行动涉罪之举变得无效和滑稽。且回想比尔·克林顿在得知一件沾了精液的裙子正被送去化验室时,他的义愤清唱剧如何戛然而止。区区DNA分析的威胁,就产生了没有任何一个大陪审团向来能达成的效果——与那大人物良心的当即沟通,而他的良心看来坐落在另一个星系。我们有把握一个可靠的测谎方法，将会在更加自傲的研究对象身上产生类似的转变。

读心术的科技才刚起步，但可靠的测谎术将比正确的读心术更容易达成。无论我们是否终于能破解神经的密码，使我们能不失真地下载一个人的私密想法、记忆、感知等，我们将几乎有把握能以一定的道德确定性，决定一个人在谈话中是否诚实地呈现他的想法、记忆、感知等。发展可靠的测谎器，只需要比当前神经影像学所能做到的再多进步一点即可。

透过测谎术（polygraphy）侦测欺骗的传统方法，从来没有被广泛接受[63]，因为它们测量的是情绪激动的边际迹象，而不是与欺骗本身关联的神经活动。在 2002 年，美国国家研究委员会（National Research Council）［美国国家科学院（National Academy of Sciences）下属机构］在一份 245 页的报告中，贬斥测谎术名下整体的研究是“薄弱”和“缺乏科学的严谨”的。[64]更现代的测谎手法是利用眼睛的热成像[65]，也同样缺乏明晰性。运用头皮的电流信号来侦测“内疚知识”的技术，其应用也有限，总而言之，就是不清楚我们怎能用这些方法去区别内疚知识和其他形式的知识。[66]

即便有方法论的问题，如果测谎器有一天变得可靠、价格合理且非强制性，那时候说我们的世界将改变得多么彻底，并非言过其实。也许会有这样的一天，每个法庭和董事会会议室都在木头嵌板后隐藏了必要的科技，而不必把犯罪的被告和避险基金管理人秘密送去实验室，做 1 小时令人不安的头脑扫描。此后，文明男女可能持有一个共同假定：即无论在哪里进行重要的交谈，所有与会者的真诚度都将受到监测。用意良善的人会欣然在诸义务性之间的空白地带来来去去，而且这种变迁不再有什么稀奇。就像我们已经变得期待若干公共空间没有裸体、性、大声讲脏话、抽香烟等——而且对我们只要一出家门就强加在我们身上的行为限制，想都不想——我们可能变得期待若干场所和场合将要求一丝不苟地说真话。我们许多人对被剥夺应征面试时或记者会上撒谎的自由，可能感觉不比目前被剥夺了的在超市脱裤子的自由更严重。无论科技到底有没有像我们期待的那么灵光，对它通常灵光的信念就会深深改变我们的文化。

在法律的语境中，有些学者已经开始担心，可靠的测谎将构成对美国宪法第五条修正案所规定的防范个人自证其罪特权的侵犯。[67]然而，宪法第五条修正案已经屈从于科技的进步。美国最高法院曾裁决，被告可被迫提供可能使自己入罪的血液、唾液和其他体质证据的样本。倘若神经影像数据将加入这个列表呢？还是将被当作一种强制证词呢？日记、电子邮件和其他个人的思考记录，已经可以自由采纳来作为证据。这些在伦理或法律上与我们息息相关的分歧的信息源之间的区别，根本不清楚。

其实对强制证词的禁止，本身看来就是一个更迷信的时代的遗迹。人们一度广泛相信发誓后撒谎会使那个人的灵魂永世受罚，而以前甚至认为连杀人犯都不该被置于正义的盘石及像地狱那么艰苦的地方之间。可是，我怀疑当今连许多基本教义派的基督徒，也不会相信对着法庭和圣经发的誓会有那么广大无边的意义。

当然，没有一项科技是十全十美的。我们一旦有合适的测谎器在手，用意善良的人们将开始承受它会有正面错误和负面错误的癖性。这将引起伦理顾虑与法律顾虑。然而,无可避免地,我们将把某错误率视为可以接受。你如果怀疑这点的话,要记住我们当前还是把人们一关几十年——甚或杀掉——虽然明知若干百分比的被判死刑者一定是无辜的,同时若干百分比放回街上的人将是保证会再犯的危险的精神变态者。在我们当前生活的体制里,偶尔会有倒霉的人被误判了谋杀罪,在监狱里与可怕的欺掠成性者作伴受罪许多年,最后还是被政府处死。想想看卡梅伦·托德·威林厄姆(Cameron Todd Willingham)的悲剧案子,他被定罪放火烧自己的住宅,进而谋杀了他的三个孩子。威林厄姆虽然一再申明无辜,还是在死囚监狱关了十多年,最终还是被处死。现在看来他几乎肯定是无辜的——即意外的电线走火、法医伪科学,以及一个没有判断人们是否说真话的可靠手段的司法体系的牺牲者。[68]

法官们和陪审团都是很不精准的真相探测器,他们很容易犯第一类错误(存伪)和第二类错误(弃真),但即便有此事实,我们却除了依赖刑事司法体系外,别无选择。任何能改进这个过时体系表现的事情,即使只有一点点,都将提升我们世界中正义的含量。[69]

我们有相信什么的自由吗?

虽然可能难以查明信念在脑部何处精准定位,但它的许多心智性质却显而易见。例如:人们不会故意因为坏的理由而相信命题。你如果怀疑这点,不妨想象一下听到了以下对一个未达成的新年目标的记述:

今年,我发誓要更理性,可是到了元月底,就发现自己已经恢复了旧习惯,为了坏理由而相信事情。目前,我相信抢劫别人是无害的活动,亡兄将复活,而且我注定要娶安吉丽娜·朱莉(Angelina Jolie)为妻,就因为这些信念使我感觉良好。

我们的心智不是这样运作的。一个信念——要真的相信——蕴含了"因为它似乎是真的,所以我们接受它"这个直接推论的信念。要真的相信一个命题——无论是关于事实的或价值的——我们必须也相信,我们是以"如果它不真就不会相信它"的方式而未与现实脱节。因此,我们必须相信我们没有错得离谱、上当、精神错乱、自我欺蒙等等。上述几句虽然不足以作为知识论的完整叙述,但在相当大程度上结合了科学和常识,以及排除了它们常有的分歧。无疑地,在由无意识的情感偏见[或其他非知识论的许诺(nonepistemic commitments)]所驱动的信仰,和相较于没有这种偏见的信念之间,是有重大差别的。

然而许多世俗主义者和学者想象,信教者故意以与他们对真理的知觉毫无干系的原因来相信事情。我与菲利普·鲍尔(Philip Ball)——他是位科学家、科学记者和《自然》杂志的编辑——的一次书面辩论,抓住了这个问题的焦点。鲍尔认为,一个人只因为使自己的"感觉更好",就相信一个命题是合理的,而且他似乎认为,人们是完全自发地以这种方式来获得信仰。人们当然常无意识地这么做,而且如此驱动的推理已经在前面讨论过了。可是鲍尔似乎认为,一个人不过因为在信仰的法术下觉得更好,就能有意识地采纳信仰。且让我们看看这可能会怎么运作。想象一下某人做了以下对宗教信念的陈述：

> 我相信耶稣由处女所生，死而复生，而且现在响应祈祷，因为相信这些事情使得我感觉更好。在采纳这个信念时，我不过在行使相信使我觉得更好的命题的自由。

这样的一个人会如何应对与他珍惜的信念相抵触的信息呢？在他的信念完全基于使他感觉如何而不是基于证据或论证的情况下，他应该不在乎会遇到什么证据。事实上，会改变他对耶稣观点的唯一事情，就是以上命题使他的感觉有什么改变。试想我们的信徒遭受了以下对真谛的顿悟：

> 在过去的几个月，我发现我对耶稣神性的信仰不再使我感觉良好了。真相是，我刚遇到了一位我非常爱慕的穆斯林女人，而我想跟她约会。由于穆斯林相信耶稣不是神，我担心我对耶稣神性的信仰会妨碍我跟她的机会。由于我不喜欢这种感觉，而且非常非常想跟这个女人出去玩，我现在相信耶稣不是神。

像这样的人曾经存在吗？我相当怀疑。为什么这些想法毫无意义？因为信念在本质上就是知识论的：它们标榜自己代表了世界的本貌。在这个例子中，这小子对历史上的耶稣、对他的生与死的方式，以及他与宇宙创造者的特别联系，做了特定的主张。然而他虽然声称用这个方式表现世界，但完全明白的是，他并没有做出任何努力来与应该谕知他信仰的世界之特征保持接轨。他只关心自己感觉如何。而这样的差距显示,他的信仰并非基于任何会(或者应该)对别人,甚或他自己,合理化的基础。

当然,人们常常相信事情,部分出于那些信念使他们感觉更好。但他们不是敞开着意识这么做的。自我欺瞒、情感偏见、迷糊的思考等,都是人类认知的事实。而且人们常有的做法,就是抱着"我将对甲采取行动,因为我喜欢它为我做的事,而且谁知道,甲可能是真的"这样的精神,来假装一命题为真。但这些现象和因为希望成真而故意相信一命题,根本不一样。

奇怪的是,人们常常把对理性限制的主张看成是"偏狭"的迹象。试考虑以下鲍尔的说法:

> 我的确怀疑[萨姆·哈里斯]在这里暗示什么。除了"你不得自由选择相信什么"的禁令外,很难把它看成是别的。我猜如果萨姆的意思不过是说,我们不该使人们在不太了解情况乃至他们没有合理的基础下,来做那些决定,那就还说得过去。但他的确似乎更进一步——说"你不该被允许仅仅为了使自己感觉好而选择自己所相信的"。这听来不是有点像马克思主义者谴责的"虚假意识"(false consciousness),而有需要立刻矫正的含义吗?我想(我希望?)我们至少能同意信念有不同的范畴——相信自己的孩子是全世界最可爱的,因为这想法会使你觉得更好,因此这是可容(甚至可嘉)的事。这里所暗示的,充分知情的人不应被容许自由选择其信念的看法,令我稍微打颤……我们当然不该让我们自己被禁锢到这个地步?[70]

鲍尔在谈的认知自由是什么？我正好相信乔治·华盛顿是美国第一任总统。按照鲍尔的说法，我“自由地”选择了这个信念吗？没有！我能自由地去相信他不是吗？当然不能。我是证据的奴隶。我生活在历史意见的鞭挞下。我虽然可能想要相信不是，可是根本无法忽视在任何对美国历史的讨论中，“乔治·华盛顿”这个名字总是持续不断地与“美国第一任总统”一词匹配。我如果想被当成白痴，可以假装宣称相信别的，但那样我就撒谎了。同样地，如果证据突然改变（例如一个大骗局的可信服的证据显现了），而且历史学家们重新考虑了华盛顿的传记，我就会无助地被剥夺掉我的信念——这也不是通过我自己的选择。自由选择信念并不是理性心灵做的事。

这当然并非意味着我们一点心灵的自由也没有。我们可以选择聚焦于若干事实到排除其他事实的地步，选择强调好的面向而不是坏的面向等等。而这种选择对我们如何看待世界是有影响的。例如：我们可把东亚的某个专制国家的领导人看成是个邪恶的独裁者；但我们也可把他看成是一个危险的精神变态者的孩子。这两个陈述最粗略地看都为真（显然，当我谈到这种“自由”和“选择”，我并没有为哪一方对“自由意志”的形而上学见解背书）。

至于是否有“不同范畴的信念”：也许有，但不是像鲍尔所提的那样。我正好有个小女儿使我觉得她是“全世界最可爱的”。但这是对我相信什么的正确说法吗？换句话说，我相信我女儿真的是全世界最可爱的女孩吗？如果我得知另一位父亲也认为他的女儿是“全世界最可爱的”，我会坚持他错了吗？当然不会。鲍尔错误地臧否了一位骄傲（而且神志正常及知性上诚实)的父亲实际相信什么。这里是我所相信的：我相信我对女儿有种特殊之情,那大致决定了我对她的观点(事情也应该如此)。我完全期待其他父亲也对他们自己的女儿有类似的偏见。因此,我不相信在任何客观意义上,我女儿是全世界最可爱的女孩。鲍尔不过在描述爱自己的女儿比爱其他女孩更多是怎么回事,而非描述作为世界表征的信念。我真正相信的是：对我而言,我女儿是全世界最可爱的女孩。

关于事实的信念和道德的信念通常共同假定着我们没有被多余的信息所误导。[71]像是无关的事实被呈现的次序或一致的后果是否按照得失来描述之类的情境变量(situational variables),不应该影响决定过程。当然,操控能强烈影响我们判断的事实导致了心理学中一些最有趣的研究成果。然而,一个人易受这种操控的弱点,从来不被认为是个认知的优点;反之,它是个呼求补救的前后矛盾之源。

且考虑一下实验的文献中比较有名的一个例子,即所谓“亚洲疾病问题”(Asian Disease Problem)：[72]

> 且想象美国正对一个不寻常的亚洲疾病做准备,预期将有600人会因此病死。对抗该疾病的两项备选方案已被提出。假设两方案经过科学精确预测的后果如下：
>
> 如果采纳方案甲,将有200人会得救。
>
> 如果采纳方案乙,这600人将有1/3的概率会得救,而有2/3的概率会死。
>
> 两个方案中你会偏向哪一个?

在这个版本中,应该绝大多数人会偏向甲案。然而,该问题可用另一种方式重述:

如果采纳方案甲,有400人会死。

如果采纳方案乙,有1/3的概率没人会死,而有2/3的概率600人会死。

两个方案中你会偏向哪一个?

这么说的时候,大多数应答者就会偏向乙案。然而在这两个设想情况之间,并没有实质差异或道德差异,因为它们的后果相同。这显示的是,当考虑潜在的得时人们往往避免风险,而考虑潜在的失时则寻求风险,所以根据得失来描述相同的事件会引起不同的反应。把上述情况用另一种方式来陈述的话,就是人们往往高估确定的后果:能拯救生命的确定性极具吸引力,而丧失性命的必然也极为痛苦。然而,当两种方式都用来呈现亚洲疾病问题时,人们同意每个设想情况都应有同样的反应。推理的恒定性,无论逻辑的或道德的,都是我们所向往的规范。而当我们逮着别人偏离这个规范时,不管他们的想法有什么其他优点,他们立场的不连贯就突然变成最令人印象深刻的特性了。

当然,还有其他许多我们可能被语境误导的方式。很少有研究比心理学家戴维·罗森汉(David L. Rosenhan)所从事的一项研究更有力地阐明这点了[73],他在研究中与7位同伙住进美国5个不同州的7家精神病医院,以便决定心理健康专业人员是否能从精神病患中侦测出神志正常的人。为了让医院收留,每位研究者都抱怨听到一个声音重复在说“虚”(empty)、“空”

(hollow)、"砰"(thud)等字。除此之外,每个人的举止都完全正常。一旦住进精神科病房以后,假病人们就停止抱怨他们的症状,而马上企图说服医生、护士、职员等,他们感觉良好而应该能出院了。结果,出院却出乎意料地困难。虽然这些真正神志正常的"病人"想要离开医院,反复声明他们没感受病状,并且变成"合作的模范",可是他们住院的期间平均为19天(从7到52天不等),而且住院时被猛开给了令人震惊的多种强效药物(都被他们偷偷扔进马桶冲掉)。没有一个人被诊断是健康的。每个人终于出院时都被诊断为"在缓解期"的精神分裂[除了一人例外,这个人被诊断为双向情感障碍(bipolar disorder,躁郁症)]。有趣的是,医生、护士、职员等虽然对病房中有正常人的存在很盲目,但真正的精神病人则经常觉察研究者的明显正常性,而说"你没疯,你是记者"之类的话。

在研究结果发表之前,有家医院听说了这个研究而表示怀疑,罗森汉就做了聪明的回应,宣布将派几位同伙去踢馆,要他们认出进来的假病人。医院保持了警戒,而罗森汉则其实一个人也没派。但这并没有使医院停止持续"诊察"出一连串的假病人。在几个月期间,一位精神科医生和一位职员两人都判断,足足有10%的新病人是假装的。我们虽然已经变得熟悉这类现象,但看到该原则那么清楚地展示,还是很令人惊讶:预期如果不是全部的话,也几乎是全部了。罗森汉在他的论文中以这个确凿的概括做结论:"显然,在精神病院中,我们无法区别神志正常者与精神病患。"

无疑,人类经常无法达到理性的规范。可是我们不仅仅达不到，而且是经常达不到。换句话说，我们能用理智去理解、量化及预测我们对规范的违背。这点是有道德含义的。例如：我们知道是否选择进行一个高风险的医疗疗程，将深受其可能的后果是用存活率还是死亡率来表示影响。我们知道，事实上，这种如何表达的效果对医生们的影响并不比对病人小。[74]既有这个知识，医生们在使用医疗统计时，就有将无意识偏见最小化的道德义务。否则，他们就会不由自主地在不经意间既摆布病人又摆布彼此，而使得一些生活中最重要的决定变得毫无原则可保证。[75]

不容否认，很难知道我们该如何对待所有会影响我们判断伦理准则的变量。例如：杀掉一个无辜的人就会保证治愈癌症的话，如果问我是否认可，我会觉得很难说“是”，即使结果论的论证显然赞成这种行动。然而，如果要我为了这个目的给每个人施加十亿分之一的死亡机会，我会毫不犹豫。后面的办法预期要杀掉六七个人，然而我还是觉得它显然是符合伦理的。其实，这种风险的扩散很贴切地描述了医疗研究目前是如何进行的。而且我们无论何时开车，就固定地给自己的亲友和陌生人带来更大得多的风险。如果我下回开车上公路能保证治愈癌症，我会把它当作我一生中在伦理上最重要的作为。无疑，概率在这里扮演的角色能从实验上校准。我们能询问研究对象，他们愿不愿意对两个无辜的人施加50%的死亡机会、对10个无辜的人施加10%的死亡机会等等。然而，我们并不清楚该怎么看待概率在我们的道德判断中扮演的角色。很难想象有谁能避开这种取景效应（framing effects）。

科学早就是价值观的事业。尽管普遍的想法正好相反，其实科学的有效性并不是科学家们避免做价值判断的结果;反之,科学的有效性是科学家们做出最佳的努力,通过证据和论证的可靠连环,来衡量联结他们的信仰和真实之推理原则的结果。这便是理性思维如何能做出有效规范。

说对真与善的判断都需要特定的准则,这似乎是以下观点的另一种说法:相对于单纯的情绪,真与善都是认知性的事务。这也就是为什么我们不能参照偏好来为我们的事实立场或道德立场辩护。我们不能只因我们愿意而说水是二氢化氧(H_2O)或说撒谎是错的。要为这种命题辩护,我们必须诉诸一个更深的原则。要相信甲是真的或乙是合伦理的,代表着要相信别人在类似的情况下也会有这些信念。

对于"我应当相信什么以及为什么应当相信?"这类问题的答案,一般是科学性的解答。相信一个命题,因为它受理论和证据的良好支持;相信它,因为它曾被实验确证了;相信它,因为一整个世代的聪明人曾尽全力证其为伪而失败了;相信它,因为它为真(或似乎如此)。这是个认知的准则以及任何科学使命声明的核心。仅就我们对世界的理解而言,没有无价值观的事实。

第4章

宗教

19世纪以降，工业化社会的扩散意味着宗教的终结将被广泛认定。马克思[1]、弗洛伊德[2]、韦伯[3]——以及数不清的受到他们著作影响的人类学家、社会学家、历史学家、心理学家等——期待在现代性的光照下，宗教信仰将会凋萎。然而这并没有应验。在21世纪，宗教仍然是人类生活最重要的方面之一。除了美国的异样例外，大多数发达国家越来越世俗化[4]，而正统宗教在发展中国家到处绚丽绽放。事实上，在比例上人类似乎正变得更宗教性了，因为富裕的、不信教的人们生育婴儿最少。[5]当我们思索伊斯兰教主义在穆斯林世界到处兴起、灵恩派(Pentecostalism)在非洲到处爆炸性的扩张，以及美国反常的虔诚，宗教在未来很长的一段时间将有地缘政治的结果，就变得很清楚了。

尽管美国宪法明确规定政教分离，宗教信仰在美国的程度(以及宗教在美国的生活与政治论述中伴随的意义)可与许多神权政体相颉颃。这样的原因并不清楚。虽然一直有广泛的观点认为，宗教的多元主义与竞争造成宗教在美国的繁盛，而政教的垄断导致宗教在西欧的没落[6]，但对这种“宗教的市场理论”的支持现在显得薄弱了。宗教性似乎更强烈地与对社会不安的感知挂钩。在像美国这样的一个富裕国家中,高程度的社会经济不平等,可能主宰了一般与欠发达(而比较无安全感)的社会联想的宗教度。美国除了是发达国家中最笃信宗教者之外,也有最大的经济不平等。[⑦]在国内和国际上,穷人往往比富人更笃信宗教。[⑧]

57%的美国人认为一个人必须信仰上帝才会有好的价值观及道德[⑨],有69%的人想要一位受"坚强宗教信仰"指引的总统。[⑩]连世俗的科学家都经常承认,宗教是意义与道德最普通的来源,在这种情况下,这观点并不令人意外。的确大多数宗教都对特定道德问题提供了规定好的反应,例如天主教禁止堕胎。但关于人们对不熟悉的道德两难如何反应的研究指出,宗教对涉及衡量伤害和益处(例如:丧生的人数之于拯救的人数之间的权衡)的道德判断,没有效果。[⑪]

而几乎在每项社会性健康指标的评估上,最不信教的国家都比最信教的国家要好。像丹麦、瑞典、挪威、荷兰等国——都是地球上最无神论的国家——在诸如预期寿命、婴儿死亡率、犯罪率、识字率、国内生产总值、儿童福利、经济平等、经济竞争力、两性平等、保健、教育投资、大学入学率、互联网普及率、环境保护、清廉、政治稳定、对贫穷国家的慈善援助等等的量度上,都一致比笃信宗教的国家评比更好。[⑫]独立研究者格雷戈里·保罗(Gregory Paul)创造出的两种量表——成功社会量表(Successful Societies Scale)和流行的宗教性比对世俗性量表(Popular Religiosity Versus Secularism Scale)——提供了对宗教信念与社会不安全感之间的联结更大的支持,而更加阐明了这个领域范围。[⑬]而且还有另一项发现可能与这个社会不安全感的变量关联：在美国，对宗教的信奉与种族歧视高度正相关。[14]

虽然社会功能失调与宗教信念仅仅是相关，并不能告诉我们它们之间的联系到底是什么，但这些数据应当破坏了始终存在的、认为宗教是对社会健康最重要保障的主张。它们也的确证明了不信教未必导致文明的崩溃。[15]

无论宗教是否促进社会功能失调，似乎可明白的是，当诸社会变得越来越繁荣、稳定、民主，它们往往就变得更世俗化。即便在美国，朝向世俗主义的倾向也历历在目。正如保罗所指出的，与许多人类学家和心理学家的意见相反，对宗教的信奉"肤浅到一旦情况改进到所需程度，就能马上被放弃"。[16]

宗教与进化

宗教的进化起源仍然不明。人类最早的埋葬迹象可追溯到9.5万年以前，许多人把这当作宗教信仰兴起的证据。[17]宗教的教义往往把性行为看成是道德上有问题而企图规制——既为了鼓励生育又为了防范不贞的行为。基于这一点，有些研究者认为，宗教与进化之间的联系是直截了当的。显然，不浪费一生来养大别的男人的孩子，合乎每个男人的遗传利益，而伴侣不把他的资源浪费在其他女人和她们的后代身上，则合乎每个女人的遗传利益。世界的宗教一般都把这些利益法典化了，经常规定对违犯者严加处罚，这项事实促使诸宗教坚持声称自己对社会有用。因此，追溯关于婚姻与性的宗教教义以及进化适存度之间的线索，是很有诱惑力的。[18]然而，甚至是这一项，与进化的联结也显得并不怎么直接：因为就男人而言，只要花心的恶棍能避免浪费资源而危及后代的生育和繁殖,进化实际上就应该偏袒无差别的异性爱。[19]

人类也许在遗传上天生就容易犯迷信:因为只要偶尔的、正确的信仰的益处够大,自然选择就应该会导致猖獗的信仰形成。[20]新宗教教义和认同的制造,造成团体的墨守成规和仇外,也许能提供对传染病的一些防范:因为宗教到了分隔人们的程度,它会抑制新奇病原的散布。[21]然而,宗教(或其他任何事情)有没有给予人们进化上益处的问题[所谓的"群体选择"(group selection)],一直被广为辩论。[22]而即使部族曾经偶尔是天择的媒介物,而且宗教证明是有适应性的,那宗教在今天是否可增加人的适存度,仍然是个开放的问题。正如已经提到的,遗传上根深蒂固的人类特质非常多样(如外群攻击性、不贞、迷信等等),它们在我们的过去大概一度是适应性的,可能甚至在更新世(Pleistocene)时就已经不再是最佳的了。在一个变得越来越拥挤与复杂的世界,许多这些生物上选择的特质还可能会危及我们。

显然,宗教不能化约成只是互相关联的宗教信念的连锁反应。每个宗教都包含了祭典、仪式、祈祷、社会制度、节日等等,而这些都背负着种类繁多的目的,无论有意识与否。[23]然而,宗教信仰——也就是接受特定历史命题与形而上命题为真——一般都会适切地或可理解地回报这些事业体。我同意人类学家罗德尼·斯塔克(Rodney Stark)的观点,即信仰先行于仪式,而像祈祷这样的惯行,通常被认为是真正与一个神祇(或诸神)沟通的行动。[24]宗教的信奉者一般相信他们拥有对神圣真理的知识,并且每个信仰都为了诠释经验乃至使其教义更加可信，而提供了一个框架。[25]

毫无疑问，大部分的宗教实践都是人们相信外在实在及内在实在两者均为真的直接后果。的确，大部分宗教习俗只有根据这些基础信念才变得可解。许多人在已开始怀疑特定宗教教义的时候，仍然口诵祷文与模仿其仪式的实际情况则是题外话。什么信仰最能由那些在失去该信仰过程中的人来例证呢？例如：可能有许多天主教徒，虽珍重弥撒的仪式，但并不相信那葡萄酒与面包真的会蜕变成耶稣基督的血和肉，但圣餐变体（Transubstantiation）的教义仍然是这个仪式最令人信服的源头。而弥撒在教会中的首要地位，取决于许多天主教徒仍认为其基本教义为真的事实——那是教会仍然宣扬它及为它辩护的事实的直接后果。以下这段文字取自《罗马天主教信纲》（*The Profession of Faith of the Roman Catholic Church*），代表了恰当的例子，并阐明了位于大部分宗教核心的那种断言：

> 同样地，我承认，在弥撒（圣祭）中，为生者亡者所奉献于天主的，是真的、正式的、赎罪之祭，而且，那在至圣圣体圣事中者，真正的、实在的、本质的，是我们的主耶稣基督的身体和血，连同祂的灵魂与天主性在一起，且这饼的全部本质，变成（基督的）体，而这酒的全部本质，变成（祂的）血，那就是公教会所称的“体变”。我也承认，不论领圣体，或领圣血，都是领取完整的基督，都领了真的（圣体）圣事。*

* 译文摘自：天主教会，1981，《天主教会训导文献选集》，施安堂译，台北：台北总主教公署。——译者注

当然,在仅仅宣称有这种信念和实际信仰之间还是有区别的[26]——这个区别虽然重要,但只有在一个有些人实际相信他们所相信者的世界才有意义。相当大比例——很可能是大多数——的人对于这个或那个宗教信条落入后面这个范畴,似乎很少有理由可以怀疑。

从科学的观点来看,很令人诧异的是,42%的美国人相信,从世界肇始,生命就以其目前的形式存在,另外21%的人则相信,生命虽然可能有进化,其进化一直经上帝之手来指(只有26%的人相信进化透过天择)。[27]有78%的美国人相信圣经是上帝的话语(无论是义如其文或"受启迪的");而且高达79%的基督徒相信,在未来的某个时点,耶稣基督会以肉身回到地球上来。[28]

怎么可能有数以百万计的人相信这些事情呢?显然,对于批评宗教信仰的禁忌有助于它们的存活。但正如人类学家帕斯卡尔·博耶(Pascal Boyer)所指出的,测试现实的失败并不能解释宗教信仰的具体特色:

> 有关于消失的岛屿和会说话的猫的故事,人们通常不会把这些放进他们的宗教信仰中。相形之下,人们却会产生鬼和像人的神的概念,并把这些概念用在他们思索各式各样社会问题的时候(什么是合道德的行为,怎么对待死亡的人,不幸是如何发生的,为什么要举行仪式等等)。这远比放松通常的合理推理,要严谨得多。[29]

据博耶说,宗教概念必须源自先于宗教的心智范畴,而这些基础结构决定了宗教信仰与宗教实践所采取的刻板印象的形式。这些思想范畴与像活生生的存在、社会交换、对道德的违犯、自然灾害、理解人类不幸的方式等事情相关。根据博耶的说法,人们并不因为松懈了他们的理性标准而接受令人难以置信的宗教教义;他们因为若干教义以似乎合理可信的方式符合他们的“推断机制”(inference machinery),而松懈了他们的理性标准。大部分宗教命题在可能缺乏言之成理的地方,就以好记、情感上突出、社交上有效果来补偿。所有这些性质都是人类认知的基础结构的产物,而这个体系结构的大部分都不是意识所能及。博耶因此论证,明晰的神学和意识所持的教条,都不是一个人宗教信仰的真正内容或成因的可靠指标。

博耶认为,我们对宗教理念有比文化还深刻的认知模型,这样的断言可能是正确的(以同样的方式,我们对“动物”和“工具”等也有深刻、抽象的概念)。心理学家贾斯廷·巴雷特(Justin Barrett)也做了类似主张,他把宗教比喻成语言学习:我们来到这世界时,在认知上已对语言有所准备;我们的文化和养育不过主宰了我们将暴露于哪种语言中。[30]我们可能也是心理学家保罗·布鲁姆(Paul Bloom)所称的“常识二元论者”(common sense dualist)——即我们可能天生倾向于把心灵看成跟肉体是分开的,因此,我们往往直觉认为,有脱离肉体的心灵在世界上作用。[31]这个倾向能导引我们去设想与亡故亲友有未间断的关系,去预期我们自己死后的幸存,以及普遍地认为人们有非物质的灵魂。同样地,好几个实验提出,孩童们先天倾向于设想自然事件背后既有设计又有意图——使得许多心理学家和人类学家相信,如果完全放任儿童自由发展的话,会发明出某种上帝的构想。[32]心理学家玛格丽特·埃文斯（Margaret Evans）发现，8~10岁的孩子，无论他们的家教如何，都一致地比他们的父母更倾向于给自然世界一个创世论的说法。[33]

心理学家布鲁斯·胡德（Bruce Hood）认为，我们对宗教观念的易感性，类似于人们往往会恐惧在进化上会产生感观威胁的事物（如蛇和蜘蛛），而不是恐惧更可能会杀死他们的东西（像汽车和电源插座）。[34]而由于我们的心灵进化成能识别世界的模式，我们就常能识别出实际不存在的模式——从云上的脸孔到大自然造化中神灵的手。胡德设想出一个额外的认知方案叫作"超感"（supersense），指的是推断出无论是好是坏的隐藏力量的倾向。根据他的说法，超感完全靠自己衍生出对超自然的信仰（无论是宗教的或非宗教的），而这种信仰以后会被文化转用而不是逐步灌输。

宗教隶属虽然完全是文化传承的事项，但宗教态度（例如社会保守主义）和宗教行为（例如上教堂）则似乎受到遗传因素的温和影响。[35]大脑多巴胺能系统（dopaminergic systems）与宗教的经验、信仰、行为等的关联性，已经由数方面的证据表明，包括好几个牵涉神经递质多巴胺（neurotransmitter dopamine）的临床疾病——躁狂症（mania）、强迫症（OCD）、精神分裂等——固定与高度宗教热忱关联起来。[36]血清素（serotonin）也受到牵连，因为已经知道药物会调节它——就像迷幻药LSD、裸盖菇碱（psilocybin）、仙人球毒碱（mescaline）、二甲基色胺（N，N-dimethyltryptamine或DMT）、亚甲双氧甲基安非他命（3，4-methylenedioxymethamphetamine，又称"快乐丸"）等，似乎是特别有力的宗教与心灵体验的驱策剂。[37]宗教经验和颞叶癫痫

(temporal lobe epilepsy)之间的关联也已确定。[38]

无论人类心灵如何预先倾向于怀藏宗教信仰,事实仍是:每个新世代至少都部分地以语言陈述的形式接受一个宗教的世界观,这在有些社会比其他更为明显。法国人、瑞士人、日本人等不倾向相信上帝,但美国人、沙特阿拉伯人、索马里人却很相信,无论宗教的进化基础是什么,似乎都极不可能有个遗传学的解释。显然,宗教大致上只是人们教导他们的孩子有关实在(reality)的本质为何的内容。

宗教信仰特别吗?

虽然宗教信仰仍然是人类生活最有意义的特征之一,但我们对它在大脑的层次与普通信念的关系所知甚少。信教者和不信教者在评价事实的陈述上是否有差异,也不清楚。在宗教实践与经验上已经有过几个神经影像和脑电图研究(EEG studies)——主要的焦点在打坐[39]和祈祷[40]。但这些研究的目的在于激起信教的研究对象的心灵和冥想经验,并比较这些经验和意识的传统状态。这些研究都没有设计来隔离出信仰本身。

我在马克・科恩(Mark Cohen)位于加州大学洛杉矶分校的认知神经科学实验室工作时,发表了第一个把信仰作为一般认知方式的神经影像学研究(已在前章讨论)。[41]虽然美国国家卫生研究院(National Institutes of Health)的另一个小组后来特别关注宗教信仰[42],可是并没有直接比较这两种信仰的形式。乔纳斯・卡普兰(Jonas T. Kaplan)与我在随后的一个研究中,用了功能性磁共振成像(fMRI)来测量基督徒与非信徒在评估宗教命题和非宗教命题的真假时,大脑的信号变化。[43]在每次的测试中,都给研究对象一个宗教的陈述(例如:“耶稣基督真的施行了《圣经》里归功于他的奇迹”)或非宗教的陈述(例如:“亚历山大大帝是位非常有名的军事领袖”),由他们按按钮来指出该陈述是真或假。

对两组研究对象,在两个类别的刺激下,我们的结果大都与以前的发现一致。相信一陈述为真,是与内侧前额叶皮层(medial prefrontal cortex,MPFC)中更大的活动关联,该区对自我表现[44]、情感联想[45]、报偿[46]、目标驱使行为[47]等很重要。无论研究对象相信的是关于上帝和童贞女之子的陈述,或关于日常事实的陈述,本区都显示了更大的活动。[48]

我们的研究是设计来让两组人对非宗教的刺激(例如:“老鹰真的存在”)引出同样的反应,而对宗教的刺激(例如:“天使真的存在”)引出相反的反应。我们对虔诚的基督徒与非信徒在两种范畴的内容上,获得基本上相同的对信念的结果,这项事实强有力地论证了无论想的是什么,信与不信之间的差别是相同的。[49]

虽然信与不信的比较对两个类别的问题都产生了相同的活动,所有宗教思考和所有非宗教思考却在大脑各处产生范围广泛的差异。宗教思考与前脑岛(anterior insula)和腹侧纹状体(ventral striatum)更大的信号关联。前脑岛是与对痛的感知[50]、对别人之痛的感知[51],以及像厌恶之类的负面感觉相联结[52]。腹侧纹状体则常常与奖赏联结。[53]如果宗教陈述对两组研究对象都挑起更正面与更负面的情绪,并不会令人吃惊。

此外,似乎基督徒和非信徒都对他们的宗教信仰多半不太有把握。在我们先前对信仰的研究中,我们的刺激有1/3是设计来激起不确定性,我们发现当研究对象不能衡量一命题的真假值时,在前扣带皮层(anterior cingulate cortex,ACC)有较大的信号。在这里,我们发现宗教的思考(当与非宗教的思考比较时)在两组研究对象中,都引出这个相同的模式。两组人对宗教的刺激也花费更长的时间反应,尽管事实上那些陈述并不比其他范畴的陈述更复杂。也许无神论者和宗教信徒一般都对宗教陈述的真假比较没把握。[54]

尽管负责宗教的思考方式与负责非宗教的思考方式其基础的处理过程有很大差异,相信和不信一命题的区别则似乎超越内容。我们的研究表明,这些对立的心智状态能用当前的神经影像学技术来侦测,而且与涉及自我表现和报偿的网络密切挂钩。这些发现可能有许多应用领域——范围从宗教的神经心理学,到利用"测信"来代替"测谎",到理解科学的实践本身,以及一般对真理的宣称是如何从人脑的生物性产生,不一而足。而且再一次,这样的结果进而表明,作为人类认知的事情,事实与价值观之间的鲜明界限并不存在。

宗教要紧吗?

宗教信仰虽然可能不过是普通信念应用到宗教的内容上,但只要这种信仰的信奉者认为特殊,它们显然就很特殊。它们看来也特别能抗拒改变。这点常被归于这种信仰所处置的是超脱五官感觉的事情,乃至通常不容易反证。但这不可能是事情的全貌。从基督教的宗派到拜飞碟教,许多宗教团体都把他们的世界观定锚于特定、可测试的预测上。例如：这种团体偶尔会声称在不久的将来特定的某一天一个大灾难会降临地球。不可避免地，这些预言的热衷者也相信，一旦地球开始摇晃或洪水开始上涨，他们会被他界的力量救走。这样的人常常会变卖房产家当，放弃工作，与抱持怀疑的朋友和家人断绝关系——全都因显然肯定世界末日在即。当那天到来，一个钟爱的教义随即被彻底推翻，但许多这些团体的成员以令人意想不到的机敏来合理化预言的失败。[55]其实，这种信仰危机经常伴随着加紧传教与制造新鲜预言——这提供了下一个狂热的目标，以及，天呀，随后的与实证现实的碰撞。这类的现象导致许多人得出宗教信仰一定和普通信念有别的结论。

另一方面，我们常遇到对宗教信仰力量的奇怪否认，尤其是来自不信教的科学家。例如：人类学家斯科特·亚特兰（Scott Atran）声称："核心的宗教信仰彻头彻尾没意义，并欠缺真值条件（truth conditions）"[56]，因此不能实际影响一个人的行为。根据亚特兰的说法，穆斯林极端分子的自杀式炸弹袭击绝对与伊斯兰教对殉教和圣战的理念无关；它反而是"虚拟亲属"间纽带黏结的产物。亚特兰曾公开声明，一名穆斯林会不会从仅仅支持圣战转向实际犯下自杀的暴行，"与宗教毫无干系，而视你是否属于某一足球俱乐部而定"。[57]

亚特兰对穆斯林暴行成因的分析，顽固地无视圣战分子对他们自己动机的说词。[58]他甚至连在自己的研究历历在目时，仍旧忽视宗教信仰在激发穆斯林恐怖主义上的角色。这里是一段他在一篇论文中对访谈圣战分子所做的总结：

所有的人都被问了这类问题："倘若对方为了报复你而杀害你的家人，怎么办?"或者"如果你父亲快死了，而你母亲发现你的殉教攻击计划，她要你延迟到你家能重新站起来的话，怎么办?"他们都沿着这样的思路答道：一个人虽有对家庭的义务，但对真主的义务不能延迟。"而如果你的行动除了你自己外没有造成任何人死亡，怎么办?"典型的回应是："真主还是会同样爱你。"例如：当2005年8月，在雅加达的吉冰朗监狱(Cipinang prison)，对所谓的伊斯兰教祈祷团精神领袖(Emir of Jemaah Islamiyah)阿布·巴卡·巴希尔(Abu Bakr Ba'asyir)，提出这些问题时，他响应道：为了圣战缘故的殉教是终极的一概责任(fardh'ain)，即优于五功中的四功在内的所有其他义务的不可避免的个人义务(仅信仰的表白与圣战同等)。对他以及对我所访谈过的大部分准烈士与他们的赞助者而言，要紧的是烈士的意图及对真主的忠诚，因此只炸死自己和无论杀死多少敌人，都有相同的价值和报偿。[59]

在非科班出身的人看来，是明摆着的对宗教信念的宣示，按亚特兰的说法就不过是与亲族、同伙等共有的"神圣价值观"与"道德义务"，它们没有命题内容。亚特兰对他自己资料的诡异诠释，忽视了普遍的穆斯林信仰，即他们相信烈士会直接上天堂，并且帮他们最密切与最亲爱的人在那儿保留一个位置。按照这种宗教理念，一共同体内的团结呈现了另一维度。而像"真主还是会同样爱你"这样的说法，具有值得拆解的意义。首先，亚特兰的研究对象相信真主存在是相当清楚的。真主的爱有什么好处呢？它的好处在于逃避地狱之火以及得到死后永恒的快乐。说穆斯林圣战分子的行为与他们的宗教信仰毫无干系，就像说维护名誉而杀人（honor killing）与行为者对妇女、性、男性荣誉等相信什么毫无干系。

信仰会带来影响。在坦桑尼亚，白化病患者的身体器官催生了一个增长中的犯罪行业——因为他们广泛想象白化病者的血肉有神奇性质。渔民因期望抓到更多鱼，甚至会把白化病者的头发编织进渔网里。[60]如果一名像亚特兰的人类学家，拒绝按照表面价值来接受这种令人毛骨悚然的非理性，而去寻求一个与白化病者身体器官魔力的信仰无关的“更深”的解释，我一点也不会诧异。许多社会科学家非常执拗，无法接受人们常相信的正是他们自称所信的。其实，对人类血肉有治疗能力的信仰在非洲很普及，而以前在西方也很寻常。据说林肯奄奄一息地躺在福特戏院外时，被用“木乃伊漆”（一种用磨碎的木乃伊做的药膏）涂在他的伤口上。晚近到1908年，默克公司（Merck）的药品型录上还在卖“真正的埃及木乃伊”来治疗癫痫、脓肿、骨折之类。[61]脱离了人们信仰的内容我们还能怎么解释这个行为？我们不需要尝试。尤其是当人们如此清楚地说出他们的核心信仰时，一些人为什么会做出特定的行为不再是一个谜。

美国精神病学学会（American Psychiatric Association）刊行的《精神障碍诊断与统计手册》（*The Diagnostic and Statistical Manual of Mental Disorders*，DSM－IV），是精神健康领域的临床医师们最广泛使用的参考书。它界定“妄想”（delusion）为一种“基于对外在真实之不正确推断的虚假信念，尽管几乎别的每个人所相信的东西以及构成无可辩驳的和明显的证明或证据的东西都与之相反,它还是被坚决地保持"。作者们唯恐我们认为若干宗教信仰可能落入这个定义的牢笼,于是在下面这一句话中,原则上,免除了宗教教义:"该信念不是被该人的文化或次文化的其他成员所通常接受的(如它不是一条宗教信仰)"(第765页)。正如其他人所评述的,这个定义有若干问题。[62]因任何临床医生都能作证,妄想症病人常患有宗教的妄想。而一个信仰其广泛共有的准绳表明了,一个信念可在一个语境中是妄想的,但在另一语境中则是规范的,即使相信它的理由维持不变。一名孤单的精神病患者不过是吸引了一群信徒的话,就变得神志正常了吗?我们如果纯粹根据信奉者的人数来衡量神志正常度的话,那在美国无神论者与不可知论者就一定是妄想狂:这个诊断会对93%的美国国家科学院(National Academy of Sciences)成员起疑。[63]事实上,在美国不识字的人比怀疑耶和华存在的人还多。[64]在21世纪的美国,不相信亚伯拉罕的上帝,大概是所能指出的一个最非主流的现象。但对科学思考基本原则的信奉亦然——且不提对遗传学、狭义相对论或贝叶斯统计理论(Bayesian statistics)的详细理解。

精神病与正派的宗教信仰之间的疆界可能很难厘清。这点在晚近的一个法院判例特别鲜明,该案卷进了一个非常虔诚的小基督教团体,他们被控谋杀了一个18个月大的婴儿。[65]麻烦从那个小男孩在饭前停止说"阿门"开始。该团体包括了小男孩的妈妈,相信他已经发展出"反叛精神",于是不许他进食与喝水直到死掉。那妈妈被起诉后,接受了一项非比寻常的认罪协议:她发誓在如果她儿子复活就撤销所有控诉的条件下,她愿意与起诉她的共同被告合作。检察官接受了这项抗辩,不过那复活得像"耶稣那样",而不包括转世成另一个人或动物。尽管这队疯子把小男孩的尸体放在一个绿皮箱里带来带去,等他复活超过1年,我们并没有理由相信他们任何人患了精神病,然而他们显然得了宗教病。

信仰与理智的冲突

我们对周围世界的经验,以及对在其中的我们的经验,依赖发生在我们脑袋里的电压变化和化学作用,但内省对这点提供不了线索。然而一个半世纪来的脑科学宣称事实如此。终于能够根据神经线路与信息处理来理解我们主观性的最宝贵、最令人痛惜,以及最亲密的特征意味着什么呢?

说到我们目前对心智的科学理解,各主要宗教仍然和一天天越来越说不过去的教义结合。虽然意识和物质之间的终极关系还没解决,但考虑到心灵显然倚赖大脑,现在任何对灵魂的概念设想都能抛弃了。可能有个不朽的灵魂能够推理、感觉爱、记得人生事件等等,而同时始终形而上地独立于大脑之外。但由活生生的人身上相关的神经线路受损会抹杀这些能力看来,这个不朽灵魂的理念似乎站不住脚了。一个蒙受完全失语症(aphasia,失去语言能力)的人的灵魂,还能流利地说话和思考吗?这有点像问一名糖尿病患的灵魂,能不能产生充足的胰岛素。心灵倚赖大脑的特定性质,也表示我们每个人身上都不会有个统一的自己在作用。人类心灵根本有太多可分离的组件——各个都易受独立的干扰所影响——乃至不会像骑士对马匹那样有个单一的独立存在体矗立在那儿。[66]

鉴于人脑与其他动物头脑的极度相似，灵魂说又遭受进一步的动荡。我们的心智力与那些貌似没有灵魂的灵长类的心智力之间明显的连续性，引发了特别的难题。如果黑猩猩与人类的共同祖先没有灵魂，那我们是在什么时候获得我们的灵魂的?[67]许多世界的主要宗教都无视这些尴尬的事实，而仅仅断言人类拥有一种绝无仅有的形式的主观性，而那主观性和其他动物的内心生活没有联系。灵魂在这里是超凡的信物，但对人类独特性的主张一般也延伸到道德意义：动物们被认为未拥有任何类似灵魂的东西。因此，我们的道德直觉一定是上帝的作品。知性上诚实的科学家们在这种主张的普及之下，对有关道德的起源，就身不由己地与宗教公开冲突起来。

即便如此，大家广泛想象科学与宗教在原则上并无冲突，因为许多科学家自己就是“信教的”，有些甚至相信亚伯拉罕的上帝以及古代奇迹的真实性。连宗教极端主义者都珍视有些科学的产物——抗生素、计算机、炸弹等等——而且我们听说这些求知欲的种子能用一种不致侮辱宗教信仰的方式耐心培养。

这个和解的祈愿以许多名义进行，而且现在有许多鼓吹者。但它是基于一个谬误。有些科学家并未察觉与宗教信仰有任何问题，仅仅证明了好主意和坏主意并置是有可能的。婚姻与不贞之间有冲突吗？这两者经常同时发生。知性的诚实能被囿于一隅——在一个头脑里、在一个机构里，或在一个文化里——的事实，并不意味着理智与信仰之间，或科学的世界观作为一个整体与世界的“伟大”以及极为不一致的宗教之间，没有完美的矛盾。

能够以例子来显示的是，当信教的科学家实际试图调和理智与信仰时，他们的表现有多糟。很少有这类的努力比得上弗朗西斯·柯林斯（Francis Collins）的工作得到更多公众的注意。柯林斯是奥巴马总统任命的美国国家卫生研究院现任院长。我们必须承认他的资历无懈可击：他是位物理化学家、医疗遗传学家，以及人类基因组工程（Human Genome Project）的前任头头。根据他自己的说法，他也是科学与宗教之间不会有冲突的活证明。我将以较长篇幅讨论柯林斯的观点，因为他付诸行动之“高雅时髦”的信仰模范，大大地让人印象深刻。

在2006年，柯林斯出版了一本畅销书，即《上帝的语言》（*The Language of God*）[68]，在书中他声称，展示了21世纪科学与福音派基督教之间的“一个一贯且令人深深满意的和谐”。《上帝的语言》是本真正惊人的书。阅读它就跟目击一次知性的自杀一样。然而，那是个几乎完全未被承认的自杀：身体受制于绳索；脖子啪嗒折断；呼吸停止；而且甚至现在尸体还在令人不快的不安中悬荡——然而彬彬有礼的人们到处继续歌颂那大人物的健康。

柯林斯不断因为他不是什么而被他的科学家同仁赞扬：他不是个“年轻的创世论者”，也不是个“智能设计论”的拥护者。基于进化证据的现状，这两者都是一个科学家最好别去认同的事情。可是作为美国国家卫生研究院的院长，柯林斯现在对生物医学及其他保健相关研究，有比地球上任何人更大的责任，这个机构控制了一年超过300亿美元的预算。他也是美国最重要的科学代表之一。我们无需因他相信进化而歌颂他。

这里是作为科学家与教育家的柯林斯，如何对一般大众总

结他对宇宙的理解(以下采自2008年柯林斯在加州大学伯克利分校所做演讲的PPT):

PPT第1页

全能的上帝,不为时空所限,在137亿年前创造了一个宇宙,并把其参数精准地调节成容许经过长时间发展出复杂的事物。

PPT第2页

上帝的计划包括以进化的机制来创造出我们行星上多样化惊人的生物。最特别的是,那个创世计划包括了人类。

PPT第3页

在进化准备好一间足够发达的"房子"(人脑)以后,上帝赠给人类对善恶的知识(道德律)、自由意志,以及一个不朽的灵魂。

PPT第4页

我们人类用自己的自由意志来违犯道德律,导致我们跟上帝的疏离。对基督徒而言,耶稣是那疏离之解决办法。

PPT第5页

如果道德律只是进化的一个副作用,那么就没有善或恶这回事。它全是错觉。我们被哄骗了。我们任何人,尤其是坚决的无神论者,真的准备在那种世界观下过我们的日子吗?

柯林斯的科学和他的宗教之间有所冲突,真的那么难察觉吗?只要想象一下,如果柯林斯作为一名虔诚的印度教徒,告诉他的听众,梵天(Lord Brahma)创造了宇宙但现在睡着了,毗湿奴(Lord Vishnu)维持它并修补我们的DNA(以一种尊重因果报应和轮回的方式),湿婆(Lord Shiva)最终把它在一场大火中毁灭,大部分美国人会觉得他有多科学吗?[69]柯林斯如果是名多神论者,他还有任何机会来掌管美国国家卫生研究院吗?

在他行医的早期事业里,柯林斯企图通过学习世界的主要宗教,来弥补他生命中那上帝塑造的洞。然而他承认,在向"住在同一条街上的一位卫理公会牧师"寻求温柔的慈悲之前,并没有什么进展。事实上,柯林斯对世界宗教的无知看来颇为惊人。例如:他经常背诵基督徒的谣传,说耶稣是人类史上唯一曾经宣称是上帝的人(好像这样就会使公元1世纪的一名未受教育的木匠的意见特别可信)。柯林斯似乎未觉察就在现在这一刻,就有数以千计的圣人、瑜伽修行者、江湖骗士、精神分裂患者等声称自己是上帝。而且一向如此。40年前,其貌不扬的查尔斯·曼森(Charles Manson)使美国加利福尼亚州圣费尔南多山谷(San Fernando Valley)里一帮与社会格格不入的人相信,他既是上帝又是耶稣。那么我们该不该向曼森咨询关于宇宙论的问题呢?他仍活在我们当中——或者至少还蹲在科克伦州立监狱(Corcoran State Prison)里。柯林斯身兼科学家与有影响力的宗教辩护者,反复强调耶稣的怪异自我评价的愚蠢虚构,这项事实就是他在福音派基督教的回音室里生活太久的许多令人难堪的迹象之一。

可是这位朝圣者继续前进:接着,我们得知柯林斯对上帝身份的不确定熬不过与C.S.刘易斯(C. S. Lewis)的碰撞。以下这段刘易斯的话充分展现了决定性的力量：

> 我在这里试图防止任何人说出人们常说的关于他的真正愚蠢的事："我愿意接受耶稣为一位伟大的道德导师，可是我不接受他自称是上帝。"这是一件我们不该说的事。一个只是人的人说了耶稣说的那种事情，不会是个伟大的道德导师。他若不是个疯子——和一个说自己是水煮荷包蛋的人同样层次——就是地狱的魔鬼。你必须自己抉择。这个人过去与现在若非上帝之子，就是狂人或比狂人更糟。你可以把他当傻瓜要他闭嘴，你可以对他吐口水或者把他当恶魔杀掉；你也可以对他下跪而叫他主和上帝。但千万别让我们想出他是一位伟大的人类导师那样屈尊俯就的废话。他没有给我们那样的选择。他并没有这种打算。

柯林斯提供了这道精神食粮供我们沉思，然后描述它如何无可挽回地改变了他对宇宙的观点：

> 刘易斯是对的。我必须做抉择。自从我决定要相信某种上帝以来，一整年过去了，现在我被召来做交代了。在我第一次到密西西比河以西的旅程中，一个美丽的秋日，当我在喀斯喀特山脉间远足时，上帝创造的雄伟与美丽压倒了我的抗拒。当我转了个弯，看见一道意想不到的美丽冰瀑，有百米高，我就知道我的寻觅结束了。第二天早上，当太阳升起时，我跪在沾满露珠的草地上对耶稣屈从了。[70]

这是自我欺瞒发挥到极致。实在令人震惊,这段文字会是一位企图展示信仰与理智兼容性的科学家写的。如果我们认为柯林斯的推理不可能变得更离谱的话,且看他接着透露那瀑布冻成三道水柱,这使他记起三位一体。[71]

不消说如果一道冰瀑布能证实基督教的特定信条,那什么都能证实什么了。可是当柯林斯"跪在沾满露珠的草地上"时,这个真理对他并不明显,而现在对他仍不明显。这点对《自然》的编辑也不明显,虽然该杂志是任何语言的最重要的科学刊物。该杂志赞美柯林斯"与信教的人一起来探究科学的思考方式和结果与他们的宗教信仰有多么一致"。[72]根据《自然》所言,柯林斯致力于那"动人的"与"可嘉的"作业,来建立"一座跨越存在于大部分美国学术界和所谓的'心脏地带'之间的社会及知性鸿沟的桥梁"。而以下是柯林斯如何努力地搭建那座桥:

> 作为信徒,你们坚守上帝为造物主的观念是对的;你们坚守圣经的真理是对的;你们坚守科学对大部分人类存在最迫切的问题没有提供答案是对的;而且你们坚守对无神论的唯物论主张必须坚定不移地抗拒是对的。[73]
>
> 上帝不受时间和空间的局限,创造了宇宙并建立了支配它的自然律。上帝选择了优美的进化机制来创造所有种类的微生物、植物与动物,生物居住在此,否则是个不毛的宇宙。最可观的是,上帝蓄意选择了相同的机制来生成特殊的生灵,他们会有智能、对是非的知识、自由意志,以及寻求与祂团契的愿望。祂也知道这些生灵最终会选择不服从道德律。[74]

想想看：那是2006年；一半的美国人口相信宇宙只有6 000年历史；我们的总统才首度动用其否决权，以宗教立场来封杀美国联邦政府对世界上最被看好的医学研究的资助；而国土上最重要的科学家，直接从他的心（如果不是从其大脑）说出这样的话。

当然，信仰的眼睛一旦打开，到处都找得到证实。以下是柯林斯在考虑是否接受出掌人类基因组计划时的考虑：

> 我花费了一个漫长的下午在一间小教堂祈祷，寻求对这项决定的指引。我没有"听到"上帝说话——其实，我从来没有那种经验。但在那几个钟头，以我没有预期到的晚祷礼拜作终，一阵平和沉降我身。几天后，我接受了工作。[75]

我们希望看到，但没发现，"亲爱的日记"中是从诚实的推理来表达这些庄严的飘移。我们再一次发现对最不值得注意的意料之外的奇怪强调：就像柯林斯没有预期会看到冰冻的瀑布，他也没期待晚祷礼拜。在花费了"一个漫长的下午在一间小教堂祈祷"的同时，有多不可能会遇上晚祷礼拜（通常就在日落前举行）呢？而柯林斯的"平和"感又是如何？显然旨在要我们把它看成柯林斯宗教信仰真诚性的若干迹象，无论有多微小。柯林斯在他书中其他地方正确地说："一神论和多神论不会两个都对"。可是他难道不认为在过去一千年中的某时点，有一两名印度教徒在庙里祈祷的时候——也许对着象头神格涅沙（Ganesh）——也经验了类似的平和感吗？他，作为科学家，对于这个事实可能怎么理解？

我在这个时点应当说，我看不出追寻位于许多世界宗教核心的心智状态有什么非理性。悲悯、敬畏、奉献、合一感等，当然都属于一个人所能有的最宝贵的经验。一名科学家与教育家非理性与不负责的是，对宇宙的结构、对某些书籍的神圣起源，及基于这种经验对人类的未来，做出毫无根据与无可辩解的断言。甚至依照一般沉思经验的标准，柯林斯提出来支持他宗教信仰的现象简直不值得讨论。一道美丽的瀑布？一次意料外的教会礼拜？一种平和感？这些柯林斯脱出羁绊之旅中最突出的地标，也许是在肯定这是烦恼之海中最令人不安的细节。

柯林斯辩称科学使对上帝的信仰"极度有理"——宇宙大爆炸、自然常数的微调、复杂生命的兴起、数学的效力[76]，全都对他暗示一位"慈爱、逻辑且一贯的"上帝存在。可是当被对这些现象的另一种（且更有理得多的）陈述——或者以暗示上帝可能不慈爱、不逻辑、不一贯或的确缺席的证据——挑战时，柯林斯就宣称上帝立于自然之外，因此科学根本不能应对祂的存在问题。同样地，柯林斯坚持我们的道德直觉证实了上帝的存在，证实了祂完全道德的品格，以及证实了祂渴望跟我们物种的每个成员有团契；可是当我们的道德直觉因海啸或地震随意毁灭无辜的孩子而退缩时，柯林斯向我们保证，我们受时间所限的善恶观念不可信，而且上帝的意旨是个完美之谜。[77]正如宗教辩解常常有的情况，它是个掷铜板的例子：正面的话，信仰赢；反面的话，理性输。

就像大多数的基督徒，柯林斯相信一套按照教规的奇迹，包括童贞女之子和耶稣基督确确实实地复活。他引用N.T.莱特（N. T. Wright）[78]和约翰·波尔金霍恩（John Polkinghorne）[79]作为这些事项的最佳权威，而当被追问神学的要点时，他建议人们参考他们的书以便进一步地阐明。这里给读者们品鉴一下这种文献，以下是波尔金霍恩描述死人即将复活的物理学：

> 如果我们把人类视为精神身体统一体——我相信《圣经》，以及心灵和大脑之间亲密联结的当代经验，都鼓励我们这么想——那么灵魂将必须以一种亚里士多德的意义来理解，即作为肉体的“形式”，或肉体承载信息的模式。这个模式虽然在死亡时化解，但相信它会被上帝记住而在一个复活的神迹中重组，似乎完全是理性的。即将到来的世界的“物质”，是那重新化身的载体，它将是目前宇宙的被转型的物质，本身被上帝挽回到它的宇宙之死外。那再生的宇宙并不是造物主无中生有地(ex nihilo)制造一个世界的第二度尝试，而是借旧有之物的(ex vetere)新创，作为对现世的蜕变。这样上帝才真是一个完全神圣宇宙的“万物之主”(all in all)(《哥林多前书》15：28)，该宇宙的神注的“物质”，将从现在的物理过程固有的无常和腐朽中产生。这种神秘的和使人兴奋的信仰，其动机所倚赖的不仅是上帝的忠心，也倚赖基督的复活(它被理解成影响深远的事件，新的创世从它而生)，而且还倚赖空墓的细节(它暗示着主的升天和荣耀的躯体是他尸体的蜕变，就好像将到来的世界是目前这个不能永生的世界的转型)。[80]

这些信仰的确是“神秘的和使人兴奋的”。正巧，波尔金霍恩也是位科学家。然而，问题在于：不可能把他在宗教方面的著作——现在可摆满整个书架——与一个极其有耐心的索卡尔式的骗局*区别开来。[81]我们如果打算用仔细建构的废话来羞窘宗教当权派的话,这正是我们会运用的那种伪科学、伪学术和伪推理。不幸的是,我看不出有任何理由来怀疑波尔金霍恩的诚恳。看来弗朗西斯·柯林斯也看不出。

一位具有柯林斯此等地位的科学家,在挣扎着想调和其耶稣神性的信仰和现代科学的过程当中,竟将一切都归结到那"空墓"。柯林斯毫不讳言地承认,如果他对上帝确实存在的所有科学论证都被证明错了,他的信仰还是不会稍减,因为它是建立在所有严肃的基督徒所共有的信仰上,即福音书对耶稣奇迹的说法是真的。然而,问题在奇迹故事,即便在21世纪,也跟屋里的尘埃同样寻常。例如:耶稣的所有他界神力,都被为数甚多的活生生的目击者归于印度南部的上师萨迪亚·塞巴巴(Sathya Sai Baba)身上。塞巴巴甚至声称是童贞女生的。这在宗教的历史上,甚至一般的历史上,其实不是个不平凡的声称。连像成吉思汗和亚历山大这样的尘世人物,都一度被认为是童贞女生的(孤雌生殖显然不保证一个人在一边脸颊挨打的时候会凑上另一边脸颊)。如是,柯林斯的信仰取决于今天环绕着一个像萨迪亚·塞巴巴的人的奇迹故事那类的声言——甚至还不值得有线

---

* 1996年5月18日,美国《纽约时报》头版刊登了一条新闻:纽约大学的量子物理学家艾伦·索卡尔(Alan Sokal)向著名的文化研究杂志《社会文本》递交了一篇文章,标题是"超越界线:走向量子引力的超形式的解释学"。在这篇文章中,作者故意制造了一些常识性的科学错误,目的是检验《社会文本》编辑们在学术上的诚实性。结果是5位主编都没有发现这些错误,也没有能识别索卡尔在编辑们所信奉的后现代主义与当代科学之间有意捏造的"联系",经主编们一致通过后文章被发表(但事实上这篇文章最终并没有被发表),引起了知识界的一场轰动。这就是著名的"索卡尔事件"。——编者注

电视播放一个钟头——而该声言不知怎的，在事情据说发生了几十年以后，当设定在公元1世纪罗马帝国的前科学的宗教语境中时，就变得特别可信了，即使证据只是既与古希腊手稿大相径庭又残缺不全的抄本的抄本的抄本。[82]就是在这个基础上，美国国家卫生研究院的现任头头推荐我们相信以下诸命题：

1. 以木匠为业的耶稣基督，由一处女所生，作为他的生物种集体罪恶的代罪羔羊，他被仪式性地谋杀掉了，然而过了三天后由死复生。
2. 他很快以肉体升上"天堂"——他，两千年来，在那儿偷听几十亿处于困境的人类的同时祈祷（而且有时候甚至还会回答）。
3. 这位看不见的木匠对无限期维持这种神灵般的安排不满足，他终有一天将会回到地球来，审判人类在性方面的失检以及对他的疑虑，届时他将赐予任何有幸在妈妈的膝上就信服的人以永生——他们信服的是，这个令人费解的一长串奇迹是最重要的揭示关于宇宙的真理系列。
4. 我们生物种群的其他成员，过去的与现在的，从埃及艳后到爱因斯坦，无论他或她在人间的成就如何，都将被交付一个令人更不想要的命运，该命运最好别明说。
5. 同时，上帝或耶稣随其心所欲，可能介入或不介入我们的世界，透过祂完全智慧与慈爱的动力，偶尔治好末期的癌症（或不治），回答个别特别恳切的祈祷（或不答），安慰丧失亲人的人（或不安慰）。

这样的图景到底违背了多少科学法则？我们忍不住想说"全部"。然而，从《自然》之类的刊物对待柯林斯的方式来判断,我们只能做出结论,在科学的世界观中,或在生成科学世界观的知性严谨和自我批评中,没有什么把这些信念从不利的角度来呈现。

在被任命为美国国家卫生研究院院长之前,柯林斯开办了一个叫作“生物逻各斯基金会”(BioLogos Foundation)的组织,其目的(根据它创会使命所声明的话)在于传达“基督教信仰与对宇宙及生命起源的科学发现之间的兼容性”。“生物逻各斯”是由坦普尔顿基金会(Templeton Foundation)资助,后者是个声称追求对“生命的最大问题”答案的组织,但看来主要致力于抹消宗教与科学之间的分际。由于其惊人的财富,坦普尔顿基金会在追求把宗教信仰重塑成科学的合法分支的形象时,似乎能用别的方法买通世俗的学者。完全不出所料,《自然》对坦普尔顿基金会也采取了丢人的软弱低姿态。[83]

如果柯林斯为科学与巫术、占星术或塔罗牌之间的兼容性论辩,他在《自然》会不会受到同样的待遇呢?与之相反,他会遭遇到火海般的批评。作为一个比较点,我们应当回想一下,生物化学家鲁珀特·谢尔德雷克(Rupert Sheldrake)的学术事业,被仅仅一篇《自然》的评论文章干净地腰斩掉了。[84]谢尔德雷克在其著作《一门新的生命科学》(*A New Science of Life*)中,发展了一个“形态共振”(morphic resonance)理论,企图说明生命系统和自然中的其他模式如何发展。[85]不消说,该理论有很大的可能根本是错的。但谢尔德雷克的书中没有一个句子能比得上柯林斯在《上帝的语言》中几乎每一页所达到的知性的不诚实。[86]该怎么来交代这种双重标准呢?显然批评主流宗教(在西方所指的是基督教、犹太教和伊斯兰教)还是禁忌。

据柯林斯说,道德律专门针对人类:

> 虽然其他动物可能有时看来显示了隐约一瞥的道德感,但显然并不普遍,而在许多实例中,其他生物种群的行为似乎与任何普遍正直感形成引人瞩目的对比。[87]

我们怀疑这位作者到底有没有看过报纸。人的行为就没提供这种"引人瞩目的对比"吗?人类行为要多糟,才能把这"普遍正直感"置于疑地?虽然没有其他生物种群在利他上能比得上我们,但在虐待狂式的残酷上也远不及我们。而且在柯林斯的眼中——他毕竟对基因略有所知——其他动物道德的"一瞥"得有多普遍,他才会开始去想我们的道德感有进化上的先驱呢?如果老鼠对熟识的老鼠受罪比对不熟的老鼠受罪表现出更大的苦楚怎么办?(它们会。[88])如果猴子会自己挨饿以免笼友受到痛楚的电击又该怎么说?(它们会。[89])如果黑猩猩在接受食物奖赏时展示出公平感又该如何?(它们有。[90])如果狗也这样呢?(亦然。[91])如果我们的道德是进化的产物的话,这些难道不正好是我们期待的那种发现吗?

柯林斯对道德超自然起源的理据基于真正的利他,不能以进化来解释这进一步的断言。由于自我牺牲不能增加个别动物将存活及繁衍的可能性,真正自我牺牲就是任何道德生物学论述的本初反驳。因此,在柯林斯的观点中,仅仅利他的存在就提供了一位人格化上帝(a personal God)令人信服的证据。然而,片刻的思索就可以揭露,我们如果接受这个阉割过的生物学,那关于我们的几乎任何事情,都将沐浴于宗教性神秘的温馨光辉之中了。抽香烟不是个健康的习惯而且极不可能提供适应的益处——再说了,旧石器时代可没有香烟——可是这个习惯非常普遍且引人入胜。那么上帝会不会碰巧是位种烟草的农夫呢?柯林斯似乎看不出人类道德与无私的爱源自更基本的生物性和心理性特质,而它们本身即是进化的产物。鉴于其科学训练,这种失察实在很难诠释。我们如果不是更明白事理的话,可能会很想做出宗教教条主义构成科学推理的一个障碍的结论。

当然,相信人类是唯一按照上帝的形象所造并惠予"不朽灵魂"的生物物种,是有伦理含义的。关心灵魂是一个对伦理行为——即实际缓解像我们自己这样的有意识动物的苦难——非常不好的指引。对灵魂在受精的瞬间(或非常接近该瞬间)进入受精卵的信仰,导致了对在皮氏培养皿(Petri dishes)中未分化的胚胎干细胞的谬误忧虑,并因此导致对胚胎干细胞研究的深刻疑虑和恐惧。对灵魂的信仰经常使人们对被认为未拥有灵魂的动物所受之苦无动于衷。有许多种动物在以三天大的人类胚胎所不能承受的方式受罪。像是用猿类做医学研究,让鲸鱼和海豚暴露于军用声纳。[92]这些都是真的伦理两难,涉及真正的受罪。对这个比句尾的句点还小的人类胚胎的关心——多年来它们构成医学研究最有前景的语境——是宗教的许多妄想的产物之一,导向伦理的死巷和悲悯的可怕失败。柯林斯虽然看来是支持胚胎干细胞研究,但他是在真的(名副其实的)扪心自问后才支持,而且受到相当大的神学胁迫。他对该题目所说的与所写的每样东西,都毫无必要地把一个根本直截了当的伦理问题——如果一个人真的关心人类与动物幸福的话——搞得好复杂。

胚胎干细胞研究目前蕴含对人类胚胎的毁坏，其伦理学正当性只能从在150个细胞阶段的胚胎到底是什么来考虑。我们必须根据我们如何对待复杂性在类似和更高阶段的有机体，以及我们如何对待发展到更后期的人类，来思索对胚胎的毁坏。例如：在妊娠中各式各样的状况可能发生，对这些状况的补救意味着对更发达得多的胚胎的毁坏——然而这些干预对社会提供了少得多的潜在益处。奇怪的是，没有人反对这种医疗手续。一个孩子出生的时候可能会有发育不全但活着的双胞胎手足寄生在他的身体里——一种叫作“胎中胎”(fetus in fetu)的情况。偶尔这种状况在出生好几年后都没被发现，直到孩子抱怨他身体中有什么东西在动。于是这第二个孩子就如肿瘤般地被移除摧毁。[93]由于上帝似乎偏爱多样性，这种状况就有无数的排列可能，而双胞胎可能用任何想象得出来的方式融合。双胞胎中的二号也可能是个叫作“畸胎瘤”(teratoma)的一团混乱组织。不消说，任何寄生的双胞胎儿无论组织有多混乱，都比在150个细胞阶段的胚胎要发达得多。甚至故意牺牲“暹罗双胎”(Siamese，指连体婴)里的一个来救另一个，都在美国发生过；亦即把共有的器官给存活的那个。其实，还有把连体婴中要牺牲的那个的未共有的器官移植掉的病例。[94]

有人论辩称，有机体的“生存能力”是这里的首要问题：因为若不经过一些特别干预，这种双胞胎无法存活。可是许多发育完全的人在他们一生中的某时点，符合这种完全依赖的情况(例如肾脏病患靠洗肾)。而且胚胎除非放在适当的情况下，否则本身没有生存能力。的确，胚胎能巧妙地设计成即使在子宫内着床，但仍过了某阶段就不能存活。这会消除那些反对胚胎干细胞研究者的伦理学关心吗?

写作本书的时候,奥巴马政府还没有除去对胚胎干细胞研究最重要的障碍。目前,联邦政府经费只准用在取自生育诊所剩余胚胎的干细胞上。这种圆滑是对美国选民宗教信念的明显让步。柯林斯虽然似乎愿意进一步支持对通过体细胞核移植技术(somatic-cell nuclear transfer,SCNT)生成胚胎的研究,但他在这项辩论中远远不是伦理明晰性的声音。例如:他认为体细胞核移植技术生成的胚胎,与精子和卵子结合所形成的胚胎不同,因前者不是“上帝创造一个人类个体之计划的部分”,而“后者是上帝之计划的本身,几千年来透过我们的物种和许多其他物种来执行”。[95]在一个严肃的生物伦理学讨论中,谈“上帝之计划”能得到什么?如果这种胚胎养足月并变成了生灵和受苦的人类,那是因为他们的受孕出于“上帝之计划”外,而杀掉这些人来摘取他们的器官,会是伦理的吗?虽然柯林斯对美国国家卫生研究院的掌管,似乎不太可能阻碍我们对胚胎干细胞研究扭扭捏捏的进展,但他的任命是奥巴马总统区隔一方的真科学和真伦理学与另一方的宗教迷信和禁忌之间差别的一个努力。

柯林斯曾写道:“科学对大部分人类存在最迫切的问题没有提供答案”,以及“无神论的唯物论主张必须坚定不移地抗拒”。我们只能希望这些信念不会影响他在国家卫生研究院的判断。正如我在本书中所论证的,在大脑的层次理解人类幸福,很可能对人类存在最迫切的问题提供一些答案。这些问题包括:我们为什么受苦?我们如何能达到最深刻形式的快乐?或者,真有可能爱邻如己吗?可以不指涉灵魂来解释人性,不指涉上帝来解释道德的任何努力,构成“无神论的唯物论”吗?把美国生物医学研究的前途交给一个相信透过科学来理解我们自己是不可能的、同时我们从死复活是不可避免的人真的明智吗?

当我在《纽约时报》上批评奥巴马总统对柯林斯的任命时,许多读者认为那是“不宽容”的露骨表现。[96]例如:生物学家肯尼思·米勒(Kenneth Miller)在一篇给编辑的信中声称,我的观点纯粹是我自己“根深蒂固的反宗教偏见”的产物,而我只因“他是名基督徒”而反对柯林斯。[97]安德鲁·布朗(Andrew Brown)在《卫报》(*The Guardian*)上写道,我对柯林斯的批评是个“极端小心眼且孕育极权主义的立场,与每个可能的人权理念乃至美国宪法背道而驰”。米勒和布朗显然觉得,只要跟主流宗教关联,无正当理由的信仰和错乱的思考就不该被挑战,而挑战了就与偏执同义。他们并不孤单。

现在有很多而且越来越多的文献——包括几十本书和几百篇文章——积极抨击我和理查德·道金斯、丹尼尔·丹尼特、克里斯托弗·希钦斯(Christopher Hitchens)等人[即所谓的“新无神论者”(New Atheists)],数落我们不文明、充满偏见,以及对“高雅”信徒如何实践信仰一无所知。他们常说我们丑化宗教,拿它最极端的形式来代表整体。我们不做那样的事。我们只不过依照弗朗西斯·柯林斯此等高雅信徒的模范所为:认真看待宗教的具体断言。

许多世俗的批判者担心,我们如果责成人们在理智和信仰之间选择,他们会选择信仰而停止支持科学研究;另一方面,我们如果不停地重申宗教和科学之间没有冲突,我们就可能说服极多民众去接受进化的真相(好像这本身就是目的似的)。以下是这种指控的一个版本,取自记者克里斯·穆尼(Chris Mooney)和海洋生物学家谢丽尔·柯申鲍姆(Sheril Kirshenbaum)的《不科学的美国》(*Unscientific America*)一书,我恐怕大部分人看了都会接受:

> 如果目标在创造一个对科学和理智更友善的美国的话,那新无神论者的战斗性就非常适得其反了。别的不说,他们与死敌以讽刺的组合方式,来确保我们在传授进化主题上持续没有必要的两极化。新无神论者的死敌即反科学的保守基督徒,他们充斥着创世论与智慧设计论。美国是个非常宗教性的国家,如果被迫在信仰与科学之间做选择的话,数量庞大的美国人会选择前者。新无神论者错在坚持我们必须做出选择。无神论并非科学推理逻辑上无可避免的后果,不比智能设计论是宗教信仰的必要推论更甚。许许多多科学家相信上帝而不觉得有内在矛盾,就好像许多信教的人接受进化为解释地球上生命的发展、多样性及其相互关系的正确学说。新无神论者,就像他们非常看不起的基本教义派者一样,设立了一个只能伤害未来世代科学素养成因的伪二分法。它威胁到把科学本身置于极端的中间,无法在一个破坏性的、似乎无休无止的文化战争中找到掩护。[98]

第一件待观察的事是穆尼与柯申鲍姆混淆了问题的本质。目标并不在于使更多美国人仅仅接受进化的真相(或其他任何科学理论),目标在于使他们珍视现在使相信进化为必须之推理和有根据话语的原则。对进化的怀疑不过是一种基础病况的症状，该病况是信仰本身——无充分理由的信念、希望被误当作知识、防范了好主意的坏主意、被坏主意掩盖了的好主意、痴心妄想被提升为得救的原则等等。穆尼与柯申鲍姆似乎想象我们能藉对人们扯谎而使他们珍视知性诚实。

穆尼与柯申鲍姆推荐的迁就说，虽然总是被包装成对有信仰的人“尊重”的表现，其实不过是受恐惧驱动的赤裸裸的屈尊俯就。他们对我们保证无论提出反对宗教的理由再怎么好，人们还是会选择宗教在科学之上。在若干语境中，这种恐惧或许有理。我站在麦加的大清真寺里时，就不会急于细数伊斯兰教的非理性。不过，且让我们诚实看待穆尼与柯申鲍姆对美国的公共论述究竟抱持怎样的态度吧：注意你说什么，要不然基督徒暴民就又要再一次烧掉亚历山大图书馆了。相形之下，新无神论者的战斗性显得相当和谐。我们的“罪过”不过是假设了我们的智人同胞拥有响应关于宗教主题的理性议论、讽刺、奚落等的必要智慧和情绪上的成熟，就像他们应对其他所有议题上的质疑时一样。当然，我们可能错了。可是让我们看清楚论辩双方究竟哪边把我们的邻人当作危险的孩子，而哪边才是把对方看成是对真实的本质宁可不完全错的成人。

终于，我们来到了混淆的核心，也就是本章的主题——“许许多多科学家相信上帝而不觉得有内在矛盾”那不切题的断言。[99]若干人能糟糕地推理而问心无愧——或者能这么做的时候宣称自己问心无愧——这一点对宗教与科学的理念、目标、思考方式等的兼容性，根本不能证明什么。是有可能错了而不知道（我们称之为“无知”）。是有可能错了而且知道、但不情愿蒙受公开承认这点的社会成本（我们称之为“伪善”）。也是有可能错了，依稀瞥见事实，但害怕错的恐惧反倒增加自己对错误信仰的忠诚（我们称之为“自欺”）。这些心境为宗教做出了非比寻常的服务似乎已很清楚。

在美国，对科学的无知正在流行。这点并不奇怪，因为很少有科学真理是不证自明的，而且许多深深违反直觉。空的空间有结构或我们与苍蝇和香蕉两者有共同祖先绝不明显。要像科学家一样思考可能很难（我们开始看到甚至当一个人是科学家时亦然）。但似乎很少有事情比得过宗教执着那般，使人们更难以像科学家一样地思考。

第5章 幸福的未来

从来没有人把我误当成乐观主义者。然而,当我考虑悲观主义的一个较原初的来源——我们这个生物种的道德发展——时,我找到抱持希望的理由。尽管我们有多年来的坏行为,但在我看来,我们也确实有明显的道德进步。我们的同理心正逐步增强。今日的我们,比过去任一时刻都更可能为了人类整体效益而行动。

当然,20 世纪带来了一些空前的恐怖。可是生活在发达世界中的我们,正变得越来越对我们会伤害彼此的能力感到困扰。我们已比较不容忍战时的“附带性破坏”——无疑因为我们现在看到了具体影像——而且我们对妖魔化整个族群、好把欺负他们或干脆消灭他们合理化的意识形态感到更不自在了。

且考虑一下过去百年间在美国种族歧视已经消减的程度。当然,种族歧视仍然是个问题。但变化的证据不容否认。大部分读者一定看过 20 世纪上半叶处以私刑的照片,在其中全镇倾巢而出,好像嘉年华会似的,只为了观赏某青年男女被凌虐至死,并挂在树上或路灯柱上示众。那些照片常显示了银行家、律师、医生、教师、教会长老、报纸编辑、警察等人,偶尔甚至还有国会参众两院议员，穿着他们最好的衣服微笑着，故意在一个悬荡着的、撕裂的、而且常常半火化的人底下摆姿势拍摄明信片用的照片。这种形象真够震撼了。不止于此，这些士绅还常拿肉体的纪念品——牙齿、耳朵、手指、膝盖骨、生殖器、内脏等——回家给亲友看呢。有时他们甚至把这些令人毛骨悚然的锦标当作办公厅的摆设。[①]

且思索一下以下拳击手杰克·约翰逊(Jack Johnson)对所谓“伟大的白色希望”吉姆·杰弗里斯(Jim Jeffries)卫冕成功时的反应：

给黑人的忠告：
你鼻子别翘得太高
你胸膛别挺得太鼓
你吹牛别太响
你别趾高气扬
别让你野心不凡
或转错方向
记住你什么也没干
你不过跟上星期是同一名社会分子
你没更上一层楼
不值得新的考虑
也不会得到任何报偿
没人会更看得起你
因你肤色还是没变
跟雷诺城的那个胜利者一样[②]

一名现代的读者可能会假定，这堆种族歧视的仇恨只出现在三 K 党的传单上。刚好相反，这是正好一个世纪以前，《洛杉矶时报》（*Los Angeles Times*）编辑们仔细斟酌过的意见。你能想象我们的主流媒体还会再发出这种种族歧视之声吗？我想更可能的状况是，我们将继续在目前的路径上前进：种族歧视将继续失去其用户；美国历史上的奴隶制将变得细想起来甚至更令人目瞪口呆；而未来的世代也将对我们未能致力于公益的方式惊叹。我们将令子孙蒙羞，正像我们的祖先让我们蒙羞。

我在对这个事情的期望上有我对道德景观的观点撑腰：道德是一个人类探索的真正领域，而不只是一个文化产物，这表示进步是可能的。如果道德真理超越了文化的偶然性，那人类应当终将辐辏于他们的道德判断。然而，我痛苦地察觉到，我们生活在这样一个时代：穆斯林为了漫画而造成数十万人的暴动；天主教徒反对在艾滋病造成大批死亡的村庄使用保险套；而那少数保证能团结大多数人类的“道德”判断之一，就是“同性恋令人深恶痛绝”。然而我虽然相信大多数人对善恶深深混淆，却同时仍能看出道德的进步。我也许比自己所想的更是个乐观主义者。

科学与哲学

贯穿本书，我论辩事实和价值之间的切割是个错觉，因此，科学和道德之间亦然。无论如何，讨论曾在至少两个层次上进行：我检讨了相信支持我论证的科学数据；但我也做了一个更基本、更哲学性的论证，其有效性并不狭隘地依赖目前的实证资料。读者们也许想知道这两个层次是怎么产生关联的。

首先,我们必须观察科学与哲学的疆界并不一直存在。我们都知道,爱因斯坦怀疑波尔(Niels Bohr)对量子力学的观点,然而两位物理学家都配备有同样的实验发现和数学技巧。他们的意见不合是“哲学”还是“物理学”的事情呢?我们无法总是在科学思考和“纯”哲学之间划清界限,因为所有数据都必须在背景理论的衬托下来诠释,而不同理论都附带了相当程度的语境推理。一名相信非物质性灵魂存在的二元论者可能会说:整个神经科学的领域都受惠于物理主义(physicalism,认为心灵事件应当理解成物理事件的观点),而他会是对的。心灵是大脑产物的假设,对神经科学家所做的几乎每件事都是不可或缺的。那物理主义是“哲学”还是“物理学”的事情呢?答案可能视一个人正好站在大学校园中的位置而定。即使我们承认只有哲学家才倾向于思索“物理主义”本身,但任何使这个哲学假设成疑的论证或实验,都会为神经科学带来里程碑般的发现——很可能是其历史上最重要者。所以,虽然有些哲学观点不和科学接触,科学却常是哲学付诸实践的事情。也许值得回想一下,物理科学原来的名字其实是“自然哲学”。

在贯穿本书可以恰当地描述为“哲学的”章节中,我在其中提出了许多具有科学含义的论点。大多数科学家把事实和价值当成原则上泾渭分明而且互不兼容。我论辩称其实并非如此,因为任何有价值的东西一定对某人有价值(无论实际上或潜在上)——因此,其价值应当可归于关于有意识动物的幸福的事实。我们可以称此为“哲学的”立场,但它直接与科学的疆界有关。我如果是对的,科学就有比它的许多从业人员所以为的更宽广得多的范围，而其发现可能有一天会对文化掀起他们意想不到的作用。我如果是错的，那科学的疆域就像大多数人所想定的那么狭隘。这个观点的差异也许可归于“哲学”，但它在未来的岁月将决定科学实践的差异。

且回想一下第 2 章中以相当篇幅讨论过的乔纳森·海特的工作：海特曾使科学界内外两方的许多人相信道德有两类：自由派道德的焦点在两个主要关心（伤害和公平），而保守派道德则强调五个（伤害、公平、权威、纯粹、团体忠诚）。由此，许多人相信自由派和保守派注定以不兼容的方式看待人类行为，而科学将永远不能宣称一种道德的途径比另一种更“好”或更“真”或更“道德”。

我认为海特错了，至少出于两个理由。首先，我怀疑他归于保守派的额外因素能被理解成对伤害更进一步的关心。也就是，我相信保守派有与自由派相同的道德，他们只是对在这个宇宙中伤害如何增加有不同的想法。[3]也有研究指出保守派比较容易产生厌恶感，而且这似乎特别影响他们对“性”问题方面的道德判断。[4]更重要者，无论自由派和保守派之间的差异可能是或可能不是什么，如果我对道德景观的论证是对的，那一条通往道德的途径就可能比另一条更有助于人类的昌盛。虽然我跟海特的意见分歧目前可能是理论上的而不是实证上的，但无论哪个议论占上风都将影响科学的进展，以及科学对文化的其他冲击。

幸福心理学

我在本书中对涉及人类幸福的心理科学现状所谈甚少。这种研究——间或称作“积极心理学”(positive psychology)——尤其当谈到在大脑层次来理解相关细节时,发展还远在婴儿阶段。而既有界定人类幸福的困难,加上科学家们一般不愿挑战任何人对它的信念,有时很难知道这种研究到底在研究什么。例如:去比较个人间或跨文化的“幸福”或“生活满意度”的自我报告评分,是什么意思? 我一点也不清楚。显然,一个人对人生中什么是可能的构想,会影响她对自己是否已善用了机会、达成了目标、发展了深挚友情等等的判断。有些人今晚上床时,会仅以他们减少了对甲基安非他命(冰毒)的日常消费量为傲;有些人则会以他们在《福布斯》前400大富豪榜上的排名跌至三位数为恼。人们在生活中得达到什么境界才会满意,常与他们曾在哪里攸关。

我曾经认识一个非常聪明而且才气横溢的人,他发了一封电子邮件给几十位朋友与相识者,宣布他打算自我了断。正如你所期待,这封邮件收到了如潮水般的回复。我虽然跟他不熟,也发给他好几封电邮,敦促他去看专业的心理辅导、试试抗抑郁剂、设法了解并解决他的睡眠问题,以及做其他种种明显的事情来对抗忧郁。然而,在他的每封回复中,他都坚持自己并不抑郁。他相信自己是根据一个哲学洞识而行动:每个人终将一死;生命因此终究是无意义的;由是,一个人如果不想活了,就没有理由继续活下去。

我们针对这些题目来来去去,我企图说服他,其“洞识”本身就是抑郁症或其他情绪毛病的一个症状。我主张他只要觉得好过些,就不会相信自己的生命不值得活了。无疑地其他许多人也跟他有类似的对话。这些邮件似乎劝他离开了困境一阵子。然而,4年以后他还是自杀了。

这类的经验显示讨论人类幸福的题目有多么困难。当然，对任何主题的讨论都可能产生误导，因为人们常以相当不同的方式使用同样的词语。然而谈论心灵状态特别困难。我的朋友真的是我使用该词意义下的“抑郁”吗？甚至他知道我说的“抑郁”是什么意思吗？我知道我应当把它界定成什么吗？例如：忧郁症的形式是否仍有待区分以便对症下药呢？而有没有可能我朋友所患的都不是那些？换句话说，有没有可能一个人并没经验任何情绪病变，却觉得不值得再多活一天，而被激励去杀死自己呢？在此，有两件事对我而言似乎很清楚：这种问题是有答案的，然而我们常对人类经验知道得不够多，因而甚至无法适当地讨论问题本身。

当我们用像“快乐”和“幸福”之类的词语时，可以意味着好多事情。这使得以科学研究人类经验最正面的面向困难重重。事实上，它使我们许多人连知道生命中什么目标值得追寻都有困难。我们在自己的事业中或亲密关系中到底应当期待有多快乐或满足呢？当我谈论这些事项时，许多怀疑来自认为“幸福”是心灵的一个肤浅状态、而生命中有比“幸福”更重要之事的人。有些读者可能认为像“幸福”和“兴旺”之类的概念同样虚弱无力。然而，我不知道有任何词汇能用来表达我们所能向往之生存的最正面状态。思索道德景观——其高度仍有待发现——的优点之一，就是它使我们从这种语义的困难中解放。一般而言，我们仅需操心相对于“向下”，“向上”移动是什么意思。

心理学家对于人类幸福所知的一些事情，证实了每个人都已经知道的事：人们如果有好朋友、能基本掌握自己的生活、有足够的金钱应付他们的需要，往往就会更幸福。寂寞、无助、贫穷等都不被推荐。我们不需要科学来告诉我们这些。

不过这个研究最值得关注的是，它也显示了我们对幸福的直觉常常有很大的错误。例如：我们大多数人觉得有更多选择可做——在择偶、选事业、买新炉子时——总是大家所想要的。不过虽然一般而言，有一些选择是好的，但有太多选择则往往会削弱我们的满足感，无论我们做的选择是什么。[5]知道了这点，有策略地限制自己的选择也许是理性的。任何修缮过房子的人都知道，为了找那个完美的水龙头而去了太多家店乃至不知所措的苦恼。

从对人类快乐的研究得出的最有趣的事情之一，就是发现我们对未来会感觉如何的判断力——心理学家丹尼尔·吉尔伯特（Daniel Gilbert）称之为“情感推理”（affective reasoning）的能力——很糟。吉尔伯特等人指出，我们系统性地高估了会影响到我们的一些好的和坏的经验。[6]财富、健康、年龄、婚姻状况等等的改变，往往不像我们所以为的那么要紧——然而我们根据这些不准确的假设做出人生最重要的决定。我们以为要紧的东西常比我们所想的无关紧要，这种了解是有用的。反之，我们认为琐碎的事却能实际上大大冲击我们的生活。你如果曾经对人们遭遇重大困苦时能应付自如，却因小小的不方便就崩溃而印象深刻，那你就已看过这个原则如何在作用。这项研究的一般性结论现在已经没有争议了：我们很不善于正确地回忆过去、感知现在或预期未来的幸福。因此，也难怪我们经常未能得到满足。

我们该满足于哪个自我？

你如果想要人们报告他们每时每刻的满足度——可以给他们一个在随机间隔发响声的蜂鸣器，以提醒他们记录自己的心理状态——你就能得到他们有多快乐的一种量度。然而，你如果只是问他们对自己的生活一般来说有多满意，你常得到一个非常不同的量度。心理学家丹尼尔·卡尼曼叫第一个信息来源为“经验的自我”（the experiencing self），第二个为“记忆的自我”（the remembering self）。而他把人类心灵用这个方式分割的理据是，这两个“自我”经常意见相左。的确，它们的意见不合可以用实验来显示，甚至只需经过相对较短的时间。这点我们稍早在关于卡尼曼对大肠镜的资料就看到了：由于“记忆的自我”是借着参考的高峰强度及最后瞬间来衡量任何经验（即“峰终定律”），因此牺牲“经验的自我”而提升“记忆的自我”是可能的，不过是借以延长强度在最低水平的不愉快过程（因而减低未来记忆的反感）。

适用于大肠镜者似乎也适用于生活的其他地方。例如：想象一下你要去度假，你正在决定要去夏威夷旅行，还是去罗马旅行。去夏威夷的话，你会想象自己在海洋中游泳、在海滩上放松、打网球、啜饮迈泰酒（mai tais）等。去罗马的话，你会到咖啡馆坐坐、参观博物馆和古迹、喝大量的葡萄酒。你该选择哪个假期呢？借由以小时计的有关你情感乐趣和感官乐趣所指示的记数来看，很有可能你的“经验的自我”在夏威夷会快乐得多，虽然一年以后你的“记忆的自我”会对罗马给予更正面的报告。哪个自我会是对的呢？甚至那问题有意义吗？卡尼曼观察到，虽然我们大部分人认为自己的“经验的自我”一定更重要，但它对我们要在人生中做什么的决定没有置喙的余地。追根究底，我们无法从经验中做选择；我们必须从记得的（或想象的）经验中来做选择。而且，据卡尼曼说，我们并不倾向于把未来想成一套经验；我们把它想成一套“预期的记忆”。[7]问题在于，不管是对从事科学而言还是对过完一生而言，“记忆的自我”是唯一能回想和谈论关于过去者。因此，它是唯一能有意识地参照过去经验而做决定者。

根据卡尼曼的研究，在这两个“自我”之间幸福的相关系数大约是0.5。[8]这基本上是在同卵双胞胎之间，或一个人与十年后的自己之间，所观察到的相关系数。[9]因此，无论我们咨询哪个“自我”，关于一个人的快乐还有大约一半的信息需要讨论。当一个“记忆的自我”声称过了美好的一生，同时他的“经验的自我”却不断地遭受婚姻压力、健康问题和事业焦虑，我们该做何解？而一个人的“记忆的自我”声称深度不满——未能达成他最重要的目标——但他每一刻的快乐状态相当高又该做何解呢？卡尼曼似乎认为这种差异无法调解。如果是真的，这会对任何关于道德的科学构成问题。

然而，看来清楚的是，“记忆的自我”不过是“经验的自我”的诸多状态之一。例如：想象一下你每天日子过得挺快乐的，经验了一刻接一刻的满足，然后你撞上了在学校时的老对头。他看起来就像成功的化身，他问你在过去几十年里你怎么样。在这个时点，你的“记忆的自我”就挺身而出了，你觉得非常懊恼，承认“不怎么样”。我们不妨这样说，这次遭遇把你投进了一次自我怀疑的危机,使你做出一些激烈的决定,既影响到你的家庭,也影响到你的事业。然而,所有这些瞬间都是你经验架构中的部分素材,无论记起与否。有意识的记忆和自我评价本身,都是在为未来经验打下基础。对你的生活、事业或婚姻做出有意识的评估,在当下都是以某种方式进行的感觉,并进而导致后续的思想和行为。这些变化也将呈现某种方式的感觉,并对你的未来有进一步的含义。但在目前的瞬间,这些事件没有哪个发生在你经验的连续体之外(也就是"经验的自我")。

我们如果能拿构成平均人生的25亿秒来评估一个人在每个时点的幸福,"经验的自我"和"记忆的自我"之间的区别就会消失了。对,唤起过去的经验常常决定了我们打算在未来做什么,而这点大大地影响了一个人未来经验的性质。但说在平均人生25亿秒的每一秒,若干瞬间是愉快的,而其他则是痛苦的,这是真的;有些瞬间后来被或多或少地忠实记忆下来,而且这些记忆对日后都会有影响。意识与其不断变化的内容则保持唯一的主观真实。

如是,假如你的"记忆的自我"声称在罗马的时候很开心,同时你的"经验的自我"只感受到无聊、疲惫、绝望等,那么你的"记忆的自我"(即你对该次旅行的追忆)对你在罗马过得如何就根本错了。这点随着我们缩小焦点就变得越来越明显:试想象一个"记忆的自我"认为你坐在罗马的西班牙大台阶上的那15分钟特别高兴;虽然那几分钟里,每一分钟你"经验的自我"其实比在该趟旅行的任何时点都陷入更深的苦楚。我们需要两个自我来解释这个落差吗?不必。记忆的怪异多变就足以说明了。

正如卡尼曼所承认的,我们在生活中的经验大都从未被再唤起过,而且我们花在实际记忆过去的时间相对较短。如是,我们生活的质量只能根据生活所有的、无论什么稍纵即逝的性质,在它发生的当下来评估。但这包括我们花在唤起过去的时间。在这不断的变动中,我们建构关于生活的更大故事的诸瞬间,显得像是黑暗的河流上闪烁的阳光:它们也许看起来特别,但仍然是水流的部分。

关于对或错

当我们追寻将人类幸福最大化时,显然同时面临了现实的困难与概念的困难。例如:且考虑一下在言论自由、隐私权,以及每个政府维护公民安全的责任三者之间的紧张关系。这当中每一个原则对健康社会而言似乎都是基本的。然而,问题出在:当每个原则被推至极端时,都会与其他二者敌对。若干形式的言论痛苦地违犯了人们的隐私,而且甚至把社会本身置于险境。我能透过邻居卧室的窗户去拍摄影带,并将之视为"新闻工作"的作品而上传到YouTube(美国视频网站)吗?我应该有自由去公布合成天花的详细制作过程吗?显然,对自由的表达存在局限。同样地,对隐私的过度尊重,会使采访新闻或起诉罪犯和恐怖分子变得不可能。而过度热心地献身于保护无辜的人,会导致对隐私和言论自由不能忍受的侵犯。我们应当如何平衡对各种善的投身呢?

我们也许永远无法以绝对的精准来回答这个问题。然而,看来相当清楚的是,像这样的问题是有答案的。即使有一千种方式来把这三个变量做最佳调整，但在既定的文化变迁当中，一定有许多比最佳还糟的方式，会招致人们承受苦难的后果。

一对夫妇决定他们应该有个孩子，这对他们而言是什么意思？意思大概是他们认为给世界添加一个人的话，他们自己的幸福将倾向于增加；意思也应该是，他们期待他们的孩子会有个总体来说值得过的人生。他们如果不期待这些事情的话，就很难理解他们当初为什么要有个孩子。

然而，大部分对快乐的研究表明，当人们有了孩子以后其实变得较不快乐，而且得等到孩子离家，他们才会开始接近先前的快乐程度。[10]且让我们说，你知道有这项研究但想象你自己会是例外。当然，另外一套研究显示，大部分人认为他们是这类规则的例外：普天之下的人几乎都相信自己在聪颖、智慧、诚实等方面都高于平均。但你对这项研究也知道，而且它没有使你改变心意。也许，在你的例子中，所有相干的例外都是真的，而你会是个与你所希望者完全一样的快乐父母。然而，一项对人类成就的著名研究表明，要消减一个人的社会贡献，最可靠的办法之一就是要他成家。[11]你如果知道你花在换尿布和玩乐高积木上太多时间，以致你未能开发出即将成功的治愈老年痴呆症的方法，你会怎么看待你打算有个孩子的决定呢？

这些不是空洞的问题。但它们也不是那种任何人都可能回答得了的问题。要个孩子的决定，可能总是在对所有涉及者的未来幸福之合理的（以及没那么合理的）期待语境下所做的。在我看来，用这种角度去思考就是思索道德景观了。

我们即使无法完美地调和个人幸福和集体幸福之间的紧张

关系,还是没有理由认为它们一定会起冲突。大部分的船肯定会随着同样的潮流浮起。会改进每个人生活的全球性变化并不难预想:在一个把较少的资源投入准备杀戮彼此的世界,我们全都会更好。找到干净的能源、治愈疾病的方法、对农业的改进,以及促进人类合作的新方式,都显然是值得争取的一般目标。这样的断言是什么意思呢?它意味着我们有一切理由来相信,对这种目标的追求将在道德景观的山坡上引领我们向上。

说科学可对价值发表有重要意义的断言(因为价值与涉及有意识动物的幸福的事实有关),是个在第一原理(first principles)上所做的论证。因此,它不倚靠任何特定的实证结果。然而,这并不意味着这个断言不能被反证为假。显然,如果有更重要的价值源头与有意识动物的幸福(在此生或来生)毫无干系,那我的论题就会被否决了。然而,如我已说过的,我无法想见这样的价值源头会是什么:因为根据定义,如果有人声称在某处发现它了,任何人也不可能对它有兴趣。

然而,还有别的方法能反证我的论题为假。例如:如果人的幸福是完全任意的而与头脑的状态无关,那就不会有未来的道德科学。如果有些人在大脑状态甲呈现最快乐的样态,却有其他人在同样的大脑状态下悲惨,那就代表人的幸福并无神经上的关联性。反之,人类幸福的神经关联性可能存在,但它可以被完全相反的外在世界的状态引发到同样程度。在这种例子中,一个人的内在生活和他的外在境遇就不会有联系。如果这些情形中有哪个为真,我们就不能对人类的昌盛做任何一般性的断言。然而,如果这是世界运作的方式,那人脑就似乎比头颅的隔绝材料多不了多少,而整个神经科学的领域就构成了一个精心制作且非常昂贵的误解世界的方法。再重复一遍，这是一个可理解的声言，但那并不意味着明智的人应该对它认真。

也可以想象一门人类昌盛的科学是可能的，然而人们能因非常不同的“道德”冲动而同样快乐。也许在状态良好和感觉良好之间没有联系——因此，道德行为（如一般所设想者）和主观幸福之间没有联系。在这种情况下，强奸犯、骗子、小偷等都会和圣人经验到同样深度的快乐。这个情形虽然有极大的机会是真的，但还是显得相当牵强。神经影像学研究已经证明了早已透过内省就很明显的事实：人类合作是有益的。[12]然而，如果恶结果跟善是同样可靠的达到快乐的途径，那我对道德景观的论证仍然成立，神经科学对研究它的可能用处亦然。它就不再特别是“道德的”景观；而会是个幸福的连续体，在其上圣人和罪人会占据同等的山巅。

这类的忧虑似乎忽视了一些关于人类非常明显的事实：我们都是从共同的祖先进化来的，因此相似远大于相异；大脑和主要的人类感情显然超越文化，而且它们无疑受到世界状态的影响（正如任何曾经脚趾不小心踢到过什么的人都能证实）。据我所知，没人相信人类幸福的要件有那么多的分歧，乃至使上述的忧心显得貌似有理。

道德会不会变成科学的一个正当分支并不真是要点。经济学已经是真的科学了吗？从最近的事件来判断，它看来不是。也许我们将永远抓不到对经济学的深刻理解。可是有谁会怀疑精心组织经济的方式有好有坏吗？有任何受过良好教育的人会认为,批评一个社会对银行业危机的反应是一种心胸狭隘的形式吗?试想想:如果大批聪明人变得相信所有防范全球性金融浩劫的努力,原则上若不是同等有效,便是同等荒谬,会有多可怕。然而这正是我们在对人类生命最重要的问题上的立场。

目前,大多数科学家相信,对人类价值问题的答案将永远遥不可及——不是因为人类主观性太难研究,或者头脑太复杂,而是因为对跨越文化谈论是非或善恶没有知性的理据。许多人也相信,没有多少事情倚赖我们是否找到一个道德的普遍基础。然而,在我看来,为了满足我们在此生最深的利益,无论个人的或集体的,我们必须首先承认一些利益比其他利益更可辩护。的确,有些利益太不可抗拒了,乃至根本无须辩护。

撰写本书的目的是希望随着科学的发达,我们能够认知如何将它应用到人类存在最迫切的问题上。将近一个世纪了,科学的道德相对论让位于信仰的宗教——那无知与心胸狭隘的伟大引擎——具有了几近无人敢争的发言权,声称它是对道德智慧的唯一普遍架构。由此产生的结果是,地球上最强大的社会在应该专心于像核扩散、种族屠杀、能源安全、气候变化、贫穷、失败学校等问题上时,却花时间辩论像同性婚姻之类的议题。没错,根据道德景观来思索的现实效益,不会是我们这么做的唯一理由——我们必须基于我们认为什么实际为真,来形成我们对实在的信念。可是似乎很少人察觉,认为道德问题没有真正答案所构成的危险。

如果我们的幸福依赖于我们大脑中事件与外在世界中事件的互动,而获得幸福的方法有好有坏,那么:某些文化将往往比别的文化产生更值得过的生活;某些政治信仰会比其他政治信仰更开明;而且有些世界观错的方式会造成不必要的人类苦难。无论我们是否终能理解实践上的意义、道德与价值,我已试图显示原则上一定有些关于它们的什么可以知道。我深信仅仅承认这点,就足以转变我们思索人类幸福及公益的方式。

致　谢

本书部分基于我在加州大学洛杉矶分校所写的神经科学博士论文。因此,本书从论文指导委员会对初稿的审查中受益良多。我极为感谢马克·科恩、马可·亚科博尼(Marco Iacoboni)、埃兰·蔡德尔(Eran Zaidel)、绰号“皮特”的杰罗姆·恩格尔(Jerome “Pete” Engel)诸位对我的指导与支持,他们的关照持续了许多年,而其间我科学研究的进展很难看得出眉目。每位都在若干场合,以令人后怕的频率,把我从自己那里拯救了出来。

我对我的论文指导教授马克·科恩亏欠甚多。马克是位不凡的天才老师,而且是审慎报道科学结果的典范。如果我俩的学术兴趣不总是重叠的话,我肯定因而比较不幸。我也想感谢马克的夫人兼同事,苏珊·布克海默(Susan Bookheimer):我总是从苏珊的忠告中获益——在我的情况中,她是以一个母亲在繁忙的十字路口拯救自己孩子般悲悯和急迫。我也感激加州大学洛杉矶分校系际神经科学博士班(the Interdepartmental PhD Program for Neuroscience)里苏西·韦德(Suzie Vader)的那张笑靥,谢谢她多年来提供了慷慨的鼓励和帮助。

本书的几个章节基于两篇已经发表的论文：第 3 章包含了我与谢斯及科恩的一项讨论，即刊于《神经学年鉴》的《相信、不信与不确定性之功能性神经影像》[Harris, S., Sheth, S. A., and Cohen, M. S. (2008), Functional neuroimaging of belief, disbelief, and uncertainty, *Annals of Neurology*, 63 (2), 141 - 147]；第 4 章部分采自《宗教信念和非宗教信念的神经关联》[Harris, S., Kaplan, J. T., Curiel, A., Bookheimer, S. Y., Iacoboni, M., Cohen, M. S. (2009), The neural correlates of religious and nonreligious belief, *PLoS ONE* 4 (10)]。我对这些作品的合著者以及原来的出版者铭心感激。我想特别感谢现任职南加州大学大脑与创造力研究所(Brain and Creativity Institute)的乔纳斯·卡普兰在第二篇论文与我搭档。此研究在每个阶段都是共同努力所得，而乔纳斯的参与对研究的完成不可或缺。

除了我在加州大学洛杉矶分校的论文委员会外，几位校外学者和科学家审核了本书较早的草稿。保罗·丘奇兰德、丹尼尔·丹尼特、欧文·弗拉纳根(Owen Flanagan)、史蒂芬·平克等人阅读了正文的全部或部分，并提供了极有帮助的意见。几个章节包含了首先被一个较大圈子的学者们和作家们读过的文章拆取来的版本：这些学者们包括杰里·柯尼(Jerry Coyne)、理查德·道金斯、丹尼尔·丹尼特、欧文·弗拉纳根、安东尼·格雷林(Anthony Grayling)、克里斯托弗·希钦斯、史蒂芬·平克等诸位。我很高兴地觉察到，有了他们这样的朋友，就越来越不容易说蠢话了。(不过一个人仍然仅能就己力所及)广蒙他们关照，我深感荣幸。

我在自由出版社(Free Press)的编辑希拉里·雷德蒙

(Hilary Redmon)通过好几个阶段的修订,在各个层面大大提升了这本书的品质。与她共事是乐趣。我的经纪人约翰·布洛克曼(John Brockman)、卡廷卡·马特森(Katinka Matson)和马克斯·布洛克曼(Max Brockman)等,极有帮助地精炼了我对本书原来的构想,并把本书交付给了合适的出版社。当然,约翰·布洛克曼正如他的朋友、同事和客户所知,比仅仅是个经纪人要重要得多:他已成了全世界科学意见的卓越牧人。通过他的埃奇基金会(Edge Foundation)的努力,把科学家和公共知识分子凑在一起来讨论我们时代最有趣的问题,我们都因而变得更富有了。

我在所有事情上都深受家人和朋友的支持——尤其是家母,她一直是位最异乎寻常的朋友。她读过书稿不止一次,并提供了极为宝贵的注释和清样工作。

内人安娜卡·哈里斯(Annaka Harris)不断在所有专业的阵线上帮助我——编辑我的书稿、文稿、公开演讲的讲稿等,以及帮忙管理我们的非营利基金会。如果她充沛的天分并没在我产生的每个句子里显而易见,那是因为我仍然不可救药。在我工作的同时,安娜卡也养育了我们的女儿埃玛(Emma)。这里也就有我最大的负债——我花在研究与写作本书上的许多时间,本是属于"我的姑娘们"的。

注　释

导论：道德景观

① Bilefsky，2008；Mortimer & Toader，2005.

② 为了这个讨论的目的，我不打算硬性区分"科学"与其他讨论"事实"的知性语境，如历史。例如：约翰·肯尼迪（John F. Kennedy）被刺杀是项事实。如果把科学广义理解为我们对经验现实进行理性解说的最佳努力，这种事实就落入"科学"的语境。尽管我们一般不把像"刺杀"这样的事件设想成"科学"事实，但"肯尼迪总统被谋杀"毕竟是个到处皆能获得充分佐证的事实，若要硬生生否认，反倒呈现出一个深度不科学的心智框架。因此，我想"科学"应被设想为我们对周遭事件形成真实信念的更宽广语境中的一个特殊化分支。

③ 这并非否认健康的文化概念对决定一个人的疾病经验能扮演重要的角色（在某些疾病中会特别显著）。有证据显示，美国人对心理健康的看法，已开始负面地影响到其他文化的人受苦的方式（Waters，2010）。有人甚至主张像精神分裂这样的疾病，灵魂附体的想法相较于器官性脑疾的信念更具缓解之效。然而，我的论点是无论文化差异对我们的经验世界有着什么样的影响，其本身在原则上都能在大脑的层次被理解。

④ Pollard Sacks，2009.

⑤ 为了简单与切题，我谈到宗教时往往聚焦在基督教、犹太教和伊斯兰教。当然，我对这些信仰所说的话也适用于印度教、佛教、锡克教和其他宗教。

⑥ 对欧洲的未来悲观是有很多理由的：Ye'or，2005；Bawer，2006；Caldwell，2009。

⑦ Gould, 1997.

⑧ Nature 432, 657(2004).

⑨ 我并不是第一个主张道德应该跟我们对自然世界的科学性理解整合起来的人。晚近,哲学家威廉·凯斯比尔(William Casebeer)和欧文·弗拉纳根各自建立了类似的论述(Casebeer, 2003; Flanagan, 2007)。威廉·凯斯比尔与欧文·弗拉纳根两位都复活了亚里士多德的"幸福"(eudaimonia)概念,该词一般翻译成"昌盛"(flourishing)、"成就"(fulfillment)或"幸福"(well-being)。我虽然倚重这些英文的同义词,但选择完全不去理会亚里士多德。虽然亚里士多德在他的《尼各马可伦理学》(*Nichomachean Ethics*)中有许多观点很有意思,并且与我希望建立的论述犊合,但有些则否。而且我宁可不卷入伟大哲学家的哲学奇巧当中。凯斯比尔与弗拉纳根两位似乎也比较强调道德作为一种实践性知识的技能与形式,主张过好的生活更多是"知道如何"而非"知道事实"的问题。我虽然认为这个区别常常有用,但还不想要放弃为道德真理而战。例如:我相信在阿富汗强迫妇女戴面纱往往是没必要使她们受罪,而且会养育出新一代歧视女性、清教徒式的男人。这是个"知道事实"的例子,而且是个非对即错之对真理的主张。我有自信凯斯比尔和弗拉纳根两位都会同意。总之,凯斯比尔和弗拉纳根两位在许多论点上都比我更深入哲学的细节,而且两位的著作都很值得阅读。弗拉纳根也对本书的初稿提供了非常有帮助的意见。

⑩ E. O. Wilson,1998.

⑪ Keverne & Curley, 2004; Pedersen, Ascher, Monroe, & Prange, 1982; Smeltzer, Curtis, Aragona, & Wang, 2006; Young & Wang, 2004.

⑫ Fries, Ziegler, Kurian, Jacoris, & Pollak, 2005.

⑬ 休谟的论证其实是为批判护教论者而来的,他们试图从上帝的存在推演出道德。讽刺的是,其推理日后变成了把道德与其余人类知识联结的首要障碍。然而,休谟的实然/应然区别总是有强烈的抨击者(如 Searle, 1964);这里是丹尼特的说法:

> 如果"应然"不能从"实然"导出的话,那它到底能从哪里导出来呢? ……伦理学肯定多少是基于对人性的领会——基于一个人是什么或可能是什么的认知,及基于一个人可能想要什么或想要成为什么。如果那是自然主义的话,那么自然主义就不是谬误(Dennett, p.468)。

⑭ Moore[1903], 2004.

⑮ Popper, 2002, pp.60 - 62.

⑯ 以绝对服从来追随休谟与摩尔的科学家名单长到难以引用。一个神经科学的晚近例子,见 Edelman (2006, pp.84 - 91)。

⑰ Fodor, 2007.

⑱ 我最近有幸听到哲学家帕特里夏·丘奇兰德做了同样的类比。(帕特里夏,我没偷喔!)

⑲ De Grey & Rae, 2007.

⑳ 我们一旦考虑成熟中的神经科学的一些指望与危险时,用一种严格的享乐主义方式来衡量"善"所产生的问题就变得更明显了。例如:如果有天我们能操纵头脑乃至特定行为与心智状态,使它们比现在更令人愉快,怀疑这种细微改良是否为"善"就似乎有干系了。使悲悯比性欲更具价值也许是好的,但使恨成为所有感情中最愉悦者会是好的吗?在这样的例子中,我们不能诉诸愉悦作为对"好"或"善"的量度,因为愉悦是我们将选来重新分派者。

㉑ Pinker, 2002, pp.53-54.

㉒ 必须搞清楚,传统对"信念"与"知识"的区别在这里并不适用。正如第3章所澄清,我们对于世界的命题知识(propositional knowledge)完全关乎上述意义中的"信念"。无论选择说我们"相信"X或我们"知道"X都不过是强度之别,表达了我们的信心程度。正如本书所讨论的,命题知识是信念的一种形式。用功能性磁共振成像(fMRI)在大脑的层次理解信念,是我最近科学研究的焦点(S. Harris et al., 2009; S. Harris, Sheth, & Cohen, 2008)。

㉓ Edgerton, 1992.

㉔ 引用自 Edgerton, 1992, p.26。

㉕ 虽然也许连这点都归因于人类学领域中充斥了太多的常识,正如埃杰顿(Edgerton, 1992, p.105)告诉我们的:"研究小型、传统社会医疗惯行的人类学家之间盛行的一个假设是,这些族群享有良好的健康与营养……的确,我们常被告知,一旦完全了解似乎不合理的食物禁忌以后,会证明那是适合进化条件的。"

㉖ Leher, 2010.

㉗ Filkins, 2010.

㉘ 对小布什政权的生物伦理委员会(Council on Bioethics)颇有微词的观察,见史蒂芬·平克对其555页的报告《人类尊严与生物伦理》(*Human Dignity and Bioethics*)的回应(Pinker, 2008a)。

㉙ S. Harris, 2004, 2006a, 2006b; S. Harris, 2006c; S. Harris, 2007a, 2007b.

㉚ Judson, 2008; Chris Mooney, 2005.

第1章 道德真理

① 2010年2月,我在TED大会谈论关于我们未来如何可能以普遍的、科学

的说法理解道德(www.youtube.com/watch?v=Hj9oB4zpHww)。通常,当一个人在作会议演讲时,随之而起的回馈交流不过是休息时间在前厅的对话。然而,很巧的是,当我在撰写本书的最后阶段时,我的 TED 谈话放在网络上传播,各种有用的评论如暴风雪般狂袭而来。

许多批评者怪我没有更直接地面对关于道德哲学的学术文献。我有两个原因没这么做:首先,我虽然也读过很多这方面的文献,但我对人类价值与其余人类知识之间关系的立场,并非从阅读道德哲学家的著作而来;我是靠思索我们在心智科学上所获得的持续进步的逻辑含义得到的。其次,我相信每出现一次像“元伦理学”(metaethics)、“道义论”(deontology)、“非认知主义”(noncognitivism)、“反实在论”(anti-realism)、“情感主义”(emotivism)等等的词汇,都直接增加了宇宙中无聊的分量。我在像 TED 之类的会议上演讲以及撰写本书的目的,都是希望开启一个让更广泛的大众能够参与其中并进而受用的对话。很少有事情会比像经院哲学家那样说话写作更难达到这个目的了。当然,若干哲学讨论难以避免,但面对那些会造成人类价值之学术讨论变得无法理解的观点和概念区分,我一般采取迂回的方式游走其间。这势必会惹恼一些人,但我咨询过的专业哲学家似乎理解也支持我的做法。

② 以身为宗教批评者的经验,我必须说,老在电邮信箱和博客上看到教育过度的无神论道德虚无主义者持续上演滑稽戏码,是令人困窘的。我诚挚地希望像里克·沃伦(Rick Warren)这样的人没注意到我。

③ Searle, 1995, p.8.

④ 在这点上有许多混淆,而且大部分在哲学圈里仍有影响力。且考虑一下麦基(J. L. Mackie)的说法:

> 如果有客观价值的话,那么它们会是种非常奇怪的实体或性质或关系,根本与宇宙中的任何东西不同。相应之下,我们如果对它们有知觉的话,那就得凭借某种特别的道德知觉或直觉的官能,它与我们认知其他每样事物的寻常方式全然不同(Mackie 1977, p.38)。

显然,麦基把“客观”一词的两个意义混为一谈了。为了谈论道德真理,我们不需要讨论“种类非常奇怪、与宇宙其他任何东西截然不同的实体或关系”。我们需要的只是承认有意识动物的经验以定律般依赖宇宙的状态——因此其行动会有所差别,可能导致伤害多于好处、好处多于伤害,或道德上是中性的结果。善与恶即由此呈现;倘若对于一个所有相关人士(包括肇事者在内)皆受其伤害的行动,还宣称它可能为“善”,那根本一点意义也没有。为了确认道德问题的答案有对错之别,我们并不需要一个形而上学的是非资源库,也不需要自身即能神秘彰显对错的行动;我们仅仅需要一个包含各种可能经验的“景观”,让我们能按照宇宙实际运作情形以某种有序的方式在其间通过。因此，主要的准绳是苦难与幸福并非完全随机。在我看来，我们已经知道它们不是随机的。因此，一个人如何从一个状态移动到另一个状态是可能有对错之别的。

⑤ 用刀把一个小孩的肚皮切开总是错的吗？不。我们可能在做紧急的阑尾切除手术。

⑥ 或许有人会响应说：科学家对科学的共识比一般人对道德的共识更强（我没把握真是如此）。但至少基于两个原因，可以认定这是个空洞的主张：(1) 它是循环论证的，因为在任何科学的领域中，不认同多数意见至某程度者都不算"科学家"（因此这种对"科学家"的定义应该是一种循环论证）；(2) 依定义而言，科学家是个精英群体。同样地，"道德专家"也构成一个精英群体，而且这种专家的存在完全符合我的论证。

⑦ 明显的例外包括需要某种程度的共识使其为真的"社会建构"现象。我口袋里的纸真的是"钞票"。但必定要有足够多的人愿意把它当钞票，它才是钱（Searle, 1995）。

⑧ 现实来说，我想我们在这个层面具备一些非常有用的直觉。我们对能经历较大范围之痛楚与快乐的动物更为关心。这是对的，因为痛楚与快乐（以最广泛的定义而言）是能被关怀的一切。所有动物的生命都同等吗？不！猴子会比老鼠在医学实验中承受更大的痛苦吗？若是如此，在其他条件都相同的情况下，在猴子身上做实验就比在老鼠身上来得糟糕。

所有的人命都同等吗？不！要我去承认若干人的性命比我的更宝贵，这是没有问题的（我只需要想象一下，某人的死会造成更多的苦难，阻挡更大的快乐）。然而，我们集体以好比所有人的性命都同样可贵来行动似乎也是相当合理的。因此，我们大部分的法律和社会制度一般都忽视了人与人之间的差异。我很怀疑这真是适切的作为。当然，我可能是错的——而这正是重点所在。我们如果不以这种方式行为，我们的世界会不一样，而且这些差异或者会影响人类幸福的整体，或者不会。再一次强调，无论我们在实践上是否能获致明确的解答，这种问题本身是有答案的。

⑨ 追根究底，这纯粹是语义上的论点：我主张对于"宗教为什么重要"这个问题，任何答案都能置入对某人幸福的关怀架构之中（无论误置与否）。

⑩ 我也不认为康德的道德哲学代表了一个例外。康德的定言令式（categorical imperative）只有在它能造就普遍福祉的假设下，才有资格作为一个理性的道德标准[正如约翰·穆勒在《功利主义》（*Utilitarianism*）这本书的开头所言]。因此，我们可以论辩康德道德哲学的可行性相当于一种变相的后果论。我在后面章节，会对康德的定言令式再提出几项评论。

⑪ 例如：许多人设想对人类"幸福"的强调会导致我们去做可怕的事，像恢复奴隶制、采集穷人的器官、间歇性地对发展中世界投掷核子弹，或持续给孩童注射海洛因等。这种预期是没有认真考虑这些议题的结果。事实上，不去做这些事情的理由清晰可见——全部关乎其所导致之苦难的严重性以及其所阻绝之深层快乐的可能性。真有人相信人类繁荣的最高可能状态是与奴隶制、偷窃器官，或种族屠杀相容的吗？

⑫ 有权衡与例外吗？当然有。可能有许多情况显示，社群之存亡必须违背若干这些原则。但这并不意味着它们一般而言对人类幸福是无益的。

⑬ Stewart, 2008.

⑭ 我承认，作为宗教批评者，我对天主教会的性侵犯丑闻关心太少了。坦白说，我觉得用一根那么小的枪管去打那么大的、那么慢的鱼，显得太没体育精神了。这桩丑闻是宗教史上最惊人的"乌龙"之一，而且似乎没有必要在它最岌岌可危和最自我作贱的时候嘲笑宗教信仰。甚至回顾起来，也很容易理解自己把目光避开的冲动：只要想想一对虔诚的父母把心爱的孩子送去"千手教会"(Church of a Thousand Hands)接受精神启迪，结果却害他被强奸，又被下地狱的威胁吓得噤不作声。然后想象这在我们自己的时代发生在数以万计的孩子身上，以及千余年来数不胜数的孩子身上。信仰的奇观这么彻底地误置，这么完全地被背叛，真是让人想到就太沮丧了。

但总是有比这个现象多的事情促使我注意。想想看使其可能发生的荒唐的意识形态：天主教会已花了两千年把人类的性妖魔化到没有其他任何制度能比得上的地步，宣称最基本、健康、成熟，及两情相悦的行为是禁忌。的确，这个组织仍然反对避孕：相反地，宁可地球上最穷的人有最大的家庭和最短的寿命。作为这种受尊崇的、不可救药的愚蠢结果，该教会迫使一代代正派的人们陷于羞耻和伪善——或陷于新石器时代的繁殖力、贫穷和艾滋病造成的死亡。再把与世隔绝的独身诡计加在这种无人性上，于是就产生了一个机构——地球上最富有者之一——优先地吸引鸡奸者、娈童者和性施虐狂者到它的队伍中，把他们提升到权威地位，并且赋予他们接近儿童的特权。最后，考虑一下无论在教会主宰的哪个地方，大量的孩子会在婚姻外出生，而他们的未婚妈妈被诋毁——导致数以千计的小孩被扔到教会办的孤儿院去，而只是被教士们强奸与威吓。在这个毛骨悚然的机器被设定来靠羞耻与施虐狂的逆风转动过很长时间后，我们凡人终于瞥见了主是多么奇怪的完美。

2009 年，爱尔兰的虐待儿童调查委员会(Irish Commission to Inquire into Child Abuse, CICA)调查了发生在爱尔兰的这种事件。他们的报告有 2600 页长(www.childabusecommission.com/rpt/)。单是阅读部分文件就令人心情沉重，我只能说,当想到教会对孩子们的凌虐,最好别往古雅典的幽灵与那巧言为“不敢名之的爱”(love that dare not speak its name) * 联想。是的,教士中一定有文雅的鸡奸者,对翌晨将年满 18 岁的少年表达了苦涩的情意。但在这些失检的行为背后,有个以绝对邪恶告终的凌虐的连续体。那天主教会中的丑闻——我们现在或许可以放胆直指丑闻就是从天主教会而来——包括对孤儿和残疾儿有系统的奸淫和凌虐。受害人作证被鞭打和鸡奸到流血(有时有好几个攻击者)然后又被鞭挞,并且被威胁他们如果敢对凌虐之事泄漏一个字的话,就会死亡并下地狱。而且的确,许多因绝望至极而孤注一掷或足够勇敢而报告了这些罪行的孩子们,都被指控欺骗而又送回给他们的施虐者,再被强奸和凌虐。

证据显示,这些孩子们的苦难是由天主教会等级体系中每个阶层促成和隐瞒的,上至包括现任教皇大脑中的前额叶皮层。教皇本笃(Pope Benedict)十六世在他原先当拉辛格枢机主教(Cardinal Ratzinger)时,亲自督导梵蒂冈对关于教会性侵犯报道的回应。这位聪明悲悯的人在得知他的员工正强奸着数以千计的孩童时,做了什么呢? 他有马上报警并确保受害者得到不再被侵害的保护吗? 我们竟然还抱持幻想,像这种人类基本的清醒神志甚至在教会中还有可能。相反,反复的、越来越急切的对侵犯的控诉被扔在一边,证人们被施压闭嘴,主教们因他们蔑视世俗的权威而被夸奖,而犯错的教士们只是被重新安置到没有疑心的教区去毁坏新鲜生命。说几十年来(如果不是几世纪以来)梵蒂冈符合一个致力于不是赌博、卖淫、毒品或其他任何微罪,而是性奴役儿童的犯罪组织的正式定义,并未过言。且考虑以下取自 CICA 报告的段落:

> 7.129 关于一间学校,四名证人做了性侵犯的详尽报告,在所有的例子中都包括被两名或更多的修士强奸,而在一个例子中还多加了一名较年长的住校生。第二间学校有数份报告,该校的一名证人描述了被三名修士强奸:“我被带到医务室去……他们把我压在床上,他们是野兽……他们插进我,我流血了。”另一名证人报告说,每星期的特定日子,他被两名修士在宿舍旁的厕所里侵犯两次:
>
> “一位修士……[性]……侵害我的时候,另一位一直在旁边看……然后他们换手。每次都以狠打一顿结束。当我在告解的时候告诉神父,他说我是骗子。我就没再说过了。”
>
> “每次他要的时候我都得到他的……[甲修士]……房间去。你如果不去的话就会被痛打,而他会要我帮他……[打手枪]……做。有天晚上我没有……[帮他打手枪]……而有另一位修士在那儿,他把我按住,他们用球棒

---

* 意指同性恋。——译者注

打我,把我的手指打裂了……[出示疤痕]……”

7.232 证人们陈述,晚上特别害怕,因为他们听到住校生在衣帽间、宿舍或职员寝室被凌虐时的嘶喊声。证人们知道,那些被他们说成孤儿的共住生日子特别难过:

“这些孤儿,他们的情况有够糟。从他们的个子我就知道……[他们是谁]……我会问他们,他们就说他们来自……某某机构……他们从很小就在那里了。你从甲……修士……欺负他们的房间听得到尖叫。”

“某天晚上,我到那里还不久,而我就看到修士们跟一个比较小的男孩在床上……我听到小男孩尖叫大哭,甲……修士……则对我说:‘如果你要管闲事,你就会遭受一样的待遇’……我听到孩子们尖叫,你就知道他们被欺负了,而那是每个人心里的梦魇。你会想试着逃跑……所以我绝不让那种事发生在我身上……我记得有个男孩,他的后面在流血,我就下决心绝不让……[肛交强暴]……发生在我身上……那个景象过去常在我心里重演。

这就是教会从没有记录之前就开始发生并隐藏的凌虐。连 CICA 的报告都拒绝对犯错的教士指名道姓。

关于这方面的议题,我已因最近的新闻报道(Goodstein and Callender, 2010; Goodstein, 2010a, 2010b; Donadio, 2010a, 2010b; Wakin and McKinley Jr., 2010),以及特别是同僚克里斯托弗·希钦斯(Christopher Hitchens, 2010a, 2010b, 2010c, 2010d)和理查德·道金斯(Richard Dawkins, 2010a, 2010b)的雄辩,而从无感昏睡中苏醒过来。

⑮ 该教会甚至开除了女孩妈妈的教籍(http://news.bbc.co.uk/2/hi/americas/7930380.stm)。

⑯ 哲学家希拉里·普特南(Hilary Putnam, 2007)辩证事实与价值是“搅成一团”的。科学的判断默认了“知识论的价值”——融贯、简单、美观、简约等等。普特南曾经指出(如我在本书所言):所有反对道德真理存在的论证可无须改变地适用于科学真理。

⑰ 许多人觉得“道德专家”一词可憎。的确,由我论证而来的这个衍生物,曾被称为“正宗奥威尔式的”*和“法西斯主义的处方”。我要重申,这种顾虑似乎起自不肯好好思索“幸福”的概念到底蕴含了什么,以及科学如何对其成因和条件有所启发。持续用健康来类比看来是重要的:对于吸烟与肺癌之关联的科学共识有什么奥威尔式的吗?医疗界对人们不该吸烟的坚持导致了“法西斯主义”吗?许多人对“道德专才”的观念会产生如此的反射性反应(reflexive

---

* 奥威尔是小说《1984》的作者。——译者注

response)："我不想任何人告诉我怎么过我的日子。"对此我只能回应道："如果有个法子能使你和你关心的人比你们现在更快乐得多，你不会想知道吗？"

⑱ 这个主题跟爱因斯坦的那句名言息息相关——"科学而无宗教则瘸，宗教而无科学则盲"——它被护教论者不断地重复利用。但爱因斯坦诉说此言时，绝非表达对上帝的信仰，或对无理据信念的尊重；他谈的是那想要理解宇宙的原始冲动，以及对这种理解是可能的"信仰"：

> 虽然宗教可能是决定目标者，然而从最广义上讲，它也从科学那里学到什么手段对达成预定的目标能有所贡献。但科学只能由那些完全浸染在对真相和理解之抱负的人来创造。不过，这个感觉源自宗教的领域。也属于这个信仰的是，相信现存世界之有效规则是理性的（亦即理智所能理解的）。我无法设想一个真正的科学家能欠缺此深刻的信仰。这种情况也许可用一种意象来表达：科学而无宗教则瘸，宗教而无科学则盲（Einstein，1954，p.49）。

⑲ 这种僵局很少像怀疑论者想象的那么难以克服。例如：创世论"科学家"也应该可以看得出来，他们根据实证资料证明经文正确所用的推理标准，同样显露了经文里边数以百计的前后矛盾，从而破坏了他们的整个工程。这对道德的僵局亦然：声称其道德来自上帝而没有提及任何尘世关怀的人，到头来还是容易受到这种关怀的影响。在最极端的例子里，《纽约时报》特派员托马斯·弗里德曼（Thomas Friedman）报道了一名逊尼派战士，他被说服异教徒的军队是两恶之中较小的恶，于是开始与美军并肩作战，对付位于伊拉克的"基地"组织。是什么说服了他呢？原来他目睹一名"基地"分子砍掉一个8岁小女孩的头（Friedman，2007）。

其实，我认为道德最终会比其他科学分支具有更稳固的基础，因为科学知识只因其对我们的幸福做出贡献才有价值。当然，这些贡献也包括了那些声称自己"为知识而知识"的人——因为他们不过在描述随着理解世界、解决问题等等而来的心智欢娱。幸福显然必须比知识优先，因为我们很容易想象一些不知道真相或获取假知识会比较令人愉悦的状况。无疑，在某些情况中，宗教妄想是以这种方式作用：例如在战场上远远敌众我寡的士兵们，由于对逆势无知而且相信上帝站在他们这边，就有办法鼓起某种神奇的力量，这是具备完整信息与理据信念的人们所没有的情感资源。然而，无知和假知识偶尔有用并不能作为宗教信仰一般效益的论据（更别说真实性了）。的确，除了其教义明显的不通情理外，宗教的一大弱点就是大规模地抱持非理性的、制造争端的信仰，由此产生的代价太大了。

⑳ 物理学家西恩·卡罗尔（Sean Carroll）认为休谟对事实与价值的分析太有说服力了，而把它提升到数学真理的地位：

从“实然”导出“应然”的企图,就像试图把偶数加在一起以求奇数一样枉然。如果有人声称他们做过,你不必检查其中的演算过程,就知道他们犯错了(Carroll, 2010a)。

㉑ 这种似是而非的“应然”理念可以引入任何专业领域而种下可能致命的怀疑种子。问我们为什么“应该”重视幸福比问我们为什么“应该”理性或科学更没意义。虽然说我们不能从“实然”转到“应然”是可能的,但我们首先应当对我们如何达到“实然”诚实以对。科学的“实然”陈述从头到尾都基于隐含的“应然”层面。当我说“水是两份氢与一份氧”时,我说出了一个关于科学事实的本质性陈述。可是如果有人怀疑这个陈述呢?我可诉诸化学的数据,描述简单实验的结果。但如此一来,我已经不言明地诉诸了实证主义与逻辑的价值。如果与我对话的人不认同这些价值怎么办?那时我能说什么呢?归根结底,这其实是错误的问题。正确的问题是:我们为什么要在意这样的一个人对化学有什么想法?

道德与幸福之间的关联也是这样。宣称由于我们必须先假定有意识动物的幸福是好的,所以道德就是独断的(或文化上建构的,或仅仅是个人的)。这种说法就像宣称:由于我们必须先假定对宇宙的理性理解是好的,所以科学是任意的(或文化上建构的,或仅仅是个人的)。是的,两种努力都基于假设之上(而且,如我先前所言,我认为前者可被证明其基础更为稳固),但这不是个问题。没有任何知识框架足以承受绝对的怀疑论,因为它们都不可能完美地自我辩解。既然无法完全立基于框架之外,总会遭受凭空架构的指控,即说其系统性的公理(axioms)是错的,或说它有无法解答的基本问题。有时候我们的一些基本假设的确可能是错的或范围有限——例如欧几里得几何学的并行线假设并不能应用到整个几何学之上——但这些错误只能借由其他基础稳固的假设才能侦测出来。

科学与理性一般基于不能化约或证明的直觉和概念。只要试着用非循环的方式来定义“因果关系”就知道了。或尝试把逻辑中的递移性(transitivity)合理化:若$A = B$及$B = C$,则$A = C$。一名怀疑论者可能会说:“这不过是个用来建立‘等同’定义的假设。别人也可自由赋予‘等同’不一样的定义”。是的,或许有人会这样做;但我们将自由地称呼他们“傻瓜”。从这个角度来看的话,道德相对论——认为是非对错只在特定文化中具有局部有效性的观点——就不应该比物理相对论、生物相对论、数学相对论或逻辑相对论诱人了。界定我们的用语有更好或更坏的方式;思索现实有更逻辑融贯或不融贯的方式;同样地,追求生命的满足也有许多方式,有些可行,有些不可行——对这点有任何疑问吗?

㉒ 因此,我们能摒弃这个形而上的“应然”理念,而留下一个科学性的因果

图像。就促使宇宙中每个人承受最大可能苦难的能力程度而言,我们能说,如果我们不想要每个人都经历最大可能的苦难,那我们就不该做某事。我们能够设想出一个人,他可能持有完全不同的价值观,而想要包括他自己在内所有意识性生物陷入最大可能的灾难吗? 我不认为如此。而且我不认为底下的问题是可理解的:“如果众人皆承受的最大可能灾难其实是好的,那该如何?”这样的问题似乎陷入了分析性的混淆。我们也能提出类似的荒谬问题:“如果最完美的圆其实是方的,那该如何?”“如果所有真的陈述其实是假的,那该如何?”倘若真有人固执地用这种方式说话,我看不出有什么义务要严肃看待其论点。

㉓ 即使心灵能独立于物理的宇宙之外,我们仍能谈论与其幸福相关的事实;但此时所谈的是对于这些事实的其他基础[灵魂、脱离肉体的意识、外质(ectoplasm)等等]。

㉔ 在一个相关的论点上,哲学家罗素·布莱克福德(Russell Blackford)对我在TED的演讲回应道:“我从未看到过显示精神变态者对某些关于世界的事实必然是错的论证。更有甚者,我看不出那论证能怎么运作。”虽然我在下一章更详细地讨论了精神变态,这里先简单说说:我们已经知道精神变态者有某种头脑损伤,会阻碍他们感受若干对人们(无论个人或集体)似乎都好(就往往增进个人和集体的幸福而言)的深度满意经验(如感同身受之心)。因此,精神变态者不知道他们失去了什么(可是我们知道)。精神变态者的立场是不能概括化的;因此不是一种人类应如何过活的变通之道(这是康德搞对了的一点:即使一名精神变态者也不会想生活在一个都是精神变态者的世界)。我们也应当明白我们设想的精神变态者是个稻草人:看看对真的精神变态者的访谈,你会发现他们不会倾向于声称拥有另一套道德或过着深深满意的生活。那些人一般被他们不了解及不能抗拒的冲动所制约。绝对清楚的是,无论精神变态者如何相信自己在做什么,他们都在追求某种形式的幸福(兴奋、极乐、权力感等等),但由于其神经缺陷与社交缺陷,他们做得很糟。我们可以说一个像泰德·邦迪(Ted Bundy)这样的精神变态者是从错误的事情获取满足,因为把目标指向强奸和杀害女人的生活,并不考虑到更深的与更一般化的人类繁荣的形式。试将邦迪的缺陷与一位妄想狂物理学家相比,该物理学家在错的地方找到有意义的模式和数学意义。数学家约翰·纳什(John Nash)受精神分裂症状所苦的时候,似乎是个好例子:他的“我想到了!”的探测神经似乎校准得很糟;他在同僚们看不到的地方看见了有意义的模式——而那些模式对正当的科学目标(即理解物理世界)是很糟的指引。泰德·邦迪的“对! 我爱这个!”的探测神经,与找寻人生深刻满足的可能性之间,有着很糟糕的联结;或者说,他对强奸与杀害年轻女子的着魔,在建立正当道德目标(即与他人过满足的生活)上是很糟糕的指引——对此会有

任何疑问吗？

虽然像邦迪这样的人也许会想从生活中得到一些古怪的东西，但没有人想要绝对的、无休止的悲惨。持有显然不同道德准则的人仍然在追求我们认识的幸福形式——像免于痛苦、怀疑、恐惧等等的自由——而其道德准则，无论他们可能多想为它们辩护，都以明显的方式破坏了他们的幸福。如果有人声称想要真的悲惨，我们大可将之视为像声称相信2+2=5或所有事件都是自行发生的人。在道德议题上，就像其他任何主题一样，有些人是不值得倾听的。

㉕ 引自白宫的新闻稿：www.bioethics.gov/about/creation.html。

㉖ 后叶催产素是一种刺激神经的荷尔蒙（neuroactive hormone），它显然支配着动物的社会认知以及人类对信任（及其交互作用）的经验（Zak, Kurzban, & Matzner, 2005; Zak, Stanton, & Ahmadi, 2007）。

㉗ Appiah, 2008, p.41.

㉘《斯坦福哲学百科全书》（*Stanford Encyclopedia of Philosophy*）对道德相对论的主题如此述说：

> 1947 年在联合国辩论普遍人权的场合，美国人类学学会（American Anthropological Association）发表了一项声明，宣称道德的价值观是相对于文化的，没有方法显示一种文化的价值比另一种文化更佳。人类学家从未全体一致地对此表达认同，而近年来就某些鼓吹人权的人类学家而言，已减轻了该学科的相对论倾向。即便如此，像克利福德·格尔茨（Clifford Geertz）与理查德·施威德（Richard A. Shweder）等著名的当代人类学家，仍继续为相对论者的立场辩护。http://plato.stanford.edu/entries/moral-relativism/。

1947 年？请注意，这真是美国社会科学家在奥斯威辛集中营（Auschwitz）的焚化炉还在冒烟时所干下最好的事了。我与理查德·施威德、斯科特·亚特兰、梅尔·康纳尔（Mel Konner），以及其他人类学家在言语及文字上的冲突已说服我，对道德多样性的认知并不蕴含对人类幸福清晰的思考（其实前者是后者很糟糕的替代品）。

㉙ Pinker, 2002, p.273.

㉚ Harding, 2001.

㉛ 对女性主义及多元文化的西方科学批判更彻底的批驳，见 P. R. Gross, 1991; P. R. Gross & Levitt, 1994。

㉜ Weinberg, 2001, p.105.

㉝ Dennett, 1995.

㉞ 同上，第 487 页。

㉟ 参见，例如：M. D. Hauser, 2006。实验显示连 8 个月大的婴儿都想要看

到侵犯者受罚(Bloom, 2010)。

㊱ www.gallup.com/poll/118378/Majority-Americans-Continue-Oppose-Gay-Marriage.aspx.

㊲ 现在有门分离出来的领域叫作“神经伦理学”(neuroethics),由神经科学与哲学会合而成,松散地把焦点定在这类事情上。对大脑的层面而言,神经伦理学超出了生物伦理学的范围(即它超出了为神经科学行事的伦理框架):它包括我们去理解作为生物学现象的伦理学本身的努力。关于神经伦理学的文献正迅速增加(新近的长篇导论可在 Gazzaniga, 2005 及 Levy, 2007 中找到),而且还有一些神经伦理学的其他议题与此讨论相关:对心灵隐私、测谎,以及进展中之神经影像科学的其他含义的顾虑;鉴于大脑中决定性过程和随机性过程(两者对“自由意志”的普遍性看法都无任何帮助)的个人责任;情感提升与认知提升的伦理学;以物理名词理解“精神”经验的含义等等。

第2章 善与恶

① 举例而言,想想我们花了多少时间与金钱在保全我们的家、店面和汽车上,以防范不想要的侵入(以及在钥匙丢了的时候找专人来开锁)。试考虑互联网和信用卡安全的代价,以及浪费在使用与检索通关密码的时间。在一个现代社会中,当电话服务中断了5分钟时,费用是以几十亿美元计算的。我想,要说防盗成本比这高出许多,应该是没错的。再加上锁门的代价、准备正式契约书——另类的锁——给我们的麻烦等,那成本就高涨到超出所有算计的地步。想象一下,一个不需要如此大费周章防范盗窃的世界(无可否认,那很难)——那会是一个可支配财富(用时间与金钱两者来衡量)多出很多的世界。

② 关于人类合作还有其他的思索方式,包括政治和法律,但我认为伦理规范是最基础的。

③ Hamilton, 1964a, 1964b.

④ McElreath & Boyd, 2007, p.82.

⑤ Trivers, 1971.

⑥ G. F. Miller, 2007.

⑦ 一个最近的评论也阐述了间接互惠(indirect reciprocity)的现象(即甲给乙;然后乙给丙,或丙给甲,或两者皆然),见 Nowak, 2005。对于亲族选择与互惠利他是否足以说明合作——尤其是在真社会性昆虫(eusocial insects)间——的怀疑,见 D. S. Wilson & Wilson, 2007; E. O. Wilson, 2005。

⑧ Tomasello, 2007.

⑨ Smith,[1759]1853, p.3.

⑩ 同上,第 192~193 页。

⑪ Benedict, 1934, p.172.

⑫ 从边沁(Jeremy Bentham)和穆勒原初的功利主义(utilitarianism)以来,结果论已历经多次修改精炼的过程。我的讨论将忽略大部分这些发展,因为它们一般而言只会引起学院哲学家的兴趣。《斯坦福哲学百科全书》提供了一篇很好的摘要文章(Sinnott-Armstrong, 2006)。

⑬ J. D. Greene, 2007; J. D. Greene, Nystrom, Engell, Darley, & Cohen, 2004; J. D. Greene, Sommerville, Nystrom, Darley, & Cohen, 2001.

⑭ J. D. Greene, 2002, pp.59 - 60.

⑮ 同上,第 204~205 页。

⑯ 同上,第 264 页。

⑰ 且让我们简短述及几个哲学基础:如果强迫妇女罩面纱这样的一个习俗是客观上错的话,那什么必须为真呢?这个习俗必须在所有可能的世界都造成没必要的痛苦吗?不必!它只需要在这个世界造成没必要的痛苦。强制罩面纱是不道德的必须在分析上为真吗——即该行动的错得建立于"面纱"一词的意义吗?不必!它必须先验上为真吗——即该习俗的错必须独立于人类经验之外吗?不必!该行动的错其实非常依赖人的经验。强迫妇女和女孩穿蒙面长袍之所以错,是因为完全被罩着的日子很不愉快且不实际,因为这个习俗持续了女人是男人财产的观点,也因为它让残酷执行它的男人对两性间真正平等与沟通的可能性持续无感。束缚一半的人口也直接削减了一个社会的经济、社会与知识的财富。促使每个社会都面对的挑战,这在几乎每个事例中都是坏的习俗。强制罩面纱在伦理上不能被接受,必须是在我们的世界中完全没有例外吗?不必!我们能很容易地想象强迫女儿穿罩袍能够完全合乎道德的情形——也许在阿富汗乡间旅行时可避开凶残男子的注意。从固有的、分析的、先验的、必要的真理滑落到综合的、后验的、依情况而定的、充满例外的真理,这对道德实在论会构成问题吗?回忆一下我对道德与下棋的类比。在一盘国际象棋中牺牲王后总是错的吗?不是!但一般而言那是个糟糕的主意。即使承认对这个规则有数不清的例外,在每盘国际象棋中还是有客观上好的步数与坏的步数。我们的立场是在说,传统穆斯林社会中对待妇女的方式一般都不好吗?确实如此。如果还有疑问的话,我推荐读者参阅阿扬·希尔西·阿里关于这个主题的几本好书(A. Hirsi Ali, 2006, 2007, 2010)。

⑱ J. D. Greene, 2002, pp.287 - 288.

⑲ 哲学家理查德·乔伊斯(Richard Joyce, 2006)辩称:道德信念的进化起

源以数学信念和科学信念之进化起源所没有的方式侵蚀了其基础。然而,我不认为他的推理有说服力。例如,乔伊斯声称:我们的数学直觉与科学直觉是因为它们的精准才被选择,然而我们道德直觉的选择则是基于一个完全不同的基础。在算术的例子中(他拿来作为他的模型),这点似乎言之成理。但科学的进展却违反了许多(如果不是大部分的话)我们对现实本质固有的、前科学的直觉。根据乔伊斯的推论,我们应当把这些直觉的违抗看成是很可能背离真理的一步。

⑳ 格林的论证其实似乎有点古怪。结果论不真确,是因为人们对于道德的意见太分歧了;但他又似乎相信,如果有足够时间去反省的话,大部分人对结果论的原则会趋于一致。

㉑ Faison, 1996.

㉒ Dennett, 1995, p.498.

㉓ Churchland, 2008a.

㉔ Slovic, 2007.

㉕ 这似乎与在推理文献中一个更一般性的发现有所关联,在其中常发现,人们对一件突出的轶事比对大样本的统计更为重视(Fong, Krantz, & Nisbett, 1986/07; Stanovich & West, 2000)。它也显然为卡尼曼与弗雷德里克(S. Frederick)称之为“外延忽视”(extension neglect)的特别反常的版本(Kahneman & Frederick, 2005):我们的评价并不随着问题的加大而增加。例如:大部分人评定拯救2 000人的价值,会比他们评定拯救1 000人价值的两倍要小。然而,斯洛维克的结果表明它可能较不具有价值(即使那较大的团体包含较小者)。如果道德心理学会有非规范性的结果,这就是了。

㉖ 对于这个原则也许有些例外:例如,若你认为如果一个孩子死了另一个会无法忍受,你可能会认为两个都死比只死一个好。无论这样的案例是否实际存在,对负面后果应当加总计算的一般法则而言,显然有例外。

㉗ 这听起来疯狂吗?简·麦戈尼格尔(Jane McGonigal)设计了把这种现实世界后果置于心灵层面的游戏:www.iftf.org/user/46。

㉘ Parfit, 1984.

㉙ 虽然帕菲特的论证获得了应有的赞扬,而且《理性与人格》(*Reasons and Persons*)也是部哲学杰作,但一个非常类似的观察最早出现于罗尔斯(Rawls),[1971] 1999, pp.140-141。

㉚ 例如:

> 《为什么只剩下了法国》(*How Only France Survives*)。在一个可能的未来中,世界上处境最糟的民族很快开始拥有值得过的生活,不同国家的生活质量持续上升。虽然每个国家都对世界资源获取了应得之份额,但像气候

及文化传统却给予某些国家更高的生活质量。许多世纪以来,处境最好的民族就是法国人了。

在另一个可能的未来中,一种新传染病使得几乎每个人都不育。法国科学家生产了刚好够法国人口的解药。其他所有国家都不再存在。这对残存的法国人的生活质量有若干坏影响。从此法国人不再有外国艺术品、文学或科技能进口了。诸如此类的坏影响超出任何好影响。因此就整体而言,在第二个可能的未来中,法国人所有的生活质量会比第一个可能的未来稍微低些(Parfit, ibid., p.421)。

㉛ P. Singer, 2009, p.139.

㉜ Graham Holm, 2010.

㉝ Kahneman, 2003.

㉞ LaBoeuf & Shafir, 2005.

㉟ Tom, Fox, Trepel, & Poldrack, 2007。但正如作者们所指出的,这个实验计划检查了大脑对潜在损失的评估(即决定用途)而不是经验到的损失,其他研究则显示,负面效果及相关的扁桃体活动可被预期。

㊱ Pizarro 和 Uhlmann 也做了类似的观察(D. A. Pizarro & Uhlmann, 2008)。

㊲ Redelmeier, Katz, & Kahneman, 2003.

㊳ Schreiber & Kahneman, 2000.

㊴ Kahneman, 2003.

㊵ Rawls,[1971] 1999; Rawls & Kelly, 2001.

㊶ S. Harris, 2004, 2006a, 2006d.

㊷ 他后来修正了他的观点,主张作为公平的正义必须理解成“一个正义的政治构想,而不是一个整全性道德学说的部分”(Rawls & Kelly, 2001, p.xvi)。

㊸ Rawls, [1971] 1999, p.27.

㊹ Tabibnia, Satpute, & Lieberman, 2008.

㊺ 因此,期待追求幸福最大化的人也重视公平是合理的。重视公平的他们往往会把违反公平看成是不道德的——即不会有助于他们的集体幸福。但如果他们不重视的话,怎么办？如果自然律在道德景观上允许不同的而且看似正好相反的山巅的话,怎么办？如果有个可能的世界,在其中黄金律(Golden Rule)变成了不可动摇的本能,同时在另一个同等快乐的世界里,其居民反射性地违反它,怎么办？也许这是个施虐狂者与被虐狂者完全配合的世界。且让我们假设,在这个世界中每个人都能一对一地与第一个世界中的圣人配对,而这些配对虽然在所有其他的方面都不一样,却在干系他们幸福的每一方面都完全一样。规定了这一切事情,结果论者会被强迫说这些世界在道德上相等。这是个问题吗？

我不认为是。问题是在达到这点的过程中,我们被迫忽视了多少细节。人类幸福的原则这么有弹性的话,有什么可能的理由我们需要担心?这就像担心有一个可能的世界,在其中物理法则虽与我们的世界那么一致,但与我们所知道的物理完全相反。好吧,那怎么办?在试图预测我们世界中物质的行为时,到底这种可能性与我们有多大干系?

而康德对把人们看成目的本身的执着,虽然是个非常有用的道德原则,却很难精准地投射到世界上。不仅自己与世界之间的界限难以定义,一个人的个体性就其过去与未来而言也有点神秘。例如:我们每个人都是自己行动与自己未行动的继承人。这点有任何道德含义吗?我如果目前不情愿做某些必要且有利的工作、好好吃饭、定期去看医生和牙医、避免危险的运动、坐车系安全带、储蓄等等,那我对将因我忽略后果而受苦的未来的自己犯了一连串的罪吗?为什么没有?而我如果因为顾虑我未来的自我利益而谨慎地过活,即使那给我造成痛苦,这是个我被别人的目的利用为手段的例子吗?我是否不过是我未来会是的那个人的资源吗?

㊻ 罗尔斯的"基本善"(primary goods)的想法,即在任何公正的社会中对它的获取必须是公平分配的,似乎寄生在一个对人类幸福的普遍观念上。如果不是作为快乐人生的构成部分的话,那我们对"基本权利与自由""迁徙的自由和对职业的自由选择""官位与权威地位的权力与特权""收入和财富""自尊的社会基础"等会有任何兴趣吗?当然,罗尔斯是费尽心机来说他对"善"的构想只是政治的、非整全性的——但就它终究为善的程度而言,它似乎被置于一个更大的人类幸福的概念底下。见 Rawls, 2001, pp.58-60。

㊼ 比较 Pinker, 2008b。

㊽ Kant, [1785] 1995, p.30.

㊾ 正如帕特里夏·丘奇兰德所指出的:

> 康德相信在描述道德义务上对情感的超然是必要的,这显然与我们对自己的生物性本质所知者相左。从生物学的观点而言,基本情感是大自然促使我们去做我们审慎认为应该做的手段。社会情感则是促使我们去做社会上应该做的一种手段,而报偿系统是学习如何利用过去经验来改进我们在两个领域的一种方式(Churchland, 2008b)。

㊿ 然而,人们对结果论常有的一个问题就是它蕴含道德等级体系(moral hierarchy):若干领域的幸福(例如心灵)将比其他领域重要。哲学家罗伯特·诺齐克(Robert Nozick)有段著名的评述,认为这为"效用怪兽"(utility monsters)开了扇门:假想的动物从吞噬我们得到的生活乐趣,能比我们将失去者大得多(Nozick, 1974, p.41)。但如诺齐克所评述的,我们正是那种效用怪兽。抛开经

济的不平等使我们许多人从他人的苦劳获益的事实不论，我们大部分人付钱给别人去蓄养与宰杀动物乃至我们能吃它们。这种安排对动物们相当糟糕。这些动物到底受了多大的罪？最快乐的牛、猪、鸡等跟那些在我们工厂式的农场上受苦者有多不同？看来我们已经决定了在通盘考虑之下，若干物种的幸福完全为我们牺牲是妥当的。我们在这点上可能是对的，或者可能不对。对许多人而言，吃肉不过是转瞬即逝的乐趣的一个不健康的来源。因此，很难相信我们强加于动物同胞的那一切死亡和受苦在伦理上可以辩解。然而，为了论证之故，且让我们假定让一些人吃掉一些动物会在地球上产生幸福的净增加。

在这个语境下，被牵去屠宰的牛若掌握机会防卫自己——也许靠踩踏捕捉它们的人来脱缰——是合乎伦理的吗？基于渔夫想吃鱼的欲望是正当的，那么鱼抗拒鱼钩合乎伦理吗？既然判定某些消费动物的行为在伦理上是可取的（或至少伦理上可接受），我们似乎已排除了它们正当抵抗的可能性。我们是它们的效用怪兽。

诺齐克借由显而易见的类比继续追问：为了某种超生物无法想象的巨大快乐，而把我们这个物种牺牲掉是否合乎伦理？假如花时间仔细想象其中的细节（这并不容易），我想答案明显是肯定的。似乎没有理由去假设我们必须占据道德景观的最高峰。如果有生物的地位之于我们有如我们之于细菌，那就很容易承认他们的利益胜过我们自己的，而且其程度是我们不可能设想的。我不认为这样一个道德等级的存在会对我们的伦理学构成任何问题。而且没有令人信服的理由认定这样的超生物存在，更别说想吃我们的了。

(51) 传统的效用理论一直无法解释，人们为什么常以他们知道日后会后悔的方式行为。人类如果仅仅倾向于选择能导致最满意结果的途径，那么意志力就没有必要了，而不利自己的行为就会前所未闻了。精神病学家乔治·安斯利（George Ainslie）在其引人入胜的著作《意志的崩溃》（*Breakdown of Will*）中，检视了人类在面临互相竞争的偏好时如何下决定的动力过程。为了说明人类意志的必要以及其可预见的失败，安斯利提出了一个决策模型，在其中每个人都被看成是现在的“自己”和未来的“自己”竞争中的共同体，而每个“自己”都把未来报酬看得比严格理性应该评估的低。

在人类心中竞争性利益的多重性造成我们每个人都像一个松散的利益结合体来作用，而该结合体只靠资源的限制——比如我们只有一个身体可用来在每个刹那表达我们欲望这一事实——而统一。这个对我们达成彼此不兼容目的的明显局限，让我们得以与不同时间向度的“自己”讨价还价：“防备塞壬女海妖（Sirens）的尤利西斯（Ulysses），必须把听见她们歌声的尤利西斯当作另外的人，如果可能就影响他，不可能的话就预先阻止”（Ainslie, 2001, p.40）。

夸张地把未来的报酬打折扣,导致像“偏好倒置”(preference reversal)的怪异现象:例如,比起三年后有1.5万美元,大部分人宁可今天有1万美元;但比起10年后有1万美元,宁可13年后有1.5万美元。后一个情节不过是第一个情节隔了10年再来看,显然人们的偏好会随着拖延的长度而反转。我们越接近享受的可能性,延迟报酬就越不能接受。

52 我也没有像我可能的那么健康,接受那么多的教育。我相信这种陈述客观为真(即便牵扯到关于我的主观事实亦然)。

53 Haidt, 2001, p.821.

54 你如果想象起初的选择是基于1 000扇而不是3扇门,那换门的智慧就比较容易看得出来。且想象你选择了17号门,然后蒙提·霍尔打开了除了第562号门外的每扇门,显露出来的都是放眼所及的山羊。那你下一步该怎么做?守住17号门还是换成562号?你起初的选择是在极不确定的情况下做的,应该很明显了,只有1‰的成功机会及999‰的失败机会。开了998扇门给了你极大的信息量——562号门粉碎了999‰的机会。

55 Haidt, 2008.

56 Haidt, 2001, p.823.

57 http://newspolls.org/question.php?question_id=716。顺便一提,同样的研究发现,16%的美国人也相信“非常可能”“(美国)联邦政府扣住了从其他行星来的有智慧生命存在的证明”(http://newspolls.org/question.php?question_id=715)。

58 这点在分裂的大脑研究上特别明显,左半球的语言区例行地为右半球的行为进行虚构解释(Gazzaniga, 1998; M. S. Gazzaniga, 2005; Gazzaniga, 2008; Gazzaniga, Bogen, & Sperry, 1962)。

59 Blow, 2009.

60《多元文化主义“促使年轻的穆斯林回避英国的价值观”》,《每日邮报》(*The Daily Mail*)(2007年1月29日)。

61 Moll, de Oliveira-Souza & Zahn, 2008; 2005.

62 Moll et al., 2008, p.162.

63 包括伏隔核(nucleus accumbens)、尾状核(caudate nucleus)、腹内侧皮质(ventromedial cortex)和眶额皮层(orbitofrontal cortex)、喙前扣带(rostral anterior cingulate)等(Rilling et al., 2002)。

64 不过,正如神经影像学常见的情况,其结果并没有分得那么清楚。事实上,摩尔以前对厌恶和道德义愤的一个研究发现,内侧区(medial regions)也涉及了这些负面状态(Moll, de Oliveira-Souza et al., 2005)。

⑥⑤ Koenigs et al., 2007.

⑥⑥ J. D Greene et al., 2001.

⑥⑦ 这个思想实验最早是福特(Foot, 1967)引入的,后来由汤普森(Thompson, 1976)进一步完善。

⑥⑧ J. D. Greene et al., 2001.

⑥⑨ Valdesolo & DeSteno, 2006.

⑦⓪ J. D. Greene, 2007.

⑦① Moll et al., 2008, p.168。还有一个顾虑困扰着许多神经影像学研究:格林等人标签为"情感的"区块涉及其他类型的处理——例如记忆和语言(G. Miller, 2008b)。这是波尔德拉克(Poldrack, 2006)提出的"逆向推断"(reverse inference)的例子,在下面仅就我自己对信念的研究语境来讨论。

⑦② 虽然有些研究者曾试图区别这两个术语,大部分人仍把它们互用。

⑦③ Salter, 2003, pp.98 - 99。亦见 Stone, 2009。

⑦④ www.missingkids.com.

⑦⑤ 20%的男女囚犯是精神变态者,而且他们犯了一半以上的严重犯罪(Hare, 1999, p.87)。精神变态者的再犯率比其他罪犯高 3 倍(而暴力再犯率更高出 3~5 倍)(Blair, Mitchell, & Blair, 2005, p.16)。

⑦⑥ Nunez, Casey, Egner, Hare, & Hirsch, 2005。也许与刚才提及之骇人听闻的数据有关,在《精神障碍诊断与统计手册》(DSM - IV)中,精神变态并不作为一个诊断范畴存在,甚至不是一个索引的项目。企图对付精神变态之行为相关因素——反社会的人格障碍(ASPD)和品行障碍——的两个 DSM - IV 诊断根本没有掌握其人际成分与情感成分。反社会行为在几种失序状态中常见,而患有 ASPD 的人可能在 PCL - R 的得分不高(de Oliveira-Souza et al., 2008; Narayan et al., 2007)。DSM - IV 对症状治疗的欠妥在 Blair et al., 2005 中已有卓越的见解。反社会行为有许多动机,而变成暴戾的重罪犯也有许多途径。精神变态的印记并非恶行本身,而是其基本的情感与人际损伤的光谱。作为一个评断基础,精神变态比 DSM - IV 标准对特定行为(如再犯)有更强的预测性。

⑦⑦ 然而,同样的话似乎也能套用在伟大的埃尔文·薛定谔(Erwin Schrödinger)身上(Teresi, 2010)。

⑦⑧ 额叶(frontal lobe)的伤害能造成一种叫作"后天性社会变态"(acquired sociopathy)的病,它与发展性精神变态共有若干特征。它们虽常在相同的语境中被提起,但后天性社会变态与精神变态不同,尤其是就它们产生的攻击性类型而言。**反应性攻击**(reactive aggression)是由恼人的或威胁的刺激激发,而且常与愤怒相关。**工具性攻击**(instrumental aggression)则是针对一个目标。在街上被推

撞后猛烈攻击的人表现了反应性攻击;攻击别人以抢他钱包或以使同帮派钦佩的人展现了工具性攻击。蒙受后天性社会变态的研究对象,一般是他们的眶额叶(orbitofrontal lobes)受伤了,展现出不良的冲动控制,以及往往表现出增加了反应性攻击的程度。然而,他们不显出朝向工具性攻击高升的倾向。精神变态者很容易有两种类型的攻击性。最重要的是,与工具性攻击最密切联结的似乎是该病变标志的麻木不仁/无感情(CU, callousness/unemotional)特质。对同性双胞胎的研究表明,CU 特质也最与反社会行为的可遗传成因关联(Viding, Jones, Frick, Moffitt, & Plomin, 2008)。

摩尔、德奥利维拉-索萨及其同僚发现,灰质减少与精神变态的正相关延伸到额叶皮质(frontal cortex)以外,而这解释了为什么社会变态与精神变态是有区别的病变。精神变态与灰质减少在一广泛的结构网络内正相关,包括:双侧脑岛(bilateral insula)、颞上沟(superior temporal sulci)、缘上/角脑回(supramarginal/angular gyri)、尾状(头)[caudate (head)]、梭状皮质(fusiform cortex)、中额叶脑回(middle frontal gyri)等等。要选择性地损伤一个这么广阔的网络是极不可能的。

(79) Kiehl et al., 2001; Glenn, Raine, & Schug, 2009。然而,当非个人的道德两难要得到解决时,与内侧前额叶皮层(MPFC)损伤的病人不同,精神变态者往往和正常人的控制组做出同样的答案,尽管没有相同的情绪反应(Glenn, Raine, Schug, Young, & Hauser, 2009)。

(80) Hare, 1999, p.76.

(81) 同上,第 132 页。

(82) Blair et al., 2005.

(83) Buckholtz et al., 2010.

(84) Richell et al., 2003.

(85) Dolan & Fullam, 2004.

(86) Dolan & Fullam, 2006; Blair et al., 2005.

(87) Blair et al., 2005。第一个以书本篇幅来处理精神变态的,看来是克莱克利(Cleckley)的《神志正常的面具》(*The Mask of Sanity*)。该书目前虽然绝版了,但仍然广被参考与尊重。它值得一读,即使只为了作者非常(而且常常是不经意的)逗人发笑的文体。Hare, 1999, Blair et al., 2005, and Babiak & Hare, 2006 则提供了较近的对该病变的专著讨论。

(88) Blair et al., 2005。发展的文献表明,因为处罚(非制约性刺激)很少及时紧接着某一特定违犯(制约性刺激),体罚带来的规避制约往往变成与施罚者相关的联想,而不是与需要矫正的行为相关的联想。布莱尔也评述过如果处罚是道德教育的主要来源,儿童们会无法看到平常犯规(如在上课时讲话)与道德犯规(如打另一个同学)之间的区别,因两种违犯往往都引来处罚。然而健康的孩子能马上区别这两种形式的不端行为。由此看来,当真正的道德界线被逾越时,他们直接从别人展现的痛苦中受到矫正。其他哺乳类也对它们同物种的受苦极为嫌恶。我们是从今天看来不大符合伦理的对猴子(Masserman, Wechkin, & Terris, 1964)以及对老鼠(Church, 1959)的研究中得知这点的。例如,前面研究的结论说:"大部分的猕猴会一致地饿肚子,而不愿因获得食物致使同类受到电击。"

⑧⑨ 后续对神经影像学文献的检讨,在关于精神变态基础的神经学上产生了有些含糊的观点(Raine & Yaling, 2006)。虽然个别的研究在各种脑区发现解剖上和功能上的异常,包括扁桃体(amygdala)、海马区(hippocampus)、胼胝体(corpus callosum)、壳核(putamen)等。然而所有研究有一项共同的结果:精神变态者往往在前额叶皮层(PFC)显示缩小的灰质。在 PFC 的三个区——眶内侧区、眶外侧区(medial and lateral orbital areas),以及额极(frontal poles)——灰质的缩小与精神变态分数正相关,而这些区已在其他研究中证明了直接涉及社会行为的规制(de Oliveira-Souza et al., 2008)。最近的发现显示,皮质的薄化与精神变态的正相关也许只对大脑右半球显著(Yang, Raine, Colletti, Toga, & Narr, 2009)。精神变态者的大脑也显示眶额叶区(orbital frontal region)和扁桃体间的白质联系减少(M. C. Craig et al., 2009)。事实上,眶额区(orbitofrontal region)的灰质平均量之别,似乎说明了两性间反社会行为的一半变异:男女在他们生气的经验上似乎没有不同,但女人往往更害怕与更有同理心,因而比较能控制她们反社会的冲动(Jones, 2008)。

⑨⓪ 布莱尔等人假设精神变态者的眶额缺陷构成反应性攻击的倾向,同时扁桃体的异常导致"嫌恶制约、工具性学习,以及处理害怕和悲伤表情的障碍",这引起了习得工具性攻击而使得正常的社会化变得不可能。第一位对精神变态做功能性磁共振成像(fMRI)研究的作者肯特·基尔(Kent Kiehl),现在相信该病变的功能性神经解剖学,包括一个含眶额叶皮质(orbital frontal cortex)、脑岛(insula)、前后扣带(anterior and posterior cingulate)、扁桃体(amygdala)、海马旁回(parahippocampal gyrus)、前颞上回(anterior superior temporal gyrus)等的结构网络(Kiehl et al., 2001)。他称这个网络为"旁边缘系统"(paralimbic system)(Kiehl, 2006)。基尔目前正从事一项大型的对囚禁的精神变态者的 fMRI 研究,使用的是一部装在能在监狱间移动的联结车上的 1.5 特斯拉扫描仪(1.5 Tesla scanner)。他希望能建立一个 1 万名研究对象的神经影像数据库(G. Miller, 2008a; Seabrook, 2008)。

⑨① Trivers, 2002, p.53。对细节的广泛讨论,参见 Dawkins, [1976] 2006, pp.202 – 233。

⑨② Jones, 2008.

⑨③ Diamond, 2008。平克(Pinker, 2007)也指出同样的论点:"如果 20 世纪诸次战争杀掉了死于一个典型部落社会战争同样比例的人口,那死者会是 20 亿,而不是 1 亿。"

我们很容易就下结论:在受到报仇与一报还一报法("以眼还眼")所制约的荣辱文化中,生命是不值钱的,但如同威廉・伊恩・米勒(William Ian Miller)的评述,在至少一个测量向度中,这些社会比我们更重视生命。现代经济之所以繁荣,是因为我们往往限制个人的债责。我如果卖给你一个有缺陷的梯子害你跌断了脖子,我也许得对你做出若干赔偿。但赔偿金额不会高到近乎我愿意为自己的健康脖子所付出的代价。在我们的社会中,我们受制于法院对别人的脖子所定的价格;在一报还一报法统治的文化中,则受制于我们对自己脖子所定的价格(W. I. Miller, 2006)。

⑨④ Bowles, 2006, 2008, 2009.

⑨⑤ Churchland, 2008a.

⑨⑥ Libet, Gleason, Wright, & Pearl, 1983.

⑨⑦ Soon, Brass, Heinze, & Haynes, 2008。利贝特后来论证,我们虽然对于启动行为没有自由意志,但我们在它生效前,可能有否决意图的自由意志(Libet, 1999, 2003)。我想他的推理显然有瑕疵,因为存在很多理由可以设想,一个有意识的否决也必须发生在无意识的神经事件上。

⑨⑧ Fisher, 2001; Wegner, 2002; Wegner, 2004.

⑨⑨ Heisenberg, 2009; Kandel, 2008; Karczmar, 2001; Libet, 1999; McCrone, 2003; Planck & Murphy, 1932; Searle, 2001; Sperry, 1976.

⑩⓪ Heisenberg, 2009.

⑩① 这种探究法的一个问题是:作为一般原则,量子力学的效果在生物性上多半并不显著。量子效果的确驱动进化,因为像宇宙射线之类的高能量粒子导致 DNA 中的点突变,而这种粒子穿过一细胞核的行为受制于量子力学的法则。因此进化在原则上不可预测(Silver, 2006)。

⑩② 自然的法则并没有使我们大部分人猛然意识到它们与自由意志不兼容,因为我们未曾想象如果所有因果关系都被了解的话,人类行为看起来会怎么样。但想象一下,有个疯狂科学家发展出一种远距控制人脑的手段:看着他把一个人随其"意志"差遣会是怎么样?还会有一丁点把自由归给她的诱惑吗?不会!但这个疯狂科学家不过是人格化的因果决定论。使得他的存在与我们对自由意

志的看法那么抵触的地方在于，当我们想象他躲在一个人思想和行动的背后——微调电势、制造神经递质、调整基因等等——就不能不让我们对自由和责任的想法顺着悬吊木偶的绳索而上到控制它们的手。增加了随机性并不会改变这个情况，我们只需要想象那科学家根据在一个轮盘上的狡诈安排对机器进行输入。一个人的头脑状态这么不可预测的变化怎么会构成自由？

把随机性和自然律的任何组合换成疯狂科学家，我们就能看出一个人内在生活的相关特征会被保留——思想、情绪、意图仍然会产生并引起行动——然而留给我们的不容否认的事实是，有意识的心灵不会是它自己的思想与意图的源泉。这揭露了自由意志的真正神秘：如果我们的经验与其终极的不在兼容，那我们怎能说我们当初就看到其存在的任何证据？

⑽ Dennett, 2003.

⑽ “异己手综合征”描述多种神经病变，基本上是一个人不再认知自己拥有他的任何一只手。割裂脑患者（split-brain patient）的非惯用手能有这种特性，而在手术后的急性期，这能导致明显的双手间的冲突。Zaidel 等人（2003）比较喜欢“自主手”（autonomous hand）一词，因为通常经验他们的手失控的病人并不会说那手属于别人。类似的异常可归因于其他神经上的成因：例如在感觉性异己手综合征（sensory alien hand syndrome）中［在发生右大脑后动脉（posterior cerebral artery）中风之后］，右臂有时会卡住，要不然就攻击身体的左侧（Pryse-Philips, 2003）。

⑽ 参见 S. Harris, 2004, pp.272－274。

⑽ Burns & Bechara, 2007, p.264.

⑽ 其他人也做了类似的论证。见 Burns & Bechara, 2007, p.264; J. Greene & Cohen, 2004, p.1776。

⑽ 比照 Levy, 2007。

⑽ 神经科学家迈克尔·加扎尼加（Michael Gazzaniga）写道：

> 神经科学将永远找不到大脑与责任的关联性，因为那是我们归因于人而不是头脑的东西。那是我们对遵守规则的同胞所要求的一个道德价值。正如验光师能告诉我们一个人有多少视力（20/20 或 20/200），但无法告诉我们一个人什么时候法定失明了或视力太糟而无法开校车，所以精神病学家或脑科学家也许能告诉我们一个人的心智状态或头脑状况如何，但无法（不武断地）告诉我们什么时候一个人控制力太低而不能跟他问责了。责任的问题（就像一个人能不能开校车的问题）是个社会的选择。按照神经科学的说法，没有人比其他任何人对行动负有更多责任或更少责任。我们都是一个决定性系统的部分。理论上，我们有一天将完全理解该系统。然而“责

任”的概念是个存在于社会规则中的社会建构,并不存在于头脑的神经元结构中(Gazzaniga, 2005, pp.101 – 102)。

虽然责任归于人而非头脑的社会建构是真的,但它毕竟是赋予一个人头脑的若干事实而能使其更有意义或没意义的社会建构。我想我们很容易可以想象神经科学的发现以及头脑影像技术,将使我们以比现在所能达到的准确得多的方式,把责任归于人们。如果我们得知在每个奶油夹心糕(Twinkie)多乳脂的中心有些什么会抹杀额叶对大脑边缘系统的抑制控制,那“奶油夹心糕辩护”就会完全没有争议了。

但也许“责任”根本是个错误的建构:因为加扎尼加说“按照神经科学的说法,没有人比其他任何人对行动负有更多责任或更少责任”当然是正确的。意识的行动起于我们对它们没有意识的神经事件的基础。无论它们是否能被预测,我们并不造成我们的成因。

⑩ Diamond, 2008.

⑪ 在哲学的文献中,我们发现解释这个问题有三条路径:决定论(determinism)、自由意志论(libertarianism)和兼容论(compatibilism)。决定论和自由意志论常被称为“不兼容论”的观点,因为两者均坚持:如果我们的行为完全由背景成因所决定,自由意志就是个错觉。决定论者相信我们完全生活在这样的一个世界中;自由意志论者(与跟这个英文名字一样的政治观点无关)相信我们的能动性(agency)上升到超于先前成因的领域——而且它们无可避免地援用像灵魂之类的形而上实体作为我们自由行动的意志的载体。像丹尼尔·丹尼特等兼容论者则坚持自由意志与因果决定论相容(参见 Dennett, 2003;对其他兼容论者的论证参见 Ayer、Chisholm、Strawson、Frankfurt、Dennett 及 Watson—均收入 Watson, 1982)。兼容论者的问题,如我所见的,在于它往往忽视了人们的道德直觉被更深的、形而上的自由意志的看法所驱动。也就是说,人们为自己及他人假定的自由意志(无论在丹尼特的意思中这种自由“值不值得要”),是个摆脱了非个人、背景成因影响的自由。你显示这种成因是有效——正如任何对人类思想与行为的神经生理学的详细说明——的瞬间,自由意志的支持者就不再能找到一个言之成理的钩子去吊挂他们对道德责任的看法。神经科学家乔舒亚·格林和乔纳森·科恩(Jonathan Cohen)也提出同样论点:

> 大部分人对心灵的观点都暗中是二元论的与自由意志论的,而不是唯物论的和兼容论的……直觉的自由意志是自由意志论的,不是兼容论的。也就是说,它需要拒斥决定论以及对某种隐含的神奇心灵因果的投入……与法律的及哲学的正统相反,决定论真的威胁自由意志以及我们直觉理解的责任(J. Greene & Cohen, 2004, pp.1779 – 1780)。

第3章　信念

① 头脑不会变成化石，所以我们不能检验我们古代祖先的头脑。不过，比较现有灵长类的神经解剖，提供了可能导致语言出现的体质适应的类别。例如：对猕猴、黑猩猩、人类等的弥散张量成像（diffusion-tensor imaging），显示了弓状纤维束（arcuate fasciculus）——连接颞叶（temporal lobes）与额叶（frontal lobes）的纤维束（fiber tract）——在连通性上逐渐增加。这表明相关的适应是渐进的，而不是跳跃的（Ghazanfar, 2008）。

② N. Patterson, Richter, Gnerre, Lander, & Reich, 2006, 2008.

③ Wade, 2006.

④ Sarmiento, Sawyer, Milner, Deak, & Tattersall, 2007; Wade, 2006.

⑤ 然而，似乎尼安德特人的FOXP2基因，带有使现代人与其他灵长目区别的两个同样关键的突变（Enard et al., 2002; Krause et al., 2007）。现在知道FOXP2在口语上扮演了中心角色，其毁坏在很健康的人身上导致严重的语言障碍（Lai, Fisher, Hurst, Vargha-Khadem, & Monaco, 2001）。把人类的FOXP2基因导入老鼠，就改变了它们的超声波发声（ultrasonic vocalization），减低了探索的行为，以及变更了皮质基底节电路（cortico-basal ganglia circuits）（Enard et al., 2009）。FOXP2在人类语言发展中的核心地位，导致一些研究者做出尼安德特人会说话的结论（Yong, 2008）。其实，我们可以论辩说话能力一定先于智人，因为"很难想象少了复杂的社会沟通却会出现复杂的生计行为，而且头脑的大小增加了将近75%，而两者都从大约80万年前开始"（Trinkaus, 2007）。

尼安德特人无论是否会说话，都是令人印象深刻的动物。他们的平均脑容量为1 520毫升，比与他们同时的智人稍微大些。其实，人类的脑容量几千年来减少了大约150毫升，到目前平均为1 340毫升（Gazzaniga, 2008）。一般而言，头脑大小与认知能力之间的正相关不是很直接，因为有若干生物种的头脑比我们的大（如大象、鲸鱼、海豚等），但并没展示出更智慧的征象。已经有许多人努力想找出能可靠追踪认知能力的神经解剖计量，包括异速生长的头脑大小（allometric brain size，按身体质量比例的头脑大小）、"脑形成商数"（encephalization quotient，按对类似动物预期的头脑大小比例的头脑大小，以身体质量更正；对灵长类 $EQ=[\text{脑重}]/[0.12\times\text{体重}^{0.67}]$）、相对于大脑其余部分的新皮质（neocortex）的大小等等。这些度量没有哪个已证明特别有用。其实，在灵长类中，对认知能力的预测，没有比不论身体质量的绝对头脑大小更好的了（Deaner, Isler, Burkart, & van Schaik, 2007）。按照这个计量，我们与尼安德特人的竞争看起来特别令人气馁。

比起其他灵长类动物,据发现有几个涉及头脑发展的基因在人类是有差异的规制;两个特别有意思的是小脑症基因(microcephalin)和 ASPM(异常纺锤形小脑畸形症关联基因,abnormal spindlelike microcephaly-associated gene)。小脑症基因规制头脑大小,其现代变体出现在大约 3.7 万年前(差不多是与现代人的登场同时发生),而且从那时起,在正选择的压力下频率增加(P. D. Evans et al., 2005)。ASPM 也规制头脑大小,它的一个现代变种在过去 5 800 年间以高频率散布(Mekel-Bobrov et al., 2005)。正如这些作者所指出的,这与城市的散布和文字的发展大致正相关。这些发现的可能意义在加扎尼加的书中也有讨论(Gazzaniga, 2008)。

⑥ Fitch, Hauser, & Chomsky, 2005; Hauser, Chomsky, & Fitch, 2002; Pinker & Jackendoff, 2005.

⑦ 遗憾的是,语言也是我们能有效发动战争、犯下种族屠杀,以及使得我们的行星不宜居住的基础。

⑧ 虽然一般信息的分享无可否认很有用,但有很好的理由认为,特别是社交的信息驱动了语言的进化(Dunbar, 1998, 2003)。比起非社交信息,人类也以更大的量与更高的精确度传递社交信息(Mesoudi, Whiten, & Dunbar, 2006)。

⑨ 对照 S. Harris, 2004, pp.243 - 244。

⑩ A. R. Damasio, 1999.

⑪ Westbury & Dennett, 1999.

⑫ Bransford & McCarrell, 1977.

⑬ Rumelhart, 1980.

⑭ 达马西奥提出了类似的区别(A. R. Damasio, 1999)。

⑮ 因此,为了在实验室中研究相信,界定关心的现象似乎没有什么问题:相信一命题即是认可它为“真”(例如:在问卷上标为“真”);不相信一命题即把它当作“假”而拒绝;而对一命题的真假值不确定即两者都不做的意向,只是判定它“无法决定”。

在我们追寻像相信或不信之类的主观状态的神经关联性时,我们一定得倚赖行为的报告。因此,呈现一文字陈述——如美国比危地马拉大——给一实验对象并看他标下“真”时,我们可能起念是否能把他的话当真。他真的相信美国比危地马拉大吗?换句话说,这个陈述真的在他看来是真的吗?这相当于面对一个刚做了词汇决定任务的研究对象,担心所给予的刺激在他看来是否像个词。虽然担心实验对象可能对他们相信的东西做糟糕的判断,或他们可能企图欺骗实验者似乎都合理,但这种顾虑看来是误置的——或者如果在这里是恰当的话,那它们应当会困扰所有对人类感知和认知的研究。只要我们满足于依赖研究对象来报道他们的知觉判断(对一所予刺激何时出现或有无出现)或认知判断(对于它是什么样的刺激),则采取对相信、不信、不确定等报告的表面价值,似乎并没有特别问题。这并没有忽视欺瞒(或自我欺瞒)、内含认知冲突、被激发的推理,及其他困惑来源的可能性。

⑯ Blakeslee, 2007.

⑰ 这些考虑似乎有点与戴维·玛尔(David Marr)深具影响的论题冲突,他认为任何复杂的信息处理系统,必须先根据其"目标"在"计算理论"(computational theory)的层次(即在最高度抽象的层次)上来理解(Marr, 1982)。当然,根据目标来想极为有用,因它统一了(也忽略了)大量的从下而上的细节:例如"看"的目标在其神经实现的层次是很复杂的,而且它是借至少40条分别的进化途径达成的(Dawkins, 1996, p.139)。结果,根据抽象的计算目标来思考"看"就能产生很多意义。然而,在像头脑这样的结构中,该系统的"诸目标"是永远无法事先指定的。我们目前对像脑岛这样的区块还会"有"什么别的目标毫无所知。

⑱ 在神经科学中,对于要把头脑想成是离散模块的集合或当成是个分布式、动力的系统,有长久的辩论。然而,看来清楚的是,依赖我们注意的层次,其实两个观点都是对的(J. D. Cohen & Tong, 2001)。某些程度的模块性是头脑组织的一个无可否认的性质,因为对一头脑区的损害能摧毁某特定能力(如脸部识别),但对其他大部分能力无影响。在细胞类型和连接模式上也有明显的区别,在各区块间清晰地表达出明显的边界。而且某些程度的模块性借由信息在头脑中长距离传递的局限而得以确保。

虽然区域的专门化是头脑组织的一般事实,严格的分区却不是:正如已经说过的,头脑的大部分区域具有多重功能。而且即便在功能特定的区内,其目前功能与可能功能之间的疆界也是临时的、模糊的,而且在个别头脑的例子中,保证是特异的。例如:头脑显示了对病灶性损伤(focal injuries)恢复的一般能力,而这蕴含了征用其他(通常是邻接的)脑区并给予新用途。这种考虑意味着我们不能期待头脑间真正的同态性(isomorphism)——甚至同一个头脑跨越时间也不行。

然而,合理的顾虑是,目前神经影像技术的方法往往武断地偏好模块论点——以至于在对这种研究无批判力的接受者间,产生头脑有功能隔离的幼稚图像。且考虑一下目前最流行的神经影像技术——功能性磁共振成像(fMRI)。这个技术并不会给我们一个对神经活动的绝对计量。反之,它使我们得以比较在两个实验状况中整个脑际血流的变化。例如:我们能比较研究对象相信陈述为真的例子与他们相信陈述为假的例子。结果的成像显示,在哪个状况下头脑的哪个区比较活跃。由于 fMRI 允许我们侦测整个脑际的信号变化,它原则上对广泛分布的处理或组合的处理并不盲目。但它对血流作为神经活动标记的倚赖减低了空间与时间的分辨率,而我们用来分析数据的统计技术要求我们把焦点放在相对较大的活动簇。因此,这一技术工具很自然地给出了这样的影像,来证实头脑功能的模块组织(参照 Henson, 2005)。就批评者所担心的而言,问题是这个研究头脑的方法忽视了在两种实验状况中(如在信与不信中),整个头脑都在活动的事实,而在这个减法式的过程中没有残存下来的区,很可能也涉及了相关的信息处理。

功能性磁共振成像(fMRI)也基于如下假定,由 MR 信号中血液氧饱合水平检测(blood-oxygen-level-dependent,BOLD)到的血液流动的变化,与神经活动的变化之间存在着或多或少的线性关联。fMRI 的效度虽然一般受到很好的支持(Logothetis, Pauls, Augath, Trinath, & Oeltermann, 2001),但血液流动与神经活动之间假定的线性关联是否对所有心智过程都成立,则有若干不确定(Sirotin & Das, 2009)。比较大脑从一个状态到另一个状态脑功能变化的假定也有潜在问题,这些变化可能只是实验组件的附加效果[这常被称作"纯插入"(pure insertion)的问题](Friston et al., 1996)。对于 BOLD 信号变化中指示的是什么"活动",也有些疑问。头脑中血流变化的主要相关看来是前突触/神经调节活动(presynaptic/neuromodulatory activity)[像局部场电位(local field potentials)所测得的],而不是轴突尖峰(axonal spikes)。这项事实构成对诠释 fMRI 数据的一些顾虑: fMRI 无法立即分辨针对一项任务和神经调节的活动;它也不能分辨从下而上与从上而下的处理。事实上,fMRI 可能对兴奋讯号与抑制讯号的分别盲目,因为新陈代谢也会随抑制增加。例如,似乎相当有可能在给定区域中,回返性抑制的升高可能与更大的 BOLD 信号和更少的神经元放电关联。对这些以及其他该技术的局限之讨论,参见 Logothetis, 2008; M. S. Cohen, 1996, 2001。即便有这些顾虑,fMRI 仍然是非侵入性的研究人类头脑功能最重要的工具。

一个对 fMRI 数据更精致的、神经网络的分析显示,具象内容(representational content)——它在数据分析的标准方法下看来是严格隔离的[例如在腹侧颞叶(ventral temporal lobe)的面孔知觉与对象知觉]——其实在更广泛的皮质区混合与散布。信息编码看来并非倚赖严格的局部化,而是靠跨越一度以为是功能上有别的诸区块的神经反应强度变异的组合模式(Hanson, Matsuka, & Haxby, 2004)。

将心智状态与头脑中生理变化相关起来是什么意思,也涉及知识论的问题。然而,我虽然认为所谓意识的"硬问题"(Chalmers, 1996)是科学解释的真正障碍,但并不以为它将全盘阻碍认知神经科学的进步。意识与其内容的区别似乎是至上的。的确我们并不明白意识如何起自神经网络的无意识活动——甚或它怎能出现。但我们并不需要这种知识来透过神经影像术比较心智的状态。不妨考虑一下目前文献中无数例子中的一个：神经科学家已开始探究嫉妒与幸灾乐祸如何在神经解剖学上相关。一个小组发现在 ACC［前扣带皮层（anterior cingulate cortex）］的活动与嫉妒相关，而信号变化的强度，对当研究对象目睹他们嫉妒的人遭逢不幸时，纹状体（striatum，这是与报偿关联的一个区）中的活动有预测性（表现出幸灾乐祸的乐趣）（Takahashi et al., 2009）。这显示了关于这些心智状态之间的某种关系，但它们对反省并不明显。内侧前额叶皮层（MPFC）右侧的损伤，妨碍了对嫉妒（一种负面情感）的知觉，同时相似的左侧的损伤，则妨碍了对幸灾乐祸（一种正面情感）的知觉，这个发现填补了更多的细节（Shamay-Tsoory, Tibi-Elhanany, & Aharon-Peretz, 2007）——因为对正负心智状态的偏侧性（lateralization）有更广泛的文献。就算如此，嫉妒与幸灾乐祸的关系，用不着我们得知它们的神经相关，就能心知肚明。但神经影像术的改进，也许有一天能使我们对这些心智状态间的关系了解得更精准。这可能带来概念上的惊奇，乃至个人的顿悟。而且如果最有利于人类幸福的心智状态与能力，有一天能按照它们基本的神经生理学来了解，神经影像术也许会变成达至开明的伦理学途径之不可分割的一部分。

在我看来，这个方面的进步并不需要我们解决意识的“硬问题”（甚或容许解决）。当比较心智状态时，人类意识的实在是个所予条件。我们无需理解意识如何和原子的行为关联，便可以就神经生理学的条件研究像爱、悲悯、信任、贪婪、恐惧、愤怒之类的感情如何不同（及如何互动）。

⑲ 大部分对皮质树突（cortical dendrites）的输入来自皮质同区的神经元：极少数来自其他皮质区或上升的路径。例如：对视觉皮质第四层的输入只有 5%~10%来自丘脑（thalamus）（R. J. Douglas & Martin, 2007）。

⑳ 即便“祖母细胞”（grandmother cells）明显（有条件地）存在（Quiroga, Reddy, Kreiman, Koch, & Fried, 2005）。对心灵表征之传统“联结主义”（connectionist）的批判性探讨，见 Doumas & Hummel, 2005。

㉑ 这些数据随后发表在 Harris, S., Sheth, & Cohen 2008。

㉒ 神经影像数据的事后归因分析（post-hoc analysis）是许多研究的限制，而在原来的论文中，我们承认区分脑功能特定模型预测的结果以及起自缺乏先验假设的结果两者的重要性。即便有此警告，我相信一般科学，尤其是神经科学，过于强调描述性研究与假设驱动的研究两者之间的区别。总是必须先有个实验观察，而我们再做后续研究也不会更趋近物理真实。第一个观察到对描绘面容之视觉刺激做出反应而在右梭状回（right fusiform gyrus）引起血流变化的人

(Sergent, Ohta, & MacDonald, 1992)——在这些数据的基础上可以看出,皮质的这个区在面容识别上扮演了一个角色——是个科学归纳的完全合理的例子。对这些结果后续的证实,增加了我们对这第一套数据的集体信心(Kanwisher, McDermott, & Chun, 1997),但并不构成超越第一个研究的知识论的进步。所有后续把梭状回当作值得关注之脑区的假设驱动的研究,增加了它所根据的描述性研究的合理性(或者如神经科学常有的情况,从纯粹描述的、临床的文献来看)。如果初始的描述性有错,那么任何基于它的假设都会是空的(或者只是意外的正确);如果初始的工作有效,那么后续工作不过是支持它,而且也许建立在其上。菲尼亚斯·盖奇(Phineas Gage)与H.M.所受的伤是非故意的、描述性的实验,而从这两个病例所得到的庞大信息——可说比神经科学史上任何两个实验所得知的都多——并不因缺少先前假设而有缺憾。的确,这两个临床观察变成了其后所有关于额叶和颞叶(frontal and medial temporal lobes)功能的假设的基础。

㉓ E. K. Miller & Cohen, 2001; Desimone & Duncan, 1995。虽然对前额叶皮层(PFC)的损伤可能造成一系列的缺陷,但最常见的是胡乱的、不妥的、冲动的行为,以及没能力习得新的行为规范(Bechara, Damasio, & Damasio, 2000)。如许多父母可作证,人类自我规制的能力直到青春期以后才会完全发展;这是 PFC 中的白质联结终于成熟的时候(Sowell, Thompson, Holmes, Jernigan, & Toga, 1999)。

㉔ Spinoza, [1677] 1982.

㉕ D. T. K. Gilbert, 1991; D. T. K. Gilbert, Douglas, & Malone, 1990; J. P. Mitchell, Dodson, & Schacter, 2005.

㉖ 这个真值偏见可能与后来叫作"确认偏见"(confirmation bias)或积极测试策略(positive test strategy)在启发式推理互动(或为其基底)上有关(Klayman & Ha, 1987):人们往往寻找确定一假设的证据而不找推翻它的证据。这种策略已知常产生推理错误。我们偏向相信的偏见也许也解释了"虚幻真实效应"(illusory-truth effect),即不过接触到一命题,甚至连该命题被显示为假或归因于不可靠的来源,都会增加日后记得它为真的可能性(Begg, Robertson, Gruppuso, Anas, & Needham, 1996; J. P. Mitchell et al., 2005)。

㉗ 这是出于在不信的试验中比相信的试验中信号减少得较多。头脑的这个区已知有高水平的休息状态的活动,而当与许多认知任务的基线比较时,呈现活动减低(Raichle et al., 2001)。

㉘ Bechara et al., 2000。内侧前额叶皮层(MPFC)也会被高情绪性的推理任务所激活(Goel & Dolan, 2003b; Northoff et al., 2004)。具有 MPFC 损伤的个人,

在多种执行功能任务上测验正常，但常未能把适当的情绪反应整合进他们对世界的推理。他们也未能正常地习惯于不愉快的体感刺激（Rule, Shimamura, & Knight, 2002）。在此区域联结做决定与情感的线路似乎相当特定，因为 MPFC 损伤并不扰乱恐惧制约或靠情绪化刺激的正常记忆调节（Bechara et al., 2000）。这些人虽然对他们行动的可能结果能做出适当的推理，但似乎不能感觉出好坏选择之别。

㉙ Hornak et al., 2004; O'Doherty, Kringelbach, Rolls, Hornak, & Andrews, 2001.

㉚ Matsumoto & Tanaka, 2004.

㉛ Schnider, 2001.

㉜ Northoff et al., 2006.

㉝ Kelley et al., 2002.

㉞ 与相信及不确定相比较时，不信在我们的研究中是与前岛（anterior insula）的双侧激活（bilateral activation）关联，那是一个味觉的主区（Faurion, Cerf, Le Bihan, & Pillias, 1998; O'Doherty, Rolls, Francis, Bowtell, & McGlone, 2001）。这个区广泛地被认为涉及像厌恶（Royet, Plailly, Delon-Martin, Kareken, & Segebarth, 2003; Wicker et al., 2003）、避免伤害（Paulus, Rogalsky, Simmons, Feinstein, & Stein, 2003），及在决定任务中期待损失等（Kuhnen & Knutson, 2005）负面效价的感觉。前岛也与痛感联结（Wager et al., 2004），而且甚至与对别人之痛的知觉联结（T. Singer et al., 2004）。前岛中的活动与负面情绪频频相关，这有助于我们理解不相信的情绪基调。

虽然嫌恶通常被归类为人类的一种主要情感，但婴儿和学步儿看来感觉不到（Bloom, 2004, p.155）。这可说明他们一些引人注目的不文明行为的表现。有趣的是，患了亨廷顿氏病（Huntington's disease）的人，以及症状发生前的带 HD 等位基因者，表现出对嫌恶减低的感觉，而且一般不能认出别人的情绪（Calder, Keane, Manes, Antoun, & Young, 2000; Gray, Young, Barker, Curtis, & Gibson, 1997; Halligan, 1998; Hayes, Stevenson, & Coltheart, 2007; I. J. Mitchell, Heims, Neville, & Rickards, 2005; Sprengelmeyer, Schroeder, Young, & Epplen, 2006）。许多研究显示，认知缺陷与前岛活动降低有所关联（Hennenlotter et al., 2004; Kipps, Duggins, McCusker, & Galder, 2007）。不过其他研究也已发现，HD 病人与带基因者在处理一系列的（主要是负面的）情感上受损，包括嫌恶、愤怒、恐惧、悲伤、诧异等（Henley et al., 2008; Johnson et al., 2007; Snowden et al., 2008）。

我们必须小心，别以这些数据为基础，在不信与嫌恶（或其他任何心智状态）之间画出一个太强的联结。虽然与这些心智状态之间的联结在直觉上似乎言之成理,但将不信与嫌恶画上等号,代表了在神经影像术的领域中已知有问题的一种“逆向推理”(reverse inference)(Poldrack, 2006)。仅凭大脑数据我们不能可靠地推断一种心智状态的存在,除非已知该脑区对单一心智状态真是选择性的。例如:假定已知前岛当且仅当研究主体经验嫌恶时是活跃的,那么我们就能对嫌恶在不信中的角色做出相当强烈的推断。但很少有头脑区的功能是那么选择性地来将这种推断合理化。例如:前岛看来涉及范围广泛的中性/正面状态,包括时间感、音乐欣赏、自我认识、微笑等(A. D. Craig, 2009)。

而且嫌恶也许有许多形式:虽然许多研究对象往往把范围广泛的刺激评级成同样的“讨厌”,但有一组研究者发现,与病原相关的动作、社交行为与性行为(如乱伦),及非性的道德违犯等相关的嫌恶,驱动了不同(但相互重叠)的大脑网络(J. S. Borg, Lieberman, & Kiehl, 2008)。使事情更复杂的是,除了研究对象对乱伦的反应外,他们并没发现脑岛牵连到任何这种嫌恶处理。这组研究者不单单是暗示脑岛也许对嫌恶并非选择性的,而且可能对其他因素普遍性地更敏感,包括自我监视及情感显著特点。正如作者们所指出的,诠释这些结果的困难,被他们的研究对象进行的是项记忆任务的这个事实所加重,直到扫描结束后,研究对象并没被要求明白地评价一种刺激有多讨厌。这也许是与脑岛活动反向的选择;至少有另一项研究表明,在对注意到的刺激作出反应时,脑岛也许只是优先活跃(Anderson, Christoff, Panitz, De Rosa, & Gabrieli, 2003)。

㉟ 这些结果似乎拆了道德哲学中一个被广为接受观点的台,该观点一般被描述为“非认知主义”(non-cognitivism)。非认知主义者认为道德主张缺乏命题内容,因此,并不表达对世界的真正信念。对这个观点不幸的是,我们的头脑看来对这个后设伦理学的突破并无知觉:我们似乎以接受其他任何事实陈述的同样方式来接受道德主张为真。

在这个对相信的第一个实验中,我们也分析了头脑对没把握的反应:即对一命题的真值无法判断的心智状态。不知道我们相信者是否为真——该旅馆是在大街的北边呢,还是在大街的南边?他是在跟我说话呢,还是跟我背后的人说话?——有明显的行为/情感后果。没把握会防止思想与后续行为/情感之间的联结形成。它在这方面能与相信和不信马上区别,因为在后者的状态中,心智已经安排好一特定的、可行动的对世界的表征。我们研究的结果表明,有两个机制也许能说明这个差别。

没把握低于相信(uncertainty minus belief)与没把握低于不信(uncertainty ininus disbelief)之间的对比,在前扣带皮层(ACC, anterior cingulate cortex)中产生了信号。头脑的这个区域曾被广泛地牵连到错误探测(Schall, Stuphorn, & Brown, 2002)和反应冲突(Gehring & Fencsik, 2001),而且常规上对认知负荷和

干扰的增加起反应(Bunge, Ochsner, Desmond, Glover, & Gabrieli, 2001)。它也被显示在痛感上扮演了一个角色(Coghill, McHaffie, & Yen, 2003)。

相反的对比,相信低于没把握和不信低于没把握,则显示了在尾状核(caudate nucleus)信号的增加,尾状核是基底神经节(basal ganglia)的部分。基底神经节的主要功能之一,就是提供一条路径让皮质的关联区能影响运动动作。尾状核在多种动物研究中展现了针对特定内容的、期待的,及与报偿有关的活动(Mink, 1996),并且与人类的认知计划相关联(Monchi, Petrides, Strafella, Worsley, & Doyon, 2006)。它也被显示当与无回馈的推理及猜测任务比较时,在同样两种任务中皆会有回馈反应(Elliott, Frith, & Dolan, 1997)。

用认知的说法,回馈的一个主要特征就是它系统性地除去没把握。当与没把握比较时,相信和不信两者都在尾状核显示了高度的局部信号变化。从这项事实看来,基底神经节线路涉入了对世界的言语表征的接受或拒绝。德尔加多与共同作者表明对回馈的尾状核反应能被先前的期待调节(Delgado, Frank, & Phelps, 2005)。在一个由 3 名假设的(中性的、好的、坏的等)搭档玩的信任游戏中,他们发现中性者违规时尾状核反应强烈,而对坏搭档反应程度较低,但对认定道德上好的搭档犯规则毫无反应。根据他们的说法,似乎对一搭档在道德上是好的认定导致研究对象们忽视或不算回馈。这个结果似乎与我们自己的趋同:我们或许可说在他们的研究中,当一位被信任的合作者未能合作时,研究对象们似乎不确定该做什么结论。

前扣带皮层(ACC)和尾状核显示了一种程度不凡的连通性,正如同用外科手术损害 ACC[一种叫作扣带回切开术(cingulotomy)的手术]造成尾状核的萎缩,而这个通道的中断被认为是该手术治疗像强迫症(obsessive-compulsive disorder)那样病状效果的基础(Rauch et al., 2000; Rauch et al., 2001)。

然而,没把握有不同类型。例如:在意料中的不确定(一个人知道他自己的观察不可靠)与意料外的不确定(环境中的什么指出事情不是它们表面所显示的那样)之间有所差别。这两种认知方式的差别,曾根据它们的基本神经生理学在贝叶斯统计框架(Bayesian statistical framework)下分析过。看来意料中的不确定大致由乙酰胆碱(acetylcholine)调和了,而意料外的不确定则由去甲肾上腺素(norepinephrine)调和了(Yu & Dayan, 2005)。行为经济学家有时会区分"风险"(risk)和"模糊"(ambiguity):前者是概率能被衡量的一种情况,如一局轮盘赌博;后者是缺失信息带来的不确定。在一个风险的状况下,即使概率非常低,人们一般比较愿意下赌注,而不愿在缺失信息的情况下行动。有一组研究者发现模糊与背纹状体(dorsal striatum)[尾状核/壳核(caudate/putamen)]中的活动负相关(Hsu, Bhatt, Adolphs, Tranel, & Camerer, 2005)。这个结果与我们的非常符合,因为我们的刺激激发的不确定会采取“模糊”而不是“风险”的形式。

㊱ 有许多因素使我们的判断偏颇,包括:估计数量时的任意锚定、估计频率时的可得性偏见、对后果的先前或然率的不敏感、对随机性的误解、非回归预测(nonregressive prediction)、对样本大小的不敏感、虚幻的正相关、过度自信、重视没价值的证据、后见之明偏见、确认偏见(confirmation bias)、基于容易想象的偏见,以及其他非规范性思考方式。参见 Baron, 2008; J. S. B. T. Evans, 2005; Kahneman, 2003; Kahneman, Krueger, Schkade, Schwarz, & Stone, 2006; Kahneman, Slovic, & Tversky, 1982; Kahneman & Tversky, 1996; Stanovich & West, 2000; Tversky & Kahneman, 1974。

㊲ Stanovich &West, 2000.

㊳ Fong et al., 1986/07。再一次,问某事是否在理性上或道德上是规范性的,与问它是否在进化上是适应的,是两码事。有些心理学家想借提出研究对象利用对我们的祖先赋予了适应适存(adaptive fitness)的启发式方法(heuristics),来把对认知偏见研究的意义最小化。正如 Stanovich and West(2000)所评述的,对基因好的未必能促进个体的利益。我们也能补充说明,在一语境中对个体好的,在另一语境中对他未必好。可能(或可能不)曾将我们在面对面冲突(及其解决)中优化的认知机制与情感机制,显然并未准备好去交涉从远方发起的冲突,无论借电子邮件或其他长程武器。

㊴ Ehrlinger, Johnson, Banner, Dunning, & Kruger, 2008; Kruger & Dunning, 1999.

㊵ Jost, Glaser, Kruglanski, & Sulloway, 2003。Amodio et al.(2007)利用 EEG,来分析自由派和保守派在反应/不反应任务(Go/No-Go task)上神经认知功能的差别。他们发现自由主义与在前扣带皮层(ACC)增加的事件相关电位正相关。借由 ACC 在调和认知冲突上已为大家所接受的角色,他们做出结论:这个差异也许部分解释了为什么自由派比保守派在自己的方式上没那么固定,而更能察觉细微差别、暧昧等等。Inzlicht(2009)在不信教者/信教者之间,发现了近乎一致的结果。

㊶ Rosenblatt, Greenberg, Solomon, Pyszczynski, & Lyon, 1989.

㊷ Jost et al., 2003, p.369.

㊸ D. A. Pizarro & Uhlmann, 2008.

㊹ Kruglanski, 1999。心理学家德鲁·韦斯腾(Drew Westen)描述有动机的推理为“一种隐式影响调控的形式,大脑在其中汇集能将负面影响最小化、正面影响最大化的解决之道”(Westen, Blagov, Harenski, Kilts, & Hamann, 2006)。看来十分恰当。

㊺ 在宗教的领域中,这个原则常令人吃惊地及不自觉地崩解,这项事实正是为什么我们能合理质问世界的宗教到底有没有与现实脱节。

㊻ Bechara et al., 2000; Bechara, Damasio, Tranel, & Damasio, 1997; A. Damasio, 1999.

㊼ S. Harris et al., 2008.

㊽ Burton, 2008.

㊾ Frith, 2008, p.45.

㊿ Silver, 2006, pp.77 – 78.

51 但这种等位基因(allele)也曾被联结到多种心理特质,像追寻新奇和性格外向,这也许说明了它为什么能在基因组中持续存在(Benjamin et al., 1996)。

52 Burton, 2008, pp.188 – 195.

53 Joseph, 2009.

54 Houreld, 2009; LaFraniere, 2007; Harris, 2009.

55 Mlodinow, 2008.

56 Wittgenstein, 1969, p.206.

57 类比推理(analogical reasoning)一般认为是归纳的一种形式(Holyoak, 2005)。

58 Sloman & Lagnado, 2005; Tenenbaum, Kemp, & Shafto, 2007.

59 对关于演绎推理文献的回顾,见 Evans, 2005。

60 参照 J. S. B. T. Evans, 2005, pp.178 – 179。

61 例如:Canessa et al., 2005; Goel, Gold, Kapur, & Houle, 1997; Osherson et al., 1998; Prabhakaran, Rypma, & Gabrieli, 2001; Prado, Noveck, & Van Der Henst, 2009; Rodriguez-Moreno & Hirsch, 2009; Strange, Henson, Friston, & Dolan, 2001。戈埃尔与多兰(Goel & Dolan, 2003a)发现,当三段论法的推理被强烈的信念偏见调节时,腹内侧前额叶皮层(ventromedial prefrontal cortex)被优先占用,同时没有有力偏见的这种推理看来是被(右)外侧前额叶皮层(lateral prefrontal cortex)更大的活动驱动。埃利奥特等人(Elliot et al., 1997)发现,猜测显然是被腹内侧前额叶皮层所介导。贝色拉等人(Bechara et al., 1997)报告,遭受腹内侧前额叶伤害的病人在从事赌博性任务时,未能根据他们的正确概念信念行动。在我们2008年的研究以前,这些发现如何涉及相信和不信本身并不清楚。然而,它们暗示内侧前额叶皮层(medial prefrontal cortex)会在我们感兴趣的诸区中。

做决定虽然一定与对相信的处理有关,但神经科学家往往研究的“决定”是那些在感官区别的测验中先于随意运动者(Glimcher, 2002)。这种运动的引发需要对一目标刺激已出现了的判断—我们甚至可以说这蕴含了对一事件已发生了的“信念”——但这种研究并非设计来检查作为一命题态度的相信。在面对潜在报偿时做决定,显然任何想理解人类行为与动物行为根源的人都极感兴趣,但对相信本身的联结看来是牵强的。例如:在视觉决定任务中(在其中猴子被训练来探测随机点的连贯运动,并以眼睛的动作来示意它们的方向),戈尔德和沙德伦发现,负责这个感官判断的头脑区正是接着引发行为反应的区(Gold & Shadlen, 2000, 2002; Shadlen & Newsome, 2001)。神经元在这些区中看来是作为感官信息的整合者,只要一达到启动的门槛就引发训练好的行为。因此,我们可能禁不住想说,对一刺激正朝左移动的“信念”位于外侧顶内沟区(lateral intraparietal area)、额叶眼区(frontal eye fields)和上丘(superior colliculus)——因为这些是引发眼睛运动的脑区。但这里我们在谈的是一只猴子的“信念”——一只被训练好的猴子在期待当即报偿时,对一特定刺激产生一刻板印象型的反应。这不是我一向研究主题的那种“信念”。

关于做决定的文献一般都寻求针对随意动作、错误侦测、报偿等之间的联结。只要头脑的报偿系统涉及了一特定行为将导致未来报偿的预测,我们就可能说这是个信念形成的事情,但没有什么指出这种信念是明确的、经语言介导的或命题的。我们知道它们不会是的,因大部分报偿处理的研究是对老鼠、猴子、山雀、鸽子等做的。这个文献研究了感官判断和运动反应之间的联结,而不是在命题真值的事项上信与不信的差异。这并不是要极力贬低在这个领域中所发生的引人入胜的进步。其实,使行为生态学家得以说明动物群觅食行为的经济模型,也使神经生理学家得以描述支配个别动物对差别报偿反应的神经元组件的行动(Glimcher, 2002)。对神经经济学也有增长中的文献,它们用神经影像术检查人类决策(以及信任和互惠)。上述研究的部分成果,本书将予以讨论。

㉜ 使用像多变量模式分类(multivariate pattern classification)之类的精致数据分析技巧,使这个变得特别可行(Cox & Savoy, 2003; P. K. Douglas, Harris, & Cohen, 2009)。大部分 fMRI 数据的分析是单变量的,而且只找头脑中每个点的行动与任务范式(task paradigm)之间的正相关。这个研究法忽略了诸区间一定存在的交互关系。考克斯和萨沃伊展示了一个多变量的研究法,在其中统计模式识别法被用来跨越所有区以寻找正相关,允许了以对行动的分布模式更敏感得多的方式,来对 fMRI 数据做一个非常巧妙的分析(Cox & Savoy, 2003)。用这个研究法,他们就能对一研究对象的实验运行只检查 20 秒,就能决定他在(从 10 个可能的类型中)看什么视觉刺激。

潘梅拉・道格拉斯(Pamela Douglas),加州大学洛杉矶分校马克・科恩认知神经科学实验室的一位研究生,最近采用了相似的研究法来分析我原来的信念数据(P. K. Douglas, Harris, & Cohen, 2009)。她首先对我们研究对象的三次观测结果各自做独立成分(IC)分析,以创造一个未督导的机器学习分类器。然后她选择对应于接着"信"或"不信"事件的血液动力学反应函数(HRF)(hemodynamic response function)最大值的IC时间历程值。这些值送进一个选择过程,从而把"好预报者"的IC转化成训练朴素贝叶斯分类器(Naïve Bayes classifier)的分类网络中的特征。道格拉斯为测试她分类的正确性,进行了一项"留一交叉验证"(leave-one-out cross-validation)。利用这个准绳,她的朴素贝叶斯分类器在90%的时间正确标示了"排除在外"试验。既有这样的结果,再把硬件和数据分析技巧两者进一步精化,fMRI能成为一个准确的测谎手段就似乎不再是不着边际了。

⑹ Holden, 2001.

⑹ Broad, 2002.

⑹ Pavlidis, Eberhardt, & Levine, 2002.

⑹ Allen & Iacono, 1997; Farwell & Donchin, 1991。斯彭斯等人(Spence et al., 2001)显然发表了最早的关于诈骗的神经影像学研究。他们的研究提出"诈骗"与在腹外侧前额叶皮层(BA 47)(ventrolateral prefrontal cortex)活动的双侧会增加关联,那是一个常与反应压抑及不当行为的抑制关联的区(Goldberg, 2001)。

然而,斯彭斯研究的结果容易受到一些明显局限的影响——也许最昭然若揭的,就是借视觉提示精确地告诉研究对象什么时候撒谎。不消说,这大大地夺取了实验的逼真性。在诈骗的自然生态学中,潜在的骗子必须注意何时问题拉近了他矢志掩饰的事实地带,而且他必须随着情况的允许来撒谎,同时遵守他与跟他谈话的人观点一致的逻辑条理和一贯性(值得注意的是,一个人除非遵守推理的规范及信念形成的规范,否则不可能撒谎成功。这毫不意外)。被要求响应视觉提示来自动撒谎,并未模拟通常的诈骗行动。斯彭斯与共同作者在一个后续的研究中做了很多来补救这个问题,让研究对象在有关他们个人史的题目上自由裁量是否要撒谎(Spence, Kaylor-Hughes, Farrow, & Wilkinson, 2008)。这项研究大致复制了他们对于腹外侧前额叶皮层主要牵涉的发现(不过现在几乎完全在左脑)。还有其他对诈骗的神经影像研究一如"内疚知识"(Langleben et al., 2002)、"假装的记忆受损"(Lee et al., 2005)等等——但除了可靠地找到任何一个这些状态的神经相关性外,挑战之处在于找到一个能对所有形式的诈骗概括化的结果。

这些研究借由我们透过神经影像术来侦测诈骗的扎实基础并不完全明显。焦点放在信与不信的神经相关性上,也许免除了存在于诸类型的诈骗之间的任何差别、刺激表现的方式等等。例如：在否认什么是真与声称什么是假之间有差别吗？把问题以要相信还是不信的命题来重述，也许绕过了谎言的“方向性”所构成的任何问题。另一组研究者（Abe et al., 2006）采纳的步骤是，借由要求研究对象交替地否认真的知识和主张假的知识来解决定向性的问题。然而，这个研究也遭受通常的局限，因为研究对象被指导什么时候撒谎，而他们的谎言受限于是否先前看过实验的刺激。

对信念的一个功能性神经解剖或许也能增加我们对安慰剂反应的理解——它对审查药品的过程可以既意义深远又深刻无益。例如：抗抑郁药的65%~80%的效果似乎可归于正面的期待（Kirsch, 2000）。甚至还有手术方式虽然有效，但并不比骗人的手术更有效（Ariely, 2008）。虽然一些神经影像的工作已在这个领域实施了，但安慰剂反应目前仅就征候解除来操作，而不顾及研究对象的基本心态（Lieberman et al., 2004; Wager et al., 2004）。找到相信的神经相关性，也许能使我们最终在药品设计的过程中控制这个效果。

⑰ Stoller & Wolpe, 2007.

⑱ Grann, 2009.

⑲ 然而，有理由怀疑我们目前的神经影像学方法（像fMRI）将产生一个实用的读心术。功能性磁共振成像研究作为一组方法有若干重要的局限。也许首先与最重要的就是统计力和敏感性的局限了。我们如果选择极为保守的门槛来分析我们的数据，以排除第一类错误（存伪）的可能性，这就必然会增加第二类错误（弃真）。更进一步的是，大部分研究不加疑问地想定对整个头脑一致的侦测敏感度，这个条件已知违反了为fMRI所使用的低带宽、快影像扫描。磁场非均匀性（field inhomogeneity）也往往增加了运动伪差（motion artifacts）的程度。当运动与刺激联系起来时，这能产生存伪激活，尤其在皮层中。

我们可能也发现神经影像学的基本物理学只容许一点点范围的人类机巧。如果这样的话，便宜的、隐蔽的测谎可能永远不会降临，而我们将被迫去倚赖贵得不得了、累赘得不得了的技术。即便如此，我认为可以安全地说，在分量最重的事情上——像是在法院、在大陪审团面前、在重要的商业交涉中等等——想在现实上撒谎将变得不可能的日子不远了。当然，这项事实将被广为公布，而只要利害关系大，相应的科技就会被期待就位或可用。这项保证本身，而不是不断地使用这些机器，将改变我们。

⑳ Ball, 2009.

㉑ Pizarro & Uhlmann, 2008.

㉒ Kahneman, 2003.

㉓ Rosenhan, 1973.

⑭ McNeil, Pauker, Sox, & Tversky, 1982.

⑮ 还有其他推理偏见能影响医疗决定。例如：周知两个类似抉择的存在能产生“决定的冲突”，使偏向于第三种选择。在一项实验中，神经专科医生与神经外科医生被要求决定让哪个病人先动手术。一半的研究对象在一位50出头的妇人和一位70多岁老头之间做选择。另一半给了同样的两位病人，加上另一位与第一位很难区别的50出头的妇人：在第一个情节中，38%的医生选择对老头子动手术；在第二个情节中有58%选择他（LaBoeuf & Shafir, 2005）。这是比乍看之下可能更显然的大改变：在第一个例子中，该妇人得到动手术的机会是62%；在第二个则为21%。

第4章 宗教

① Marx, [1843] 1971.

② Freud, [1930] 1994; Freud & Strachey, [1927] 1975.

③ Weber, [1922] 1993.

④ Zuckerman, 2008.

⑤ Norris & Inglehart, 2004.

⑥ Finke & Stark, 1998.

⑦ Norris & Inglehart, 2004, p.108.

⑧ 然而，社会经济的不平等看来未能说明穆斯林世界中的宗教极端论，因为那里的激进分子平均比稳健者富有且受过更多教育（Atran, 2003; Esposito, 2008）。

⑨ http://pewglobal.org/reports/display.php? ReportID=258.

⑩ http://pewforum.org/surveys/campaign08/.

⑪ Pyysiäinen & Hauser, 2010.

⑫ Zuckerman, 2008.

⑬ Paul, 2009.

⑭ Hall, Matz, & Wood, 2010.

⑮ 世界价值调查组织（World Values Survey, www.worldvaluessurvey.org）数十年来对“主观幸福”（subjective well-being, SWB）的跨文化研究指出，宗教可能在社会发展、安全，及自由处于低水平时，对人类的快乐和生活满足做出重大贡献。然而，最快乐与最安全的诸社会往往是最世俗的。对一个社会的中数SWB的最佳预测指标，就是社会容忍力（对同性恋者、两性平等、其他宗教等等）和个人自由（Inglehart, Foa, Peterson, & Welzel, 2008）。当然，容忍力和个人自由是直接

联结的,而且两者中没有哪个看来在正统宗教的阴影下能够繁荣。

⑯ Paul, 2009.

⑰ Culotta, 2009.

⑱ Buss, 2002.

⑲ 多亏生物学家杰利・柯尼指出这点(个人交流)。然而,神经科学家马克・科恩更进而评述(个人交流),许多传统社会对男性滥交比女性滥交要容忍得多——例如:对被强奸者的制裁常和对施暴者的制裁同样严重,甚或更严重。科恩推测在这种例子中,宗教也许对生物性的冲动本能提供了事后归因的正当化。也许是这样吧。我只想补充,在这里跟在别的地方一样,将人类幸福最大化的任务与更新世的生物性本能是明白切割的。

⑳ Foster & Kokko, 2008.

㉑ Fincher, Thornhill, Murray, & Schaller, 2008.

㉒ Dawkins, 1994; D. Dennett, 1994; D. C. Dennett, 2006; D. S. Wilson & Wilson, 2007; E. O. Wilson, 2005; E. O. Wilson & Holldobler, 2005, pp.169 - 172; Dawkins, 2006.

㉓ Boyer, 2001; Durkheim & Cosman, [1912] 2001.

㉔ Stark, 2001, pp.180 - 181.

㉕ Livingston, 2005.

㉖ Dennett, 2006.

㉗ http://pewforum.org/docs/?DocID=215.

㉘ http://pewforum.org/docs/?DocID=153.

㉙ Boyer, 2001, p.302.

㉚ Barrett, 2000.

㉛ Bloom, 2004.

㉜ Brooks, 2009.

㉝ E. M. Evans, 2001.

㉞ Hood, 2009.

㉟ D'Onofrio, Eaves, Murrelle, Maes, & Spilka, 1999.

㊱ Previc, 2006.

㊲ 此外,一种特定类型的血清素受体(serotonin receptor)的密度,已与在气质与性格量表(Temperament and Character Inventory)的"精神接纳"亚分量表上得高分呈负关联(J. Borg, Andree, Soderstrom, & Farde, 2003)。

㊳ Asheim, Hansen & Brodtkorb, 2003; Blumer, 1999; Persinger & Fisher, 1990.

㊴ Brefczynski-Lewis, Lutz, Schaefer, Levinson, & Davidson, 2007; Lutz, Brefczynski-Lewis, Johnstone, & Davidson, 2008; Lutz, Greischar, Rawlings, Ricard, & Davidson, 2004; Lutz, Slagter, Dunne, & Davidson, 2008; A. Newberg et al., 2001.

㊵ Anastasi & Newberg, 2008; Azari et al., 2001; A. Newberg, Pourdehnad, Alavi, & d'Aquili, 2003; A. B. Newberg, Wintering, Morgan, & Waldman, 2006; Schjoedt, Stodkilde-Jorgensen, Geertz, & Roepstorff, 2008, 2009.

㊶ S. Harris et al., 2008.

㊷ Kapogiannis et al., 2009.

㊸ S. Harris et al., 2009.

㊹ D'Argembeau et al., 2008; Moran, Macrae, Heatherton, Wyland, & Kelley, 2006; Northoff et al., 2006; Schneider et al., 2008.

㊺ Bechara et al., 2000.

㊻ Hornak et al., 2004; O'Doherty et al., 2003; Rolls, Grabenhorst, & Parris, 2008.

㊼ Matsumoto & Tanaka, 2004.

㊽ 对基督徒和非信徒的一个信仰低于不信的直接比较,并没显示对非宗教刺激的集体差异。对宗教刺激,有另一些脑区的确因群体而异;然而,对这些结果最好的解释,是两个群体对违犯宗教教义的陈述(即"亵渎上帝的"陈述)都有共同反应。

相反的对比,不信低于信仰,在额上沟(superior frontal sulcus)和中央前回(precentral gyrus)产生信号的增加。这些区的参与不能立即根据先前的研究解释。然而,一个兴趣区分析显示了,对这个对比在脑岛有信号的增加。这局部复制了我们以前对此对比的发现及支持卡波吉安尼斯等人(Kapogiannis et al.)的研究,他们也发现脑岛中的信号与对被认为假的宗教陈述的拒绝相关。前脑岛对负面情绪/评估的意义前面已经讨论过了。由于卡波吉安尼斯等人在他们的实验中没有包括一个非宗教的控制条件,他们把脑岛的征用当作对有信仰的人可能激发"反感、内疚或对失去的恐惧"之违犯宗教教义的征象。反之,我们先前的工作表明脑岛对一般不信都活跃。

在我们的研究中,基督徒看来对脑岛信号做出最大的双侧贡献,同时从两个群体来的汇总数据只在左半球产生信号。卡波吉安尼斯等人也发现,信教的研究对象在不信试验上产生双侧的脑岛信号,同时来自信徒与不信者两者的数据只在左侧产生信号。综合起来,这些发现表示就脑岛活动而言,宗教信徒与不信者之间可能有群体差异。其实,因巴尔等人发现加剧的嫌恶感是社会保守主义的预测(借自我报告的对同性恋反应的嫌恶来衡量,Inbar, Pizarro, Knobe, & Bloom, 2009)。我们在第一个研究中对这个对比发现了,双侧脑岛信号也许能用我们在招募研究对象时没有对宗教信仰(或政治倾向)做控制的事实来解释。在美国不信教者的稀罕,甚至连在大学校园中,我们可期待在我们的第一个研究中大部分研究对象拥有某程度的宗教信仰。

㊾ 即使两个群组在我们实验的一半试验中正好接受或拒绝相反的陈述,我们还是得到这些结果。这似乎排除了我们的数据能被参加我们的研究者认为是"真"或"假"之外的诸刺激性质解释。

㊿ Wager et al., 2004.

(51) T. Singer et al., 2004.

(52) Royet et al., 2003; Wicker et al., 2003.

(53) Izuma, Saito, & Sadato, 2008.

(54) 另一个看来因思考宗教而优先参与的关键脑区为后内侧皮质(posterior medial cortex)。这个区是在休息与自我参照任务时显示较大活动的"休息状态"网络的部分(Northoff et al., 2006)。宗教刺激反应与非宗教刺激反应之间的一个差别可能在于:对两组而言,一个人的答案可用于肯定他或她的身份——即对每个宗教审制,基督徒都明确肯定他们的宗教世界观,同时非信徒则明确否认宗教宣称的真实性。

相反的对比,非宗教低于宗教陈述,在左脑记忆网络中产生了较大的信号,包括海马体(hippocampus)、海马旁回(parahippocampal gyrus)、颞中回(middle temporal gyrus)、颞极(temporal pole)、扣带皮层(retrosplenial cortex)等。广为所知,海马体和海马旁回涉及记忆检索(Diana, Yonelinas, & Ranganath, 2007);前颞叶(anterior temporal lobe)也参与语义记忆任务(K. Patterson, Nestor, & Rogers, 2007);而扣带皮层(retrosplenial cortex)展现出特别强的与内侧颞叶(medial temporal lobe)中结构的相互连通性(Buckner, Andrews-Hanna, & Schacter, 2008)。如是,在我们的研究中呈现的对非宗教刺激的判断,似乎更倚赖涉及接触储存知识的头脑系统。

在我们的宗教刺激中,与基督教教义相反的陈述的亚集,对两组都在若干脑区中产生更大的信号,包括腹侧纹状体(ventral striatum)、旁扣带回皮质(paracingulate cortex)、额中回(middle frontal gyrus)、额极(frontal poles)、顶下小叶皮质(inferior parietal cortex)等。在当基督徒摈斥违反他们教义的刺激(例如圣经的神是个神话)与当非信徒肯定那些相同陈述的真实性两者时,这些区都显示了更大的信号。换句话说,这些头脑区在两个研究对象组中,都偏袒地对"亵渎宗教"的陈述做出反应。这个对照中的腹侧纹状体信号表明,对这些刺激的决定可能对两组都更有报偿：非信徒可能从明白否定宗教教义的主张得到特别乐趣，同时基督徒可能喜欢摈斥这些陈述为假。

(55) Festinger, Riecken, & Schachter, [1956] 2008.

(56) Atran, 2006a.

(57) Atran, 2007.

(58) Bostom, 2005; Butt, 2007; Ibrahim, 2007; Oliver & Steinberg, 2005; Rubin, 2009; Shoebat, 2007.

(59) Atran, 2006b.

(60) Gettleman, 2008.

(61) Ariely, 2008, p.177.

(62) Pierre, 2001.

(63) Larson & Witham, 1998.

(64) 21%的美国成人（其中有14%在美国本土出生）为功能上的文盲（www.nifl.gov/nifl/facts/reading_facts.html），同时只有3%的美国人同意“我不信上帝”这个陈述。即便近乎看不见，无神论者在美国是最被诬蔑的少数派——超过同性恋者、非洲裔美国人、犹太人、穆斯林、亚洲人，或其他任何群体。连在2001年9月11日之后，更多的美国人也宁愿投票给一名穆斯林当总统而不愿投票给一名无神论者（Edgell, Geteis, & Hartmann, 2006）。

(65) Morse, 2009.

(66) 如果有名骑士骑乘这匹马的话，他会完全没有结构，并且无视知觉、认知、情感、意图等细节，这些状态的存在仰赖于大脑特定区的电化学行动。如果有个“纯意识”可能担任这样的角色的话，它将跟大部分信教的人以为的“灵魂”没有多少相似。一个这么透明的灵魂在鬣狗的脑袋里（而且似乎也同样可能在那儿）会跟在人的脑袋里同样适意。

(67) Levy（2007）提出了同样的问题。

(68) Collins, 2006.

(69) 在这个语境下值得回顾一位声誉显著的科学家因为说了什么笨话而毁掉自己的事业，事实上是可能的。DNA结构的共同发现者、诺贝尔奖得主暨人类基因组工程原初领导人詹姆斯·沃森最近就达成了这个功业，他在一次接受采访时声称，非洲裔的人看来天生就没有白种的欧洲人聪明（Hunte-Grubbe, 2007）。几个句子未经思考就说出口，随即在学术圈被“抛出窗外”：演讲的邀请撤回了，颁奖典礼取消了，而且沃森被迫立即辞去了冷泉港实验室（Cold Spring Harbor Laboratory）总管的职务。

沃森对种族的意见令人不安，但他基本的意向原则上并非不科学的。不同种族之间在智力上也许真的有可探测的差异。一个孤立生活了几万年的人口群的遗传后果,如果种族间或民族间没有差异可发现那才惊人。我这么说并不是为沃森对种族的着迷辩护,也不是提议这种以种族为焦点的研究值得进行。我只是观察到他的观点,至少可能有科学的基础。沃森的说辞虽然令人反感,但我们不能说他的观点根本不理性,或者说他为那观点发声,就驳斥了科学的世界观并声称他自己不受未来发现的影响。这个荣誉还得保留给沃森在人类基因组工程的接班人弗朗西斯·柯林斯博士。

(70) Collins, 2006, p.225.

(71) Van Biema, 2006; Paulson, 2006.

(72) Editorial, 2006.

(73) Collins, 2006, p.178.

(74) 同上,第200~201页。

(75) 同上,第119页。

(76) 数学对描述物理世界的神秘有效性,的确吸引了许多科学家往神秘主义(mysticism)、哲学的柏拉图主义,以及宗教靠拢。物理学家尤金·魏格纳(Eugene Wigner)在一篇名为《数学在自然科学中不合理的有效性》(*The Unreasonable Effectiveness of Mathematics in the Natural Sciences*)(Wigner, 1960)的著名论文中,提出了该问题。我虽然没把握克莱克的想法(Craik, 1943)穷尽了这种神秘性,但我认为他说各种大脑过程及世界中它们代表的诸过程之间的类质同像(isomorphism),可能说明了数字的用途和若干数学运算是有什么可谈。大脑活动的若干模式(即数字)能可靠地映射于世界,真的那么可惊吗?

(77) 柯林斯也有个挑软柿子捏的可怕倾向,并容易歪曲如史蒂芬·霍金(Stephen Hawking)和爱因斯坦等著名科学家的观点。例如他写道:

> 爱因斯坦看见纯粹自然主义的世界观的贫瘠。他仔细地选择措辞说道:"科学少了宗教就瘸了,宗教少了科学就瞎了。"

在这里仔细选择措辞的是柯林斯。正如我们在上文所见,当就上下语境阅读时(Einstein, 1954, pp.41-49),这个引句显示爱因斯坦根本不拥护有神论,而且他对"上帝"一词的用法是指自然律的一种诗意说法。爱因斯坦曾抱怨过这种对他作品的蓄意曲解:

> 当然,你读到的关于我的宗教信念的说法都是一个谎言,一个正被系统性一再重复的谎言。我不相信一个人格神,而且我从来没否认过这点,反而曾清楚表示过。如果我身上有什么能被叫作宗教的,那么就是对到目前为止我们的科学所能揭露的世界结构的无尽憧憬(引用自R. Dawkins, 2006, p.36)。

(78) Wright, 2003, 2008.

(79) Polkinghorne, 2003; Polkinghorne & Beale, 2009.

(80) Polkinghorne, 2003, pp.22－23.

(81) 1996年,物理学家艾伦·索卡尔(Alan Sokal)投稿了一篇胡扯的文章《超越界线:走向量子引力的超形式的解释学》(*Transgressing the Boundaries: Towards a Transformative Hermeneutics of Quantum Gravity*)给《社会文本》(*Social Text*)杂志。该文虽然荒唐得显而易见,但那家仍站在"文化理论最前线"的杂志还是热心刊行了。该文中充满了如下宝石:

> 科学共同体的话语,虽有那一切不容否认的价值,但对于发自异议的或边缘化的共同体的反霸权叙事,就不能声称具有优越的知识论地位……在量子引力中,正如我们将看到的,时空的多种形式停止作为客观的物理真实存在;几何变成关系的和语境的;而先前科学的基础概念范畴(它们之间包括存在本身)变成问题化的与相对化的。我主张这个概念革命对未来的后现代及解放性科学的内容有深远的含义(Sokal, 1996, p.218)。

(82) Ehrman, 2005。圣经学者们同意最早的福音书是在耶稣死了几十年后写的。我们并没有任何福音书的原始文本。我们所有的是古希腊稿本的抄本的抄本的抄本,它们之间确实有数以千计的地方彼此不同。许多显示了后代窜改的迹象——那就是说几世纪间人们把一些片段加进了那些文本,而那些片段已渗透进书里去了。事实上,新约有整节整节长久以来被认为是伪造的,像启示录,是在被忽视几世纪后才包括进圣经的;也有其他书,如《黑马牧人书》(*Shepherd of Hermas*),被尊为圣经的一部分,几百年后才终于因其为伪经而排除。结果,真的可说,好几代的基督徒生死是由信徒现在认为是错的与不完全的经文所引导。其实,直到今天,罗马天主教徒与新教徒还不能同意圣经的全部内容。不消说,这种胡乱的、太人之常情的把宇宙创造者的权威话语拼凑到一起的过程,似乎是糟糕的相信耶稣奇迹真的发生过的基础。

哲学家大卫·休谟对于根据证言而相信奇迹提出了很好的论点:"没有证言足以建立一个奇迹,除非那证言的性质是,其谬误比它想建立的事实更神奇……"(Hume, 1996, vol. IV, p.131)。这是个好的经验法则。哪个比较可能呢?耶稣的妈妈玛利亚有了婚外性关系而觉得必须撒谎,还是她跟蚜虫和科莫多巨蜥一样通过单性生殖而怀了孩子?在一方面,我们有了对通奸撒谎的现象——在对通奸的处罚是处死的语境下——在另一方面,我们有一个女人自发地模拟若干昆虫和爬虫类的生物性。嗯……

(83) Editorial, 2008.

(84) Maddox, 1981.

⑧⑤ Sheldrake, 1981.

⑧⑥ 我曾在许多场合公开惋惜过这个双重标准(S. Harris, 2007a; S. Harris & Ball, 2009)。

⑧⑦ Collins, 2006, p.23.

⑧⑧ Langford et al., 2006.

⑧⑨ Masserman et al., 1964.

⑨⓪ 我们对黑猩猩的公平想法的图像有点模糊。它们无疑地会注意到不平等,但如果它们从中获益就似乎不在乎(Brosnan, 2008; Brosnan, Schiff, & de Waal, 2005; Jensen, Call, & Tomasello, 2007; Jensen, Hare, Call, & Tomasello, 2006; Silk et al., 2005)。

⑨① Range et al., 2009.

⑨② Siebert, 2009.

⑨③ Silver, 2006, p.157.

⑨④ 同上,第162页。

⑨⑤ Collins, 2006.

⑨⑥ 当然,我也受到许多支持,尤其是来自科学家们,甚至是来自美国国家卫生研究院的科学家们。

⑨⑦ 应该注意的是米勒也是一位信教的基督徒,以及《寻找达尔文的上帝》(*Finding Darwin's God*)(K. R. Miller, 1999)的作者。这本书尽管缺点不少,但包含了一个对"智能设计论"的极有用的摧毁。

⑨⑧ C. Mooney & S. Kirshenbaum, 2009, pp.97-98.

⑨⑨ 这个主张甚至在科学话语的最高层次也还是很普及的。《自然》杂志最近的一篇评论文章中对人类进化的真相坚持道:

> 绝大多数科学家,以及大多数信教的人,看不出在宗教与科学的冲突中有什么乐趣或进步的潜力,那种冲突固定被辩论双方的相对一小撮人煽成烈焰。许多科学家信教,而且不察觉他们的科学价值观——坚持对宇宙本质做无私、客观探询的价值观——与他们信仰的价值观冲突(〈编者的话〉,2007)。

来自美国国家科学院:

> 科学无法证明或反驳宗教……许多科学家曾雄辩地写道,他们的科学研究如何增加他们对创世者的敬畏与理解……对科学的研究不必减少或违背信仰(National Academy of Sciences [U.S.] & Institute of Medicine[U.S.], 2008, p.54)。

第5章 幸福的未来

① Allen, 2000.

② 1910年7月5日《洛杉矶时报》。

③ 正如上文所指出的,我认为对激怒上帝及/或在地狱永远受罪的顾虑是基于关于伤害的特定看法是相当清楚的。不相信上帝或地狱,使我们不在乎这种快乐上的负担。在海特的分析下,对上帝及来生的顾虑似乎落于“权威”及/或“纯粹”的范畴。我认为这样的分配没必要地区分了在基础上更一般的对伤害的顾虑。

④ Inbar et al., 2009.

⑤ Schwartz, 2004.

⑥ D. T. Gilbert, 2006.

⑦ www.ted.com/talks/daniel_kahneman_the_riddle_of_experience_vs_memory.html.

⑧ 同上。

⑨ Lykken & Tellegen, 1996.

⑩ D. T. Gilbert, 2006, pp.220 - 222.

⑪ Simonton, 1994.

⑫ Rilling et al., 2002.

参考文献

Aaronovitch, D. (2010). *Voodoo histories: The role of the conspiracy theory in shaping modern history.* New York: Riverhead Books.

Abe, N., Suzuki, M., Tsukiura, T., Mori, E., Yamaguchi, K., Itoh, M., et al. (2006). Dissociable roles of prefrontal and anterior cingulate cortices in deception. *Cereb Cortex*, *16*(2), 192–199.

Abraham, A., & von Cramon, D. Y. (2009). Reality = relevance? Insights from spontaneous modulations of the brain's default network when telling apart reality from fiction. *PLoS ONE*, *4*(3), e4741.

Abraham, A., von Cramon, D. Y., & Schubotz, R. I. (2008). Meeting George Bush versus meeting Cinderella: The neural response when telling apart what is real from what is fictional in the context of our reality. *J Cogn Neurosci*, *20*(6), 965–976.

Adolphs, R., Tranel, D., Koenigs, M., & Damasio, A. R. (2005). Preferring one taste over another without recognizing either. *Nat Neurosci*, *8*(7), 860–861.

Ainslie, G. (2001). *Breakdown of will.* Cambridge, UK: Cambridge University Press.

Allen, J. (2000). *Without sanctuary: Lynching photography in America.* Santa Fe, NM: Twin Palms.

Allen, J. J., & Iacono, W. G. (1997). A comparison of methods for the analysis of event-related potentials in deception detection. *Psychophysiology*, *34*(2), 234–240.

Amodio, D. M., Jost, J. T., Master, S. L., & Yee, C. M. (2007). Neurocognitive correlates of liberalism and conservatism. *Nat Neurosci*, *10*(10),

1246 - 1247.

Anastasi, M. W., & Newberg, A. B. (2008). A preliminary study of the acute effects of religious ritual on anxiety. *J Altern Complement Med*, *14*(2), 163 - 165.

Anderson, A. K., Christoff, K., Panitz, D., De Rosa, E., & Gabrieli, J. D. (2003).

Neural correlates of the automatic processing of threat facial signals. *J Neurosci*, *23*(13), 5627 - 5633.

Andersson, J. L. R., Jenkinson, M., & Smith, S. M. (2007). Non-linear registration, aka spatial normalisation. *FMRIB technical report*, *TR07JA2.*

Andersson, J. L. R., Jenkinson, M., & Smith, S. M. (2007). Non-linear optimisation. *FMRIB technical report*, *TR07JA1.*

Appiah, A. (2008). *Experiments in ethics.* Cambridge, MA: Harvard University Press.

Ariely, D. (2008). *Predictably irrational.* New York: Harper Collins.

Asheim Hansen, B., & Brodtkorb, E. (2003). Partial epilepsy with "ecstatic" seizures. *Epilepsy Behav*, *4*(6), 667 - 673.

Atchley, R. A., Ilardi, S. S., & Enloe, A. (2003). Hemispheric asymmetry in the processing of emotional content in word meanings: The effect of current and past depression. *Brain Lang*, *84*(1), 105 - 119.

Atran, S. (2003, May 5). Who wants to be a martyr? *New York Times.*

Atran, S. (2006a). Beyond belief: Further discussion. Retrieved June 11, 2008, from www.edge.org/discourse/bb.html.

Atran, S. (2006b). What would Gandhi do today? Nonviolence in an age of terrorism. Retrieved from http://sitemaker.umich.edu/satran/relevant_articles_on_terrorism.

Atran, S. (2007). Paper presented at the Beyond Belief: Enlightenment 2.0.

Retrieved from http://thesciencenetwork.org/programs/beyond-beliefenlightenment - 2 - 0/scott-atran.

Azari, N. P., Nickel, J., Wunderlich, G., Niedeggen, M., Hefter, H., Tellmann, L., et al. (2001). Neural correlates of religious experience. *Eur J Neurosci*, *13*(8), 1649 - 1652.

Baars, B. J., & Franklin, S. (2003). How conscious experience and working memory interact. *Trends Cogn Sci*, *7*(4), 166 - 172.

Babiak, P., & Hare, R. D. (2006). *Snakes in suits: When psychopaths go to work* (1st ed.). New York: Regan Books.

Ball, P. (2009, June 25). And another thing ... Retrieved July 6, 2009, from http: //philipball.blogspot.com.

Baron, A. S., & Banaji, M. R. (2006). The development of implicit attitudes. Evidence of race evaluations from ages 6 and 10 and adulthood. *Psychol Sci*, *17*(1), 53-58.

Baron, J. (2008). *Thinking and deciding* (4th ed.). New York: Cambridge University Press.

Baron-Cohen, S. (1995). *Mindblindness: An essay on autism and theory of mind*. Cambridge, MA: MIT Press.

Barrett, J. L. (2000). Exploring the natural foundations of religion. *Trends Cogn Sci*, *4*(1), 29-34.

Bauby, J.-D. (1997). *The diving bell and the butterfly* (1st U.S. ed.). New York: A. A. Knopf.

Baumeister, R. F. (2001). Violent pride. *Sci Am*, *284*(4), 96-101.

Baumeister, R. F., Campbell, J. D., Krueger, J. I., & Vohs, K. D. (2005). Exploding the self-esteem myth. *Sci Am*, *292*(1), 70-77.

Bawer, B. (2006). *While Europe slept: How radical Islam is destroying the West from within* (1st ed.). New York: Doubleday.

Bechara, A., Damasio, H., & Damasio, A. R. (2000). Emotion, decision making and the orbitofrontal cortex. *Cereb Cortex*, *10*(3), 295-307.

Bechara, A., Damasio, H., Tranel, D., & Damasio, A. R. (1997). Deciding advantageously before knowing the advantageous strategy. *Science*, *275* (5304), 1293-1295.

Begg, I. M., Robertson, R. K., Gruppuso, V., Anas, A., & Needham, D. R. (1996). The Illusory-knowledge effect. *Journal of Memory and Language*, *35*, 410-433.

Benedetti, F., Mayberg, H. S., Wager, T. D., Stohler, C. S., & Zubieta, J. K. (2005). Neurobiological mechanisms of the placebo effect. *J Neurosci*, *25*(45), 10390-10402.

Benedict, R. (1934). *Patterns of culture*. Boston, New York: Houghton Mifflin.

Benjamin, J., Li, L., Patterson, C., Greenberg, B. D., Murphy, D. L., & Hamer, D. H. (1996). Population and familial association between the D4 dopamine receptor gene and measures of novelty seeking. *Nat Genet*, *12*(1), 81-84.

Bilefsky, D. (2008, July 10). In Albanian feuds, isolation engulfs families. *New York Times*.

Blackmore, S. J. (2006). *Conversations on consciousness: What the best minds think about the brain, free will, and what it means to be human*. Oxford, UK; New

York: Oxford University Press.

Blair, J., Mitchell, D. R., & Blair, K. (2005). *The psychopath: Emotion and the brain.* Malden, MA: Blackwell.

Blakemore, S. J., & Frith, C. (2003). Self-awareness and action. *Curr Opin Neurobiol*, *13*(2), 219–224.

Blakemore, S. J., Oakley, D. A., & Frith, C. D. (2003). Delusions of alien control in the normal brain. *Neuropsychologia*, *41*(8), 1058–1067.

Blakemore, S. J., Rees, G., & Frith, C. D. (1998). How do we predict the consequences of our actions? A functional imaging study. *Neuropsychologia*, *36*(6), 521–529.

Blakeslee, S. (2007, February 6). A small part of the brain, and its profound effects. *New York Times.*

Block, N. (1995). On a confusion about the function of consciousness. *Behavioral and Brain Sciences*, *18*, 227–247.

Block, N., Flanagan, O., & Güzeldere, G. (1997). *The Nature of Consciousness: Philosophical Debates.* Cambridge, MA: The MIT Press.

Bloom, P. (2004). *Descartes' baby: How the science of child development explains what makes us human.* New York: Basic Books.

Bloom, P. (2010, May 9). The moral life of babies. *New York Times Magazine.*

Blow, C. M. (2009, June 26). The prurient trap. *New York Times.*

Blumer, D. (1999). Evidence supporting the temporal lobe epilepsy personality syndrome. *Neurology*, *53*(5 Suppl 2), S9–12.

Bogen, G. M., & Bogen, J. E. (1986). On the relationship of cerebral duality to creativity. *Bull Clin Neurosci*, *51*, 30–32.

Bogen, J. E. (1986). Mental duality in the intact brain. *Bull Clin Neurosci*, *51*, 3–29.

Bogen, J. E. (1995a). On the neurophysiology of consciousness: Pt. II. Constraining the semantic problem. *Conscious Cogn*, *4*(2), 137–158.

Bogen, J. E. (1995b). On the neurophysiology of consciousness: Pt. I. An overview. *Conscious Cogn*, *4*(1), 52–62.

Bogen, J. E. (1997). Does cognition in the disconnected right hemisphere require right hemisphere possession of language? *Brain Lang*, *57*(1), 12–21.

Bogen, J. E. (1998). My developing understanding of Roger Wolcott Sperry's philosophy. *Neuropsychologia*, *36*(10), 1089–1096.

Bogen, J. E., Sperry, R. W., & Vogel, P. J. (1969). Addendum: Commissural section and propagation of seizures. In Jasper et al. (Ed.), *Basic mechanisms of the* epilepsies. Boston: Little, Brown and Company, 439.

Bok, H. (2007). The implications of advances in neuroscience for freedom of the will. *Neurotherapeutics*, *4*(3), 555-559.

Borg, J., Andree, B., Soderstrom, H., & Farde, L. (2003). The serotonin system and spiritual experiences. *Am J Psychiatry*, *160*(11), 1965-1969.

Borg, J. S., Lieberman, D., & Kiehl, K. A. (2008). Infection, incest, and iniquity: investigating the neural correlates of disgust and morality. *J Cogn Neurosci*, *20*(9), 1529-1546.

Bostom, A. G. (2005). *The legacy of Jihad: Islamic holy war and the fate of non-Muslims*. Amherst, NY: Prometheus Books.

Bostrom, N. (2003). Are we living in a computer simulation? *Philosophical Quarterly*, *53*(211), 243-255.

Bostrom, N., & Ord, T. (2006). The reversal test: Eliminating status quo bias in applied ethics. *Ethics 116*, 656-679.

Bouchard, T. J., Jr. (1994). Genes, environment, and personality. *Science*, *264*(5166), 1700-1701.

Bouchard, T. J., Jr., Lykken, D. T., McGue, M., Segal, N. L., & Tellegen, A. (1990). Sources of human psychological differences: The Minnesota study of twins reared apart. *Science*, *250*(4978), 223-228.

Bouchard, T. J., Jr., McGue, M., Lykken, D., & Tellegen, A. (1999). Intrinsic and extrinsic religiousness: genetic and environmental influences and personality correlates. *Twin Res*, *2*(2), 88-98.

Bowles, S. (2006). Group competition, reproductive leveling, and the evolution of human altruism. *Science*, *314*(5805), 1569-1572.

Bowles, S. (2008). Being human: Conflict: Altruism's midwife. *Nature*, *456*(7220), 326-327.

Bowles, S. (2009). Did warfare among ancestral hunter-gatherers affect the evolution of human social behaviors? *Science*, *324*(5932), 1293-1298.

Boyer, P. (2001). *Religion explained: The evolutionary origins of religious thought*. New York: Basic Books.

Boyer, P. (2003). Religious thought and behaviour as by-products of brain function. *Trends Cogn Sci*, *7*(3), 119-124.

Bransford, J. D., & McCarrell, N. S. (1977). A sketch of a cognitive approach to comprehension: Some thoughts about understanding what it means to comprehend. In P. N. Johnson-Laird & P. C. Wason (Eds.), *Thinking* (pp.377-399). Cambridge, UK: Cambridge University Press.

Brefczynski-Lewis, J. A., Lutz, A., Schaefer, H. S., Levinson, D. B., & Davidson, R. J. (2007). Neural correlates of attentional expertise in long-term meditation practitioners. *Proc Natl Acad Sci USA*, *104*(27), 11483 - 11488.

Broad, W. J. (2002, October, 9). Lie-detector tests found too flawed to discover spies. *New York Times.*

Broks, P. (2004). *Into the silent land: Travels in neuropsychology.* New York: Atlantic Monthly Press.

Brooks, M. (2009). Born believers: How your brain creates God. *New Scientist* (2694) Feb. 4, 30 - 33.

Brosnan, S. F. (2008). How primates (including us!) respond to inequity. *Adv Health Econ Health Serv Res*, *20*, 99 - 124.

Brosnan, S. F., Schiff, H. C., & de Waal, F. B. (2005). Tolerance for inequity may increase with social closeness in chimpanzees. *Proc Biol Sci*, *272* (1560), 253 - 258.

Buckholtz, J. W., Treadway, M. T., Cowan, R. L., Woodward, N. D., Benning, S. D., Li, R., et al. (2010). Mesolimbic dopamine reward system hypersensitivity in individuals with psychopathic traits. *Nat Neurosei*, *13* (4), 419 - 421.

Buckner, R. L., Andrews-Hanna, J. R., & Schacter, D. L. (2008). The brain's default network: Anatomy, function, and relevance to disease. *Ann NY Acad Sci*, *1124*, 1 - 38.

Buehner, M. J., & Cheng, P. W. (2005). Causal learning. In K. J. Holyoak & R. G. Morrison (Eds.), *The Cambridge handbook of thinking and reasoning* (pp.143 - 168). New York: Cambridge University Press.

Bunge, S. A., Ochsner, K. N., Desmond, J. E., Glover, G. H., & Gabrieli, J. D. (2001). Prefrontal regions involved in keeping information in and out of mind. *Brain*, *124*(Pt. 10), 2074 - 2086.

Burgess, P. W., & McNeil, J. E. (1999). Content-specific confabulation. *Cortex*, *35*(2), 163 - 182.

Burns, K., & Bechara, A. (2007). Decision making and free will: a neuroscience perspective. *Behav Sci Law*, *25*(2), 263 - 280.

Burton, H., Snyder, A. Z., & Raichle, M. E. (2004). Default brain functionality in blind people. *Proc Natl Acad Sci USA*, *101*(43), 15500 - 15505.

Burton, R. A. (2008). *On being certain: Believing you are right even when you're not* (1st ed.). New York: St. Martin's Press.

Buss, D. (2002). Sex, marriage, and religion: What adaptive problems do religious phenomena solve? *Psychological Inquiry*, *13*(3), 201 - 203.

Butt, H. (2007, July 2). I was a fanatic ... I know their thinking, says former radical Islamist. *Daily Mail.*

Calder, A. J., Keane, J., Manes, F., Antoun, N., & Young, A. W. (2000). Impaired recognition and experience of disgust following brain injury. *Nat Neurosci*, *3*(11), 1077 - 1078.

Caldwell, C. (2009). *Reflections on the revolution in Europe: Immigration, Islam, and the West.* New York: Doubleday.

Camerer, C. F. (2003). Psychology and economics. Strategizing in the brain. *Science*, *300*(5626), 1673 - 1675.

Canessa, N., Gorini, A., Cappa, S. F., Piattelli-Palmarini, M., Danna, M., Fazio, F., et al. (2005). The effect of social content on deductive reasoning: An fMRI study. *Hum Brain Mapp*, *26*(1), 30 - 43.

Canli, T., Brandon, S., Casebeer, W., Crowley, P. J., Du Rousseau, D., Greely, H. T., et al. (2007a). Neuroethics and national security. *Am J Bioeth*, *7*(5), 3 - 13.

Canli, T., Brandon, S., Casebeer, W., Crowley, P. J., Durousseau, D., Greely, H. T., et al. (2007b). Response to open peer commentaries on "Neuroethics and national security." *Am J Bioeth*, *7*(5), W1 - 3.

Canli, T., Sivers, H., Whitfield, S. L., Gotlib, I. H., & Gabrieli, J. D. (2002).

Amygdala response to happy faces as a function of extraversion. *Science*, *296*(5576), 2191.

Carroll, S. (2010). Science and morality: You can't derive "ought" from "is." *NPR: 13.7 Cosmos and Culture*, www.npr.org/templates/story/story.php? storyId = 126504492.

Carroll, S. (2010a). The moral equivalent of the parallel postulate. Cosmic Variance, (March 24) http://blogs.discovermagazine.com/cosmicvariance/2010/03/24/the-moral-equivalent-of-the-parallel-postulate/.

Carson, A. J., MacHale, S., Allen, K., Lawrie, S. M., Dennis, M., House, A., et al. (2000). Depression after stroke and lesion location: a systematic review. *Lancet*, *356*(9224), 122 - 126.

Carter, C. S., Braver, T. S., Barch, D. M., Botvinick, M. M., Noll, D., & Cohen, J. D. (1998). Anterior cingulate cortex, error detection, and the online monitoring of performance. *Science*, *280*(5364), 747 - 749.

Casebeer, W. D. (2003). *Natural ethical facts: Evolution, connectionism, and moral cognition.* Cambridge, MA: MIT Press.

Chalmers, D. J. (1995). The puzzle of conscious experience. *Sci Am*, *273*(6), 80 - 86.

Chalmers, D. J. (1996). *The conscious mind: In search of a fundamental theory.* New York: Oxford University Press.

Chalmers, D. J. (1997). Moving forward on the problem of consciousness. *Journal of Consciousness Studies*, *4*(1), 3 - 46.

Choi, J. K., & Bowles, S. (2007). The coevolution of parochial altruism and war. *Science*, *318*(5850), 636 - 640.

Christoff, K., Gordon, A. M., Smallwood, J., Smith, R., & Schooler, J. W. (2009). Experience sampling during fMRI reveals default network and executive system contributions to mind wandering. *Proc Natl Acad Sci USA* (May 26), *106* (21), 8719 - 8724.

Church, R. M. (1959). Emotional reactions of rats to the pain of others. *J Comp Physiol Psychol*, *52*(2), 132 - 134.

Churchland, P. M. (1979). *Scientific realism and the plasticity of mind.* Cambridge, UK: Cambridge University Press.

Churchland, P. M. (1988). *Matter and consciousness.* Cambridge, MA: MI T Press.

Churchland, P. M. (1995). *The engine of reason, the seat of the soul: A philosophical journey into the brain.* Cambridge, MA: MIT Press.

Churchland, P. M. (1997). Knowing qualia: A reply to Jackson. In N. Block, O. Flanagan, & G. Güzeldere (Eds.), *The nature of consciousness: Philosophical debates* (pp.571 - 578). Cambridge, MA: MIT Press.

Churchland, P. S. (2008b). *Morality & the social brain.* Unpublished manuscript.

Churchland, P. S. (2009). Inference to the best decision. In J. Bickle (Ed.), *Oxford Handbook of philosophy and neuroscience.* Oxford: Oxford University Press, 419 - 430.

Cleckley, H. M. ([1941] 1982). *The mask of sanity* (Rev. ed.). New York: New American Library.

Coghill, R. C., McHaffie, J. G., & Yen, Y. F. (2003). Neural correlates of interindividual differences in the subjective experience of pain. *Proc Natl Acad Sci USA*, *100*(14), 8538 - 8542.

Cohen, J. D., & Blum, K. I. (2002). Reward and decision. *Neuron*, *36*(2), 193 - 198.

Cohen, J. D., & Tong, F. (2001). Neuroscience. The face of controversy. *Science*, *293*(5539), 2405－2407.

Cohen, M. (1996). Functional MRI: a phrenology for the 1990's? *J Magn Reson Imaging*, *6*(2), 273－274.

Cohen, M. S. (1999). Echo-planar imaging and functional MRI. In C. Moonen & P. Bandettini (Eds.), *Functional MRI* (pp.137－148). Berlin: Springer-Verlag.

Cohen, M. S. (2001). Practical aspects in the design of mind reading instruments. *American Journal of Neuroradiology*.

Cohen, M. S. (2001). Real-time functional magnetic resonance imaging. *Methods*, *25*(2), 201－220.

Collins, F. S. (2006). *The language of God: A scientist presents evidence for belief*. New York: Free Press.

Comings, D. E., Gonzales, N., Saucier, G., Johnson, J. P., & MacMurray, J. P. (2000). The DRD4 gene and the spiritual transcendence scale of the character temperament index. *Psychiatr Genet*, *10*(4), 185－189.

Cooney, J. W., & Gazzaniga, M. S. (2003). Neurological disorders and the structure of human consciousness. *Trends Cogn Sci*, *7*(4), 161－165.

Corballis, M. C. (1998). Sperry and the age of Aquarius: Science, values and the split brain. *Neuropsychologia*, *36*(10), 1083－1087.

Cox, D. D., & Savoy, R. L. (2003). Functional magnetic resonance imaging (fMRI) "brain reading": Detecting and classifying distributed patterns of fMRI activity in human visual cortex. *Neuroimage*, *19*(2 Pt. 1), 261－270.

Craig, A. D. (2002). How do you feel? Interoception: the sense of the physiological condition of the body. *Nat Rev Neurosci*, *3*(8), 655－666.

Craig, A. D. (2009). How do you feel — now? The anterior insula and human awareness. *Nat Rev Neurosci*, *10*(1), 59－70.

Craig, M. C., Catani, M., Deeley, Q., Latham, R., Daly, E., Kanaan, R., et al. (2009). Altered connections on the road to psychopathy. *Mol Psychiatry*, *14*(10), 946－953.

Craik, K. (1943). Hypothesis on the nature of thought. *The nature of explanation*. Cambridge, UK: Cambridge University Press.

Crick, F. (1994). *The astonishing hypothesis: The scientific search for the soul*. New York: Charles Scribner's Sons.

Crick, F., & Koch, C. (1998). Consciousness and neuroscience. *Cereb. Cortex*, *8*, 97－107.

Crick, F., & Koch, C. (1999). The unconscious homunculus. In T. Metzinger

(Ed.), *The neural correlates of consciousness* (pp.103 – 110). Cambridge, MA: MIT Press.

Crick, F., & Koch, C. (2003). A framework for consciousness. *Nat Neurosci*, *6*(2), 119 – 126.

Culotta, E. (2009). Origins. On the origin of religion. *Science*, *326*(5954), 784 – 787.

D'Argembeau, A., Feyers, D., Majerus, S., Collette, F., Van der Linden, M., Maquet, P., et al. (2008). Self-reflection across time: Cortical midline structures differentiate between present and past selves. *Soc Cogn Affect Neurosci*, *3* (3), 244 – 252.

D'Onofrio, B. M., Eaves, L. J., Murrelle, L., Maes, H. H., & Spilka, B. (1999). Understanding biological and social influences on religious affiliation, attitudes, and behaviors: A behavior genetic perspective. *J Pers*, *67*(6), 953 – 984.

Damasio, A. (1999). *The feeling of what happens: Body and emotion in the making of consciousness.* New York: Harcourt Brace.

Damasio, A. R. (1999). Thinking about belief: Concluding remarks. In D. L. Schacter & E. Scarry (Eds.), *Memory, brain, and belief* (pp. 325 – 333). Cambridge, MA: Harvard University Press.

Davidson, D. (1987). Knowing one's own mind. *Proceedings and addresses of the American Philosophical Association*, *61*, 441 – 458.

Dawkins, R. (1994). Burying the vehicle. *Behavioural and Brain Sciences*, *17*(4), 616 – 617.

Dawkins, R. (1996). *Climbing mount improbable.* New York: Norton.

Dawkins, R. (2006). *The God delusion.* New York: Houghton Mifflin.

Dawkins, R. ([1976]2006). *The selfish gene.* Oxford, UK: New York: Oxford University Press.

Dawkins, R. (2010a, March 28). Ratzinger is the perfect pope. *Washington Post: On Faith.*

Dawkins, R. (2010b, April 13). The pope should stand trial. *The Guardian.*

De Grey, A. D. N. J., & Rae, M. (2007). *Ending aging: The rejuvenation breakthroughs that could reverse human aging in our lifetime.* New York: St. Martin's Press.

De Neys, W., Vartanian, O., & Goel, V. (2008). Smarter than we think: When our brains detect that we are biased. *Psychol Sci*, *19*(5), 483 – 489.

de Oliveira-Souza, R., Hare, R. D., Bramati, I. E., Garrido, G. J., Azevedo Ignacio, F., Tovar-Moll, F., et al. (2008). Psychopathy as a disorder of the moral brain: Fronto-temporo-limbic grey matter reductions demonstrated by voxelbased morphometry. *Neuroimage*, *40*(3), 1202 – 1213.

Deaner, R. O., Isler, K., Burkart, J., & van Schaik, C. (2007). Overall brain size, and not encephalization quotient, best predicts cognitive ability across nonhuman primates. *Brain Behav Evol*, *70*(2), 115 – 124.

Delacour, J. (1995). An introduction to the biology of consciousness. *Neuropsychologia*, *33*(9), 1061 – 1074.

Delgado, M. R., Frank, R. H., & Phelps, E. A. (2005). Perceptions of moral character modulate the neural systems of reward during the trust game. *Nat Neurosci*, *8*(11), 1611 – 1618.

Dennett, D. (1990). Quining qualia. In W. Lycan (Ed.), *Mind and cognition: A reader* (pp.519 – 547). Oxford: Blackwell.

Dennett, D. (1994). E pluribus unum? Commentary on Wilson & Sober: Group selection. *Behavioural and Brain Sciences*, *17*(4), 617 – 618.

Dennett, D. (1996). Facing backwards on the problem of consciousness. *Journal of Consciousness Studies*, *3*(1), 4 – 6.

Dennett, D. C. (1987). *The intentional stance.* Cambridge, Mass.: MIT Press.

Dennett, D. C. (1991). *Consciousness explained* (1st Ed.). Boston: Little, Brown & Co.

Dennett, D. C. (1995). *Darwin's dangerous idea: Evolution and the meanings of life* (1st ed.). New York: Simon & Schuster.

Dennett, D. C. (2003). *Freedom evolves.* New York: Viking.

Dennett, D. C. (2006). *Breaking the spell: Religion as a natural phenomenon.* London: Allen Lane.

Desimone, R., & Duncan, J. (1995). Neural mechanisms of selective visual attention. *Annu Rev Neurosci*, *18*, 193 – 222.

Diamond, J. (2008, April 21). Vengeance is ours. *New Yorker*, 74 – 87.

Diamond, J. M. (1997). *Guns, germs, and steel: The fates of human societies* (1st ed.). New York: W.W. Norton & Co.

Diamond, J. M. (2005). *Collapse: How societies choose to fail or succeed.* New York: Viking.

Diana, R. A., Yonelinas, A. P., & Ranganath, C. (2007). Imaging recollection and familiarity in the medial temporal lobe: a three-component model. *Trends Cogn Sci*, *11*(9), 379 – 386.

Diener, E., Oishi, S., & Lucas, R. E. (2003). Personality, culture, and subjective well-being: Emotional and cognitive evaluations of life. *Annu Rev Psychol*,

54, 403 - 425.

Ding, Y. C., Chi, H. C., Grady, D. L., Morishima, A., Kidd, J. R., Kidd, K. K., et al. (2002). Evidence of positive selection acting at the human dopamine receptor D4 gene locus. *Proc Natl Acad Sci USA*, *99*(1), 309 - 314.

Dolan, M., & Fullam, R. (2004). Theory of mind and mentalizing ability in antisocial personality disorders with and without psychopathy. *Psychol Med*, *34*(6), 1093 - 1102.

Dolan, M., & Fullam, R. (2006). Face affect recognition deficits in personalitydisordered offenders: Association with psychopathy. *Psychol Med*, *36*(11), 1563 - 1569.

Donadio, R. (2010a, March 26). Pope may be at crossroads on abuse, forced to reconcile policy and words. *New York Times.*

Donadio, R. (2010b, April 29). In abuse crisis, a church is pitted against society and itself. *New York Times.*

Doty, R. W. (1998). The five mysteries of the mind, and their consequences. *Neuropsychologia*, *36*(10), 1069 - 1076.

Douglas, P. K., Harris, S., & Cohen, M. S. (2009). *Naïe Bayes classification of belief versus disbelief using event related neuroimaging data.* Paper presented at the Organization for Human Brain Mapping 2009 (July) Annual Meeting.

Douglas, R. J., & Martin, K. A. (2007). Recurrent neuronal circuits in the neocortex. *Curr Biol*, *17*(13), R496 - 500.

Doumas, L. A. A., & Hummel, J. E. (2005). Approaches to modeling human mental representations: What works, what doesn't, and why. In K. J. Holyoak & R. G. Morrison (Eds.), *The Cambridge handbook of thinking and reasoning* (pp.73 - 91). New York: Cambridge University Press.

Dressing, H., Sartorius, A., & Meyer-Lindenberg, A. (2008). Implications of fMRI and genetics for the law and the routine practice of forensic psychiatry. *Neurocase*, *14*(1), 7 - 14.

Dronkers, N. F. (1996). A new brain region for coordinating speech articulation. *Nature*, *384*(6605), 159 - 161.

Dunbar, R. (1998). The social brain hypothesis. *Evolutionary Anthropology*, *6*, 178 - 190.

Dunbar, R. (2003). Psychology. Evolution of the social brain. *Science*, *302*(5648), 1160 - 1161.

Dunbar, R. (2006). We believe. *New Scientist*, *189*(2536), 30 - 33.

Duncan, J., & Owen, A. M. (2000). Common regions of the human frontal lobe recruited by diverse cognitive demands. *Trends Neurosci*, *23*(10), 475 - 483.

Durkheim, E. (2001 [1912]). *The elementary forms of religious life.* (C. Cosmen, Trans.) Oxford, UK; New York: Oxford University Press.

Dyson, F. (2002). The conscience of physics. *Nature*, *420*(12 December), 607 - 608.

Eddington, A. S. (1928). *The nature of the physical world.* Cambridge, UK: Cambridge University Press.

Edelman, G. M. (1989). *The remembered present: A biological theory of consciousness.* New York: Basic Books.

Edelman, G. M. (2004). *Wider than the sky: The phenomenal gift of consciousness.* New Haven: Yale University Press.

Edelman, G. M. (2006). *Second nature: Brain science and human knowledge.* New Haven: Yale University Press.

Edelman, G. M., & Tononi, G. (2000). *A universe of consciousness: How matter becomes imagination* (1st ed.). New York, NY: Basic Books.

Edgell, P., Geteis, J., & Hartmann, D. (2006). Atheists as "other": Moral boundaries and cultural membership in American society. *American Sociological Review*, *71*(April), 211 - 234.

Edgerton, R. B. (1992). *Sick societies: Challenging the myth of primitive harmony.* New York: Free Press.

Editorial, N. (2006a). Neuroethics needed. *Nature*, *441*(7096), 907.

Editorial, N. (2006b). Building bridges. *Nature*, *442*(7099), 110.

Editorial, N. (2007). Evolution and the brain. *Nature*, *447*(7146), 753.

Editorial, N. (2008). Templeton's legacy. *Nature*, *454*(7202), 253 - 254.

Egnor, S. E. (2001). Effects of binaural decorrelation on neural and behavioral processing of interaural level differences in the barn owl (*Tyto alba*). *J Comp Physiol* [*A*], *187*(8), 589 - 595.

Ehrlinger, J., Johnson, K., Banner, M., Dunning, D., & Kruger, J. (2008). Why the unskilled are unaware: Further explorations of (absent) self-insight among the incompetent. *Organ Behav Hum Decis Process*, *105*(1), 98 - 121.

Ehrman, B. D. (2005). *Misquoting Jesus: The Story Behind Who Changed the Bible and Why* (1st ed.). New York: Harper San Francisco.

Ehrsson, H. H., Spence, C., & Passingham, R. E. (2004). That's my hand! Activity in premotor cortex reflects feeling of ownership of a limb. *Science*, *305*(5685), 875 - 877.

Einstein, A. (1954). *Ideas and opinions. Based on* Mein Weltbild. New York:

Crown Publishers.

Eisenberger, N. I., Lieberman, M. D., & Satpute, A. B. (2005). Personality from a controlled processing perspective: An fMRI study of neuroticism, extraversion, and self-consciousness. *Cogn Affect Behav Neurosci*, *5*(2), 169 – 181.

Elliott, R., Frith, C. D., & Dolan, R. J. (1997). Differential neural response to positive and negative feedback in planning and guessing tasks. *Neuropsychologia*, *35*(10), 1395 – 1404.

Enard, W., Gehre, S., Hammerschmidt, K., Holter, S. M., Blass, T., Somel, M., et al. (2009). A humanized version of FOXP2, affects cortico-basal ganglia circuits in mice. *Cell*, *137*(5), 961 – 971.

Enard, W., Przeworski, M., Fisher, S. E., Lai, C. S., Wiebe, V., Kitano, T., et al. (2002). Molecular evolution of FOXP2, a gene involved in speech and language. *Nature*, *418*(6900), 869 – 872.

Esposito, J. L. (2008). *Who speaks for Islam?: What a billion Muslims really think.* New York, NY: Gallup Press.

Evans, E. M. (2001). Cognitive and contextual factors in the emergence of diverse belief systems: Creation versus evolution. *Cogn Psychol*, *42*(3), 217 – 266.

Evans, J. S. B. T. (2005). Deductive reasoning. In K. J. Holyoak & R. G. Morrison (Eds.), *The Cambridge handbook of thinking and reasoning* (pp. 169 – 184). New York: Cambridge University Press.

Evans, P. D., Gilbert, S. L., Mekel-Bobrov, N., Vallender, E. J., Anderson, J. R., Vaez-Azizi, L. M., et al. (2005). Microcephalin, a gene regulating brain size, continues to evolve adaptively in humans. *Science*, *309*(5741), 1717 – 1720.

Evers, K. (2005). Neuroethics: A philosophical challenge. *Am J Bioeth*, *5*(2), 31 – 33; discussion W33 – 34.

Faison, S. (1996, December 20). The death of the last emperor's last eunuch. *New York Times.*

Farah, M. J. (2005). Neuroethics: the practical and the philosophical. *Trends Cogn Sci*, *9*(1), 34 – 40.

Farah, M. J. (2007). Social, legal, and ethical implications of cognitive neuroscience: "Neuroethics" for short. *J Cogn Neurosci*, *19*(3), 363 – 364.

Farah, M. J., Illes, J., Cook-Deegan, R., Gardner, H., Kandel, E., King, P., et al. (2004). Neurocognitive enhancement: What can we do and what should we do? *Nat Rev Neurosci*, *5*(5), 421 – 425.

Farah, M. J., & Murphy, N. (2009). Neuroscience and the soul. *Science*, *323*(5918), 1168.

Farrer, C., & Frith, C. D. (2002). Experiencing oneself vs. another person as being the cause of an action: the neural correlates of the experience of agency. *Neuroimage*, *15*(3), 596 – 603.

Farwell, L. A., & Donchin, E. (1991). The truth will out: Interrogative polygraphy ("lie detection") with event-related brain potentials. *Psychophysiology*, *28*(5), 531 – 547.

Faurion, A., Cerf, B., Le Bihan, D., & Pillias, A. M. (1998). fMRI study of taste cortical areas in humans. *Ann NY Acad Sci*, *855*, 535 – 545.

Feigl, H. (1967). *The "mental" and the "physical": The essay and a postcript.* Minneapolis, MN.: University of Minnesota Press.

Festinger, L., Riecken, H. W., & Schachter, S. ([1956] 2008). *When prophecy fails.* Minneapolis, MN: University of Minnesota Press.

Filkins, D. (2010, February 7). On Afghan road, scenes of beauty and death. *New York Times.*

Fincher, C. L., Thornhill, R., Murray, D. R., & Schaller, M. (2008). Pathogen prevalence predicts human cross-cultural variability in individualism/collectivism. *Proc Biol Sci*, *275*(1640), 1279 – 1285.

Finkbeiner, M., & Forster, K. I. (2008). Attention, intention and domainspecific processing. *Trends Cogn Sci*, *12*(2), 59 – 64.

Finke, R., & Stark, R. (1998). Religious choice and competition. *American Sociological Review*, *63*(5), 761 – 766.

Fins, J. J., & Shapiro, Z. E. (2007). Neuroimaging and neuroethics: Clinical and policy considerations. *Curr Opin Neurol*, *20*(6), 650 – 654.

Fisher, C. M. (2001). If there were no free will. *Med Hypotheses*, *56*(3), 364 – 366.

Fitch, W. T., Hauser, M. D., & Chomsky, N. (2005). The evolution of the language faculty: Clarifications and implications. *Cognition*, *97*(2), 179 – 210; discussion 211 – 225.

Flanagan, O. J. (2002). *The problem of the soul: Two visions of mind and how to reconcile them.* New York: Basic Books.

Flanagan, O. J. (2007). *The really hard problem: Meaning in a material world.* Cambridge, MA: MIT Press.

Fletcher, P. C., Happé, F., Frith, U., Baker, S. C., Dolan, R. J., Frackowiak, R. S., et al. (1995). Other minds in the brain: A functional imaging study of "theory of mind" in story comprehension. *Cognition*, *57*(2), 109 – 128.

Fodor, J. (2000). *The mind doesn't work that way.* Cambridge, MA: MIT

Press.

Fodor, J. (2007, October 18). Why pigs don't have wings. *London Review of Books*.

Fong, G. T., Krantz, D. H., & Nisbett, R. E. (1986/07). The effects of statistical training on thinking about everyday problems. *Cognitive Psychology*, *18*(3), 253 – 292.

Foot, P. (1967). The problem of abortion and the doctrine of double effect. *Oxford Review*, *5*, 5 – 15.

Foster, K. R., & Kokko, H. (2009). The evolution of superstitious and superstition-like behavior. *Proc Biol Sci*, *276*(1654), 31 – 37.

Frank, M. J., D'Lauro, C., & Curran, T. (2007). Cross-task individual differences in error processing: Neural, electrophysiological, and genetic components. *Cogn Affect Behav Neurosci*, *7*(4), 297 – 308.

Frederico Marques, J., Canessa, N., & Cappa, S. (2009). Neural differences in the processing of true and false sentences: Insights into the nature of "truth" in language comprehension. *Cortex*, *45*(6), 759 – 768.

Freeman, W. J. (1997). Three centuries of category errors in studies of the neural basis of consciousness and intentionality. *Neural Networks*, *10* (7), 1175 – 1183.

Freud, S. ([1930] 2005). *Civilization and its discontents*. New York: W. W. Norton.

Freud, S., & Strachey, J. ([1927]1975). *The future of an illusion*. New York: Norton.

Friedman, T. L. (2007, September 5). Letter from Baghdad. *New York Times*.

Fries, A. B., Ziegler, T. E., Kurian, J. R., Jacoris, S., & Pollak, S. D. (2005). Early experience in humans is associated with changes in neuropeptides critical for regulating social behavior. *Proc Natl Acad Sci USA*, *102* (47), 17237 – 17240.

Friston, K. J., Price, C. J., Fletcher, P., Moore, C., Frackowiak, R. S., & Dolan, R. J. (1996). The trouble with cognitive subtraction. *Neuroimage*, *4*(2), 97 – 104.

Frith, C. (2008). No one really uses reason. *New Scientist*, (2666) (July 26), 45.

Frith, C. D., & Frith, U. (2006). The neural basis of mentalizing. *Neuron*, *50*(4), 531 – 534.

Frith, U., Morton, J., & Leslie, A. M. (1991). The cognitive basis of a biological disorder: Autism. *Trends Neurosci*, *14*(10), 433-438.

Fromm, E. (1973). *The anatomy of human destructiveness* (1st ed.). New York: Holt.

Fuchs, T. (2006). Ethical issues in neuroscience. *Curr Opin Psychiatry*, *19*(6), 600-607.

Fuster, J. M. (2003). *Cortex and mind: Unifying cognition.* Oxford, UK: New York: Oxford University Press.

Gallea, C., Graaf, J. B., Pailhous, J., & Bonnard, M. (2008). Error processing during online motor control depends on the response accuracy. *Behav Brain Res*, *193*(1), 117-125.

Garavan, H., Ross, T. J., Murphy, K., Roche, R. A., & Stein, E. A. (2002). Dissociable executive functions in the dynamic control of behavior: Inhibition, error detection, and correction. *Neuroimage*, *17*(4), 1820-1829.

Gazzaniga, M. S. (1998). The split brain revisited. *Sci Am*, *279*(1), 50-55.

Gazzaniga, M. S. (2005). Forty-five years of split-brain research and still going strong. *Nat Rev Neurosci*, *6*(8), 653-659.

Gazzaniga, M. S. (2005). *The ethical brain.* New York: Dana Press.

Gazzaniga, M. S. (2008). *Human: The science behind what makes us unique.* New York: Ecco.

Gazzaniga, M. S., Bogen, J. E., & Sperry, R. W. (1962). Some functional effects of sectioning the cerebral commissures in man. *Proc Natl Acad Sci USA*, *48*, 1765-1769.

Gazzaniga, M. S., Bogen, J. E., & Sperry, R. W. (1965). Observations on visual perception after disconnexion of the cerebral hemispheres in man. *Brain*, *88*(2), 221-236.

Gazzaniga, M. S., Ivry, R. B. and Mangun, G. R. (1998). *Cognitive neuroscience: The biology of the mind.* New York: W. W. Norton.

Gehring, W. J., & Fencsik, D. E. (2001). Functions of the medial frontal cortex in the processing of conflict and errors. *J Neurosci*, *21*(23), 9430-9437.

Geschwind, D. H., Iacoboni, M., Mega, M. S., Zaidel, D. W., Cloughesy, T., & Zaidel, E. (1995). Alien hand syndrome: Interhemispheric motor disconnection due to a lesion in the midbody of the corpus callosum. *Neurology*, *45*(4), 802-808.

Gettleman, J. (2008, June 8). Albinos, long shunned, face threat in Tanzania. *New York Times.*

Ghazanfar, A. A. (2008). Language evolution: Neural differences that make a *difference*. *Nat Neurosci*, *11*(4), 382-384.

Gilbert, D. T. (1991). How mental systems believe. *American Psychologist*, *46*(2), 107-119.

Gilbert, D. T. (2006). *Stumbling on happiness* (1st ed.). New York: A. A. Knopf.

Gilbert, D. T., Brown, R. P., Pinel, E. C., & Wilson, T. D. (2000). The illusion of external agency. *J Pers Soc Psychol*, *79*(5), 690-700.

Gilbert, D. T., Lieberman, M. D., Morewedge, C. K., & Wilson, T. D. (2004).

The peculiar longevity of things not so bad. *Psychol Sci*, *15*(1), 14-19.

Gilbert, D. T., Morewedge, C. K., Risen, J. L., & Wilson, T. D. (2004). Looking forward to looking backward: The misprediction of regret. *Psychol Sci*, *15*(5), 346-350.

Gilbert, D. T., Krull, D. S., Malone, S. (1990). Unbelieving the unbelievable: Some problems in the rejection of false information. *Journal of Personality and Social Psychology*, *59*(4), 601-613.

Glannon, W. (2006). Neuroethics. *Bioethics*, *20*(1), 37-52.

Glenn, A. L., Raine, A., & Schug, R. A. (2009). The neural correlates of moral decision-making in psychopathy. *Mol Psychiatry*, *14*(1), 5-6.

Glenn, A. L., Raine, A., Schug, R. A., Young, L., & Hauser, M. (2009). Increased DLPFC activity during moral decision-making in psychopathy. *Mol Psychiatry*, *14*(10), 909-911.

Glimcher, P. (2002). Decisions, decisions, decisions: Choosing a biological science of choice. *Neuron*, *36*(2), 323-332.

Goel, V., & Dolan, R. J. (2003a). Explaining modulation of reasoning by belief. *Cognition*, *87*(1), B11-22.

Goel, V., & Dolan, R. J. (2003b). Reciprocal neural response within lateral and ventral medial prefrontal cortex during hot and cold reasoning. *Neuroimage*, *20*(4), 2314-2321.

Goel, V., Gold, B., Kapur, S., & Houle, S. (1997). The seats of reason? An imaging study of deductive and inductive reasoning. *Neuroreport*, *8*(5), 1305-1310.

Goffman, E. (1967). *Interaction ritual: Essays on face-to-face behavior.* New York: Pantheon Books.

Gold, J. I., & Shadlen, M. N. (2000). Representation of a perceptual decision in developing oculomotor commands. *Nature*, *404*(6776), 390-394.

Gold, J. I., & Shadlen, M. N. (2002). Banburismus and the brain: Decoding the relationship between sensory stimuli, decisions, and reward. *Neuron*, *36*(2), 299 - 308.

Gold, J. I., & Shadlen, M. N. (2007). The neural basis of decision making. *Annu Rev Neurosci*, *30*, 535 - 574.

Goldberg, E. (2001). *The executive brain: Frontal lobes and the civilized mind.* Oxford, UK; New York: Oxford University Press.

Goldberg, I., Ullman, S., & Malach, R. (2008). Neuronal correlates of "free will" are associated with regional specialization in the human intrinsic/default network. *Conscious Cogn*, *17*(3), 587 - 601.

Gomes, G. (2007). Free will, the self, and the brain. *Behav Sci Law*, *25*(2), 221 - 234.

Goodstein, L. (2010a, March 24). Vatican declined to defrock U.S. priest who abused boys. *New York Times.*

Goodstein, L. (2010b, April 21). Invitation to cardinal is withdrawn. *New York Times.*

Goodstein, L., & Callender, D. (2010, March 26). For years, deaf boys tried to tell of priest's abuse. *New York Times.*

Gould, S. J. (1997). Nonoverlapping magisteria. *Natural History*, *106*(March), 16 - 22.

Graham Holm, N. (2010, January 4). Prejudiced Danes provoke fanaticism. *The Guardian.*

Grann, D. (2009, September 7). Trial by Fire. *New Yorker.*

Gray, J. M., Young, A. W., Barker, W. A., Curtis, A., & Gibson, D. (1997). Impaired recognition of disgust in Huntington's disease gene carriers. *Brain*, *120* (Pt. 11), 2029 - 2038.

Gray, J. R., Burgess, G. C., Schaefer, A., Yarkoni, T., Larsen, R. J., & Braver, T. S. (2005). Affective personality differences in neural processing efficiency confirmed using fMRI. *Cogn Affect Behav Neurosci*, *5*(2), 182 - 190.

Greely, H. (2007). On neuroethics. *Science*, *318*(5850), 533.

Greene, J., & Cohen, J. (2004). For the law, neuroscience changes nothing and everything. *Philos Trans R Soc Lond B Biol Sci*, *359*(1451), 1775 - 1785.

Greene, J. D. (2002). *The terrible, horrible, no good, very bad truth about morality and what to do about it.* Princeton, NJ: Princeton University.

Greene, J. D. (2007). Why are VMPFC patients more utilitarian? A dual-process theory of moral judgment explains. *Trends Cogn Sci*, *11*(8), 322 - 323; author reply, 323 - 324.

Greene, J. D., Nystrom, L. E., Engell, A. D., Darley, J. M., & Cohen, J. D. (2004). The neural bases of cognitive conflict and control in moral judgment. *Neuron*, *44*(2), 389-400.

Greene, J. D., Sommerville, R. B., Nystrom, L. E., Darley, J. M., & Cohen, J. D. (2001). An fMRI investigation of emotional engagement in moral judgment. *Science*, *293*(5537), 2105-2108.

Gregory, R. L. (1987). *The Oxford companion to the mind.* Oxford, UK: Oxford University Press.

Grim, P. (2007). Free will in context: A contemporary philosophical perspective. *Behav Sci Law*, *25*(2), 183-201.

Gross, P. R. (1991). On the "gendering" of science. *Academic Questions*, *5*(2), 10-23.

Gross, P. R., & Levitt, N. (1994). *Higher superstition: The academic left and its quarrels with science.* Baltimore: Johns Hopkins University Press.

Gusnard, D. A., Akbudak, E., Shulman, G. L., & Raichle, M. E. (2001). Medial prefrontal cortex and self-referential mental activity: Relation to a default mode of brain function. *Proc Natl Acad Sci USA*, *98*(7), 4259-4264.

Gutchess, A. H., Welsh, R. C., Boduroglu, A., & Park, D. C. (2006). Cultural differences in neural function associated with object processing. *Cogn Affect Behav Neurosci*, *6*(2), 102-109.

Guttenplan, S. (1994). *A companion to the philosophy of mind.* Oxford, UK: Blackwell.

Haber, S. N., Kunishio, K., Mizobuchi, M., & Lynd-Balta, E. (1995). The orbital and medial prefrontal circuit through the primate basal ganglia. *J Neurosci*, *15*(7 Pt. 1), 4851-4867.

Haggard, P. (2001). The psychology of action. *Br J Psychol*, *92* (Pt. 1), 113-128.

Haggard, P., Clark, S., & Kalogeras, J. (2002). Voluntary action and conscious awareness. *Nat Neurosci*, *5*(4), 382-385.

Haggard, P., & Eimer, M. (1999). On the relation between brain potentials and the awareness of voluntary movements. *Exp Brain Res*, *126*(1), 128-133.

Haggard, P., & Magno, E. (1999). Localising awareness of action with transcranial magnetic stimulation. *Exp Brain Res*, *127*(1), 102-107.

Haidt, J. (2001). The emotional dog and its rational tail: A social intuitionist approach to moral judgment. *Psychol Rev*, *108*(4), 814-834.

Haidt, J. (2003). The emotional dog does learn new tricks: A reply to Pizarro and Bloom (2003). *Psychol Rev*, *110*(1), 197 - 198.

Haidt, J. (2007). The new synthesis in moral psychology. *Science*, *316*(5827), 998 - 1002.

Haidt, J. (2008). What makes people vote Republican? Retrieved from www.edge.org/3rd_culture/haidt08/haidt08_index.html.

Haidt, J. (2009). Faster evolution means more ethnic differences. *The Edge Annual Question 2009*. Retrieved from www.edge.org/q2009/q09_4.html#haidt.

Hajcak, G., & Simons, R. F. (2008). Oops! ... I did it again: An ERP and behavioral study of double-errors. *Brain Cogn*, *68*(1), 15 - 21.

Hall, D. L., Matz, D. C., & Wood, W. (2010). Why don't we practice what we preach? A meta-analytic review of religious racism. *Personality and Social Psychology Review*, *14*(1), 126 - 139.

Halligan, P. W. (1998). Inability to recognise disgust in Huntington's disease. *Lancet*, *351*(9101), 464.

Hameroff, S., Kaszniak, A. W., and Scott, A. C. (1996). *Toward a science of consciousness: The first Tucson discussions and debates*. Cambridge, MA: MIT Press.

Hamilton, W. D. (1964a). The genetical evolution of social behaviour. Pt. I. *J Theor Biol*, *7*(1), 1 - 16.

Hamilton, W. D. (1964b). The genetical evolution of social behaviour. Pt. II. *J Theor Biol*, *7*(1), 17 - 52.

Han, S., Mao, L., Gu, X., Zhu, Y., Ge, J., & Ma, Y. (2008). Neural consequences of religious belief on self-referential processing. *Soc Neurosci*, *3*(1), 1 - 15.

Hanson, S. J., Matsuka, T., & Haxby, J. V. (2004). Combinatorial codes in ventral temporal lobe for object recognition: Haxby (2001) revisited: Is there a "face" area? *Neuroimage*, *23*(1), 156 - 166.

Happé, F. (2003). Theory of mind and the self. *Ann NY Acad Sci*, *1001*, 134 - 144.

Hardcastle, V. G. (1993). The naturalists versus the skeptics: The debate over a scientific understanding of consciousness. *J Mind Behav*, *14*(1), 27 - 50.

Hardcastle, V. G., & Flanagan, O. (1999). Multiplex vs. multiple selves: Distinguishing dissociative disorders. *The Monist*, *82*(4), 645 - 657.

Harding, S. (2001). *Gender, democracy, and philosophy of science*. Paper presented at the Science, Engineering and Global Responsibility lectures, Stockholm (June 14 - 18, 2000).

Hare, R. D. (1999). *Without conscience: The disturbing world of the psychopaths among us*. New York: Guilford Press.

Hare, T. A., Tottenham, N., Galvan, A., Voss, H. U., Glover, G. H., & Casey, B. J. (2008). Biological substrates of emotional reactivity and regulation in adolescence during an emotional go-nogo task. *Biol Psychiatry*, *63*(10), 927 – 934.

Harris, D., & Karamehmedovic, A. (2009, March 2). Child witches: Accused in the name of Jesus. *Nightline:* ABC News.

Harris, S. (2004). *The end of faith: Religion, terror, and the future of reason* (1st ed.). New York: W. W. Norton.

Harris, S. (2006a). *Letter to a Christian nation*. New York: Knopf.

Harris, S. (2006b). Science must destroy religion. In J. Brockman (Ed.), *What is your dangerous idea*? New York: Simon & Schuster.

Harris, S. (2006c). Reply to Scott Atran. *An Edge discussion of BEYOND BELIEF: Science, religion, reason and survival*, from www. edge. org/discourse/bb. html.

Harris, S. (2006d). Do we really need bad reasons to be good? *Boston Globe*, Oct. 22.

Harris, S. (2007b). Response to Jonathan Haidt. *Edge.org*, from www.edge.org/discourse/moral_religion.html.

Harris, S. (2007a). Scientists should unite against threat from religion. *Nature*, *448*(7156), 864.

Harris, S. (2009, July 27). Science is in the details. *New York Times*.

Harris, S., & Ball, P. (2009, June 26). What should science do? Sam Harris v. Philip Ball, from www. project-reason. org/archive/item/what_should_science_dosam_harris_v_philip_ball/.

Harris, S., Kaplan, J. T., Curiel, A., Bookheimer, S. Y., Iacoboni, M., & Cohen, M. S. (2009). The neural correlates of religious and nonreligious belief. *PLoS ONE*, *4*(10), e7272.

Harris, S., Sheth, S. A., & Cohen, M. S. (2008). Functional neuroimaging of belief, disbelief, and uncertainty. *Ann Neurol*, *63*(2), 141 – 147.

Hauser, M. D. (2000). *Wild minds: What animals really think* (1st ed.). New York: Henry Holt.

Hauser, M. D. (2006). *Moral minds: How nature designed our universal sense of right and wrong* (1st ed.). New York: Ecco.

Hauser, M. D., Chomsky, N., & Fitch, W. T. (2002). The faculty of language: What is it, who has it, and how did it evolve? *Science*, *298*(5598), 1569 – 1579.

Hayes, C. J., Stevenson, R. J., & Coltheart, M. (2007). Disgust and Huntington's disease. *Neuropsychologia*, *45*(6), 1135 - 1151.

Haynes, J. D. (2009). Decoding visual consciousness from human brain signals. *Trends Cogn Sci*, *13*(5), 194 - 202.

Haynes, J. D., & Rees, G. (2006). Decoding mental states from brain activity in humans. *Nat Rev Neurosci*, *7*(7), 523 - 534.

Heisenberg, M. (2009). Is free will an illusion? *Nature*, *459* (7244), 164 - 165.

Heisenberg, W. (1958). The representation of Nature in contemporary physics. *Daedalus*, *87*(Summer), 95 - 108.

Henley, S. M., Wild, E. J., Hobbs, N. Z., Warren, J. D., Frost, C., Scahill, R. I., et al. (2008). Defective emotion recognition in early HD is neuropsychologically and anatomically generic. *Neuropsychologia*, *46*(8), 2152 - 2160.

Hennenlotter, A., Schroeder, U., Erhard, P., Haslinger, B., Stahl, R., Weindl, A., et al. (2004). Neural correlates associated with impaired disgust processing in pre-symptomatic Huntington's disease. *Brain*, *127*(Pt. 6), 1446 - 1453.

Henson, R. (2005). What can functional neuroimaging tell the experimental psychologist? *Q J Exp Psychol A*, *58*(2), 193 - 233.

Hirsi Ali, A. (2006). *The caged virgin: An emancipation proclamation for women and Islam* (1st Free Press ed.). New York: Free Press.

Hirsi Ali, A. (2007). *Infidel.* New York: Free Press.

Hirsi Ali, A. (2010). *Nomad.* New York: Free Press.

Hitchens, C. (2007). *God is not great: How religion poisons everything.* New York: Twelve.

Hitchens, C. (2010, March 15). The great Catholic cover-up. *Slate.*

Hitchens, C. (2010, March 22). Tear down that wall. *Slate.*

Hitchens, C. (2010, March 29). The pope is not above the law. *Slate.*

Hitchens, C. (2010, May 3). Bring the pope to justice. *Newsweek.*

Holden, C. (2001). Polygraph screening. Panel seeks truth in lie detector debate. *Science*, *291*(5506), 967.

Holyoak, K. J. (2005). Analogy. In K. J. Holyoak & R. G. Morrison (Eds.), *The Cambridge handbook of thinking of reasoning* (pp. 117 - 142). New York: Cambridge University Press.

Holyoak, K. J., & Morrison, R. G. (2005). *The Cambridge handbook of thinking and reasoning.* New York: Cambridge University Press.

Hood, B. M. (2009). *Supersense: Why we believe in the unbelievable.* New York:

Harper One.

Hornak, J., O'Doherty, J., Bramham, J., Rolls, E. T., Morris, R. G., Bullock, P. R., et al. (2004). Reward-related reversal learning after surgical excisions in orbito-frontal or dorsolateral prefrontal cortex in humans. *J Cogn Neurosci*, *16*(3), 463 – 478.

Houreld, K. (2009, October 20). Church burns "witchcraft" children. *Daily Telegraph.*

Hsu, M., Bhatt, M., Adolphs, R., Tranel, D., & Camerer, C. F. (2005). Neural systems responding to degrees of uncertainty in human decision-making. *Science*, *310*(5754), 1680 – 1683.

Hume, D. (1996). *The philosophical works of David Hume.* Bristol, U.K.: Thoemmes Press.

Hunte-Grubbe, C. (2007, October 14). The elementary DNA of Dr. Watson. *Sunday Times.*

Hutchison, W. D., Davis, K. D., Lozano, A. M., Tasker, R. R., & Dostrovsky, J. O. (1999). Pain-related neurons in the human cingulate cortex. *Nat Neurosci*, *2*(5), 403 – 405.

Iacoboni, M. (2008). *Mirroring people: The new science of how we connect with others* (1st ed.). New York: Farrar, Straus and Giroux.

Iacoboni, M., & Dapretto, M. (2006). The mirror neuron system and the consequences of its dysfunction. *Nat Rev Neurosci*, *7*(12), 942 – 951.

Iacoboni, M., & Mazziotta, J. C. (2007). Mirror neuron system: Basic findings and clinical applications. *Ann Neurol*, *62*(3), 213 – 218.

Iacoboni, M., Rayman, J., & Zaidel, E. (1996). Left brain says yes, right brain says no: Normative duality in the split brain. In S. Hameroff, A. W. Kaszniak, & A. C. Scott (Eds.), *Toward a science of consciousness: The first Tucson discussions and debates* (pp.197 – 202). Cambridge, MA: MIT Press.

Ibrahim, R. (Ed.) (2007). *The Al Qaeda reader* (1st pbk. ed.). New York: Broadway Books.

Illes, J. (2003). Neuroethics in a new era of neuroimaging. *AJNR Am J Neuroradiol*, *24*(9), 1739 – 1741.

Illes, J. (2004). Medical imaging: A hub for the new field of neuroethics. *Acad Radiol*, *11*(7), 721 – 723.

Illes, J. (2007). Empirical neuroethics. Can brain imaging visualize human thought? Why is neuroethics interested in such a possibility? *EMBO Rep. 8 Spec No.* S57 – 60.

Illes, J., & Bird, S. J. (2006). Neuroethics: A modern context for ethics in neuroscience. *Trends Neurosci*, *29*(9), 511 – 517.

Illes, J., Blakemore, C., Hansson, M. G., Hensch, T. K., Leshner, A., Maestre, G., et al. (2005). International perspectives on engaging the public in neuroethics. *Nat Rev Neurosci*, *6*(12), 977 – 982.

Illes, J., Kirschen, M. P., & Gabrieli, J. D. (2003). From neuroimaging to neuroethics. *Nat Neurosci*, *6*(3), 205.

Illes, J., & Racine, E. (2005). Imaging or imagining? A neuroethics challenge informed by genetics. *Am J Bioeth*, *5*(2), 5 – 18.

Illes, J., & Raffin, T. A. (2002). Neuroethics: An emerging new discipline in the study of brain and cognition. *Brain Cogn*, *50*(3), 341 – 344.

Inbar, Y., Pizarro, D. A., Knobe, J., & Bloom, P. (2009). Disgust sensitivity predicts intuitive disapproval of gays. *Emotion*, *9*(3), 435 – 439.

Inglehart, R., Foa, R., Peterson, C., & Welzel, C. (2008). Development, freedom, and rising happiness. *Perspectives on Psychological Science*, *3* (4), 264 – 285.

Inzlicht, M., McGregor, I., Hirsh, J. B., & Nash, K. (2009). Neural markers of religious conviction. *Psychol Sci*, *20*(3), 385 – 392.

Izuma, K., Saito, D. N., & Sadato, N. (2008). Processing of social and monetary rewards in the human striatum. *Neuron*, *58*(2), 284 – 294.

James, W. ([1890] 1950). *The principles of psychology* (Authorized ed.). Mineola, NY: Dover Publications.

James, W. ([1912] 1996). *Essays in radical empiricism.* Lincoln, NE: University of Nebraska Press.

Jeannerod, M. (1999). The 25th Bartlett Lecture. To act or not to act: Perspectives on the representation of actions. *Q J Exp Psychol A*, *52*(1), 1 – 29.

Jeannerod, M. (2001). Neural simulation of action: A unifying mechanism for motor cognition. *Neuroimage*, *14*(1 Pt. 2), S103 – 109.

Jeannerod, M. (2003). The mechanism of self-recognition in humans. *Behav Brain Res*, *142*(1 – 2), 1 – 15.

Jeans, J. (1930). *The mysterious universe.* Cambridge, UK: Cambridge University Press.

Jedlicka, P. (2005). Neuroethics, reductionism and dualism. *Trends Cogn Sci*, *9*(4), 172; author reply, 173.

Jenkinson, M., Bannister, P., Brady, M., & Smith, S. (2002). Improved optimization for the robust and accurate linear registration and motion correction of *brain images. Neuroimage*, *17*(2), 825-841.

Jenkinson, M., & Smith, S. (2001). A global optimisation method for robust affine registration of brain images. *Med Image Anal*, *5*(2), 143-156.

Jensen, K., Call, J., & Tomasello, M. (2007). Chimpanzees are rational maximizers in an ultimatum game. *Science*, *318*(5847), 107-109.

Jensen, K., Hare, B., Call, J., & Tomasello, M. (2006). What's in it for me? Selfregard precludes altruism and spite in chimpanzees. *Proc Biol Sci*, *273*(1589), 1013-1021.

Johnson, S. A., Stout, J. C., Solomon, A. C., Langbehn, D. R., Aylward, E. H., Cruce, C. B., et al. (2007). Beyond disgust: Impaired recognition of negative emotions prior to diagnosis in Huntington's disease. *Brain*, *130* (Pt. 7), 1732-1744.

Jones, D. (2008). Human behaviour: killer instincts. *Nature*, *451* (7178), 512-515.

Joseph, O. (2009). Horror of Kenya's "witch", lynchings. Retrieved June 27, 2009, from http://news.bbc.co.uk/2/hi/africa/8119201.stm.

Joseph, R. (1999). Frontal lobe psychopathology: Mania, depression, confabulation, catatonia, perseveration, obsessive compulsions, and schizophrenia. *Psychiatry*, *62*(2), 138-172.

Jost, J. T., Glaser, J., Kruglanski, A. W., & Sulloway, F. J. (2003). Political conservatism as motivated social cognition. *Psychol Bull*, *129*(3), 339-375.

Joyce, R. (2006). Metaethics and the empirical sciences. *Philosophical Explorations*, *9* (Special issue: Empirical research and the nature of moral judgment), 133-148.

Judson, O. (2008, December 2). Back to reality. *New York Times*.

Justo, L., & Erazun, F. (2007). Neuroethics and human rights. *Am J Bioeth*, *7*(5), 16-18.

Kahane, G., & Shackel, N. (2008). Do abnormal responses show utilitarian bias? *Nature*, *452*(7185), E5; author reply, E5-6.

Kahneman, D. (2003a). Experiences of collaborative research. *Am Psychol*, *58*(9), 723-730.

Kahneman, D. (2003b). A perspective on judgment and choice: Mapping bounded rationality. *Am Psychol*, *58*(9), 697-720.

Kahneman, D., & Frederick, S. (2005). A model of heuristic judgment. In K. J.

Holyoak & R. G. Morrison (Eds.), *The Cambridge handbook of thinking and reasoning* (pp.267－293). New York: Cambridge University Press.

Kahneman, D., Krueger, A. B., Schkade, D., Schwarz, N., & Stone, A. A. (2006). Would you be happier if you were richer? A focusing illusion. *Science*, *312*(5782), 1908－1910.

Kahneman, D., Slovic, P., & Tversky, A. (1982). *Judgment under uncertainty: Heuristics and biases.* New York: Cambridge University Press.

Kahneman, D., & Tversky, A. (1979). Prospect theory: An analysis of decision under risk. *Econometrica*, *47*(2), 263－292.

Kahneman, D., & Tversky, A. (1996). On the reality of cognitive illusions. *Psychol Rev*, *103*(3), 582－591; discussion, 592－586.

Kandel, E. R. (2008). Interview with Eric R. Kandel: From memory, free will, and the problem with Freud to fortunate decisions. *J Vis Exp*(15), April 24, p.762.

Kant, I. ([1785] 1995). *Ethical philosophy: Grounding for the metaphysics of morals and metaphysical principles of virtue* (J. W. Ellington, Trans.). Indianapolis, IN: Hackett Publishing.

Kanwisher, N., McDermott, J., & Chun, M. M. (1997). The fusiform face area: A module in human extrastriate cortex specialized for face perception. *J Neurosci*, *17*(11), 4302－4311.

Kaplan, J. T., Freedman, J., & Iacoboni, M. (2007). Us versus them: Political attitudes and party affiliation influence neural response to faces of presidential candidates. *Neuropsychologia*, *45*(1), 55－64.

Kaplan, J. T., & Iacoboni, M. (2006). Getting a grip on other minds: Mirror neurons, intention understanding, and cognitive empathy. *Soc Neurosci*, *1*(3－4), 175－183.

Kapogiannis, D., Barbey, A. K., Su, M., Zamboni, G., Krueger, F., & Grafman, J. (2009). Cognitive and neural foundations of religious belief. *Proc Natl Acad Sci USA*, *106*(12), 4876－4881.

Karczmar, A. G. (2001). Sir John Eccles, 1903－1997. Pt. 2. The brain as a machine or as a site of free will? *Perspect Biol Med*, *44*(2), 250－262.

Keane, M. M., Gabrieli, J. D., Monti, L. A., Fleischman, D. A., Cantor, J. M., & Noland, J. S. (1997). Intact and impaired conceptual memory processes in amnesia. *Neuropsychology*, *11*(1), 59－69.

Kelley, W. M., Macrae, C. N., Wyland, C. L., Caglar, S., Inati, S., & Heatherton, T. F. (2002). Finding the self? An event-related fMRI study. *J Cogn Neurosci*, *14*(5), 785－794.

Kennedy, D. (2004). Neuroscience and neuroethics. *Science*, *306*(5695),

373.

Kertesz, A. (2000). Alien hand, free will and Arnold Pick. *Can J Neurol Sci*, *27*(3), 183.

Keverne, E. B., & Curley, J. P. (2004). Vasopressin, oxytocin and social behaviour. *Curr Opin Neurobiol*, *14*(6), 777 – 783.

Kiehl, K. A. (2006). A cognitive neuroscience perspective on psychopathy: Evidence for paralimbic system dysfunction. *Psychiatry Res*, *142*(2 – 3), 107 – 128.

Kiehl, K. A., Smith, A. M., Hare, R. D., Mendrek, A., Forster, B. B., Brink, J., et al. (2001). Limbic abnormalities in affective processing by criminal psychopaths as revealed by functional magnetic resonance imaging. *Biol Psychiatry*, *50*(9), 677 – 684.

Kihlstrom, J. F. (1996). Unconscious processes in social interaction. In S. Hameroff, A. W. Kaszniak, & A. C. Scott (Eds.), *Toward a science of consciousness: The first Tucson discussions and debates* (pp. 93 – 104). Cambridge, MA: MI T Press.

Kim, J. ([1984] 1991). Epiphenomenal and supervenient causation. In D. Rosenthal (Ed.), *The nature of mind* (pp. 257 – 265). Oxford: Oxford University Press.

Kim, J. (1993). The myth of nonreductive materialism. In *Supervenience and mind* (pp.265 – 283). Cambridge, UK: Cambridge University Press.

King-Casas, B., Tomlin, D., Anen, C., Camerer, C. F., Quartz, S. R., & Montague, P. R. (2005). Getting to know you: Reputation and trust in a two-person economic exchange. *Science*, *308*(5718), 78 – 83.

Kipps, C. M., Duggins, A. J., McCusker, E. A., & Calder, A. J. (2007). Disgust and happiness recognition correlate with anteroventral insula and amygdala volume respectively in preclinical Huntington's disease. *J Cogn Neurosci*, *19*(7), 1206 – 1217.

Kircher, T. T., Senior, C., Phillips, M. L., Benson, P. J., Bullmore, E. T., Brammer, M., et al. (2000). Towards a functional neuroanatomy of self processing: Effects of faces and words. *Brain Res Cogn Brain Res*, *10*(1 – 2), 133 – 144.

Kircher, T. T., Senior, C., Phillips, M. L., Rabe-Hesketh, S., Benson, P. J., Bullmore, E. T., et al. (2001). Recognizing one's own face. *Cognition*, *78*(1), B1 – B15.

Kirsch, I. (2000). Are drug and placebo effects in depression additive? *Biol Psychiatry*, *47*(8), 733 – 735.

Klayman, J., & Ha, Y. W. (1987). Confirmation, disconfirmation, and information in hypothesis testing. *Psychological Review*, *94*(2), 211 – 228.

Koenig, L. B., McGue, M., Krueger, R. F., & Bouchard, T. J., Jr. (2005). Genetic and environmental influences on religiousness: Findings for retrospective and current religiousness ratings. *J Pers*, *73*(2), 471 – 488.

Koenig, L. B., McGue, M., Krueger, R. F., & Bouchard, T. J., Jr. (2007). Religiousness, antisocial behavior, and altruism: Genetic and environmental mediation. *J Pers*, *75*(2), 265 – 290.

Koenigs, M., Young, L., Adolphs, R., Tranel, D., Cushman, F., Hauser, M., et al. (2007). Damage to the prefrontal cortex increases utilitarian moral judgements. *Nature*, *446*(7138), 908 – 911.

Kolb, B., & Whishaw, I. Q. (2008). *Fundamentals of human neuropsychology* (6th ed.). New York: Worth Publishers.

Kosik, K. S. (2006). Neuroscience gears up for duel on the issue of brain versus deity. *Nature*, *439*(7073), 138.

Krause, J., Lalueza-Fox, C., Orlando, L., Enard, W., Green, R. E., Burbano, H. A., et al. (2007). The derived FOXP2 variant of modern humans was shared with Neandertals. *Curr Biol*, *17*(21), 1908 – 1912.

Kripke, S. ([1970]1991). From naming and necessity. In D. Rosenthal (Ed.), *The nature of mind* (pp.236 – 246). UK: Oxford University Press.

Kruger, J., & Dunning, D. (1999). Unskilled and unaware of it: How difficulties in recognizing one's own incompetence lead to inflated self-assessments. *J Pers Soc Psychol*, *77*(6), 1121 – 1134.

Kruglanski, A. W. (1999). Motivation, cognition, and reality: Three memos for the next generation of research. *Psychological Inquiry*, *10*(1), pp.54 – 58.

Kuhnen, C. M., & Knutson, B. (2005). The neural basis of financial risk taking. *Neuron*, *47*(5), 763 – 770.

LaBoeuf, R. A., & Shafir, E. B. (2005). Decision making. In K. J. Holyoak & R. G. Morrison (Eds.), *The Cambridge handbook of thinking and reasoning* (pp.243 – 266). New York: Cambridge University Press.

LaFraniere, S. (2007, November 15). African crucible: Cast as witches, then cast out. *New York Times.*

Lahav, R. (1997). The conscious and the non-conscious: Philosophical implications of neuropsychology. In M. Carrier & P. K. Machamer (Eds.), *Mindscapes: Philosophy, science, and the mind.* Pittsburgh, PA: University of Pittsburgh Press.

Lai, C. S., Fisher, S. E., Hurst, J. A., Vargha-Khadem, F., & Monaco,

A. P. (2001). A forkhead-domain gene is mutated in a severe speech and language disorder. *Nature*, *413*(6855), 519–523.

Langford, D. J., Crager, S. E., Shehzad, Z., Smith, S. B., Sotocinal, S. G., Levenstadt, J. S., et al. (2006). Social modulation of pain as evidence for empathy in mice. *Science*, *312*(5782), 1967–1970.

Langleben, D. D., Loughead, J. W., Bilker, W. B., Ruparel, K., Childress, A. R., Busch, S. I., et al. (2005). Telling truth from lie in individual subjects with fast event-related fMRI. *Hum Brain Mapp*, *26*(4), 262–272.

Langleben, D. D., Schroeder, L., Maldjian, J. A., Gur, R. C., McDonald, S., Ragland, J. D., et al. (2002). Brain activity during simulated deception: An event-related functional magnetic resonance study. *Neuroimage*, *15*(3), 727–732.

Larson, E. J., & Witham, L. (1998). Leading scientists still reject God. *Nature*, *394*(6691), 313.

LeDoux, J. E. (2002). *Synaptic self: How our brains become who we are.* New York: Viking.

Lee, T. M., Liu, H. L., Chan, C. C., Ng, Y. B., Fox, P. T., & Gao, J. H. (2005). Neural correlates of feigned memory impairment. *Neuroimage*, *28*(2), 305–313.

Leher, J. (2010, February 28). Depression's upside. *New York Times Magazine.*

Levine, J. (1983). Materialism and qualia: The explanatory gap. *Pacific Philosophical Quarterly*, *64*, 354–361.

Levine, J. (1997). On leaving out what it's like. In N. Block, O. Flanagan, & G. Güzeldere (Eds.), *The nature of consciousness: Philosophical debates* (pp.543–555). Cambridge, MA: MIT Press.

Levy, N. (2007). Rethinking neuroethics in the light of the extended mind thesis. *Am J Bioeth*, *7*(9), 3–11.

Levy, N. (2007). *Neuroethics.* New York: Cambridge University Press.

Libet, B. (1999). Do we have free will? *Journal of Consciousness Studies*, *6*(8–9), 47–57.

Libet, B. (2001). Consciousness, free action and the brain: Commentary on John Searle's article. *Journal of Consciousness Studies*, *8*(8), 59–65.

Libet, B. (2003). Can conscious experience affect brain activity? *Journal of Consciousness Studies*, *10*(12), 24–28.

Libet, B., Gleason, C. A., Wright, E. W., & Pearl, D. K. (1983). Time of conscious intention to act in relation to onset of cerebral activity (readinesspotential). The unconscious initiation of a freely voluntary act. *Brain*, *106* (Pt. 3), 623 - 642.

Lieberman, M. D., Jarcho, J. M., Berman, S., Naliboff, B. D., Suyenobu, B. Y., Mandelkern, M., et al. (2004). The neural correlates of placebo effects: a disruption account. *Neuroimage*, *22*(1), 447 - 455.

Litman, L., & Reber, A. S. (2005). Implicit cognition and thought. In K. J. Holyoak & R. G. Morrison (Eds.), *The Cambridge handbook of thinking and reasoning* (pp.431 - 453). New York: Cambridge University Press.

Livingston, K. R. (2005). Religious practice, brain, and belief. *Journal of Cognition and Culture*, *5*(1 - 2), 75 - 117.

Llinás, R. (2001). *I of the vortex: From neurons to self.* Cambridge, MA: MIt Press.

Llinás, R., Ribary, U., Contreras, D., & Pedroarena, C. (1998). The neuronal basis for consciousness. *Philos Trans R Soc Lond B Biol Sci*, *353*(1377), 1841 - 1849.

Logothetis, N. K. (1999). Vision: A window on consciousness. *Sci Am*, *281*(5), 69 - 75.

Logothetis, N. K. (2008). What we can do and what we cannot do with fMRI. *Nature*, *453*(7197), 869 - 878.

Logothetis, N. K., Pauls, J., Augath, M., Trinath, T., & Oeltermann, A. (2001). Neurophysiological investigation of the basis of the fMRI signal. *Nature*, *412*(6843), 150 - 157.

Logothetis, N. K., & Pfeuffer, J. (2004). On the nature of the BOLD fMRI contrast mechanism. *Magn Reson Imaging*, *22*(10), 1517 - 1531.

Lou, H. C., Luber, B., Crupain, M., Keenan, J. P., Nowak, M., Kjaer, T. W., et al. (2004). Parietal cortex and representation of the mental self. *Proc Natl Acad Sci USA*, *101*(17), 6827 - 6832.

Lou, H. C., Nowak, M., & Kjaer, T. W. (2005). The mental self. *Prog Brain Res*, *150*, 197 - 204.

Lugo, L. D. (2008). *U.S. Religious Landscape Survey*, Pew Research Center.

Lutz, A., Brefczynski-Lewis, J., Johnstone, T., & Davidson, R. J. (2008). Regulation of the neural circuitry of emotion by compassion meditation: effects of meditative expertise. *PLoS ONE*, *3*(3), e1897.

Lutz, A., Greischar, L. L., Rawlings, N. B., Ricard, M., & Davidson, R. J. (2004).

Long-term meditators self-induce high-amplitude gamma synchrony during mental practice. *Proc Natl Acad Sci USA*, *101*(46), 16369 - 16373.

Lutz, A., Slagter, H. A., Dunne, J. D., & Davidson, R. J. (2008). Attention regulation and monitoring in meditation. *Trends Cogn Sci*, *12*(4), 163 - 169.

Lykken, D. T., & Tellegen, A. (1996). Happiness is a stochastic phenomenon. *Psychological Science*, *7*(3), 186 - 189.

Mackie, J. L. (1977). *Ethics: Inventing right and wrong*. London: Penguin.

Macrae, C. N., Moran, J. M., Heatherton, T. F., Banfield, J. F., & Kelley, W. M. (2004). Medial prefrontal activity predicts memory for self. *Cereb Cortex*, *14*(6), 647 - 654.

Maddox, J. (1981). A book for burning? *Nature*, *293* (September 24), 245 - 246.

Maddox, J. (1995). The prevalent distrust of science. *Nature*, *378*(6556), 435 - 437.

Maguire, E. A., Frith, C. D., & Morris, R. G. (1999). The functional neuroanatomy of comprehension and memory: The importance of prior knowledge. *Brain*, *122* (Pt. 10), 1839 - 1850.

Mark, V. (1996). Conflicting communicative behavior in a split-brain patient: Support for dual consciousness. In S. Hameroff, A. W. Kaszniak, & A. C. Scott (Eds.), *Toward a science of consciousness: The first Tucson discussions and debates* (pp.189 - 196). Cambridge, MA: MIT Press.

Marks, C. E. (1980). *Commissurotomy, consciousness, and the unity of mind.* Montgomery, VT: Bradford Books.

Marr, D. (1982). *Vision: A computational investigation into the human representation and processing of visual information.* San Francisco: W. H. Freeman.

Marx, K. ([1843]1971). *Critique of Hegel's philosophy of right* (A. J. O'Malley, Trans.). Cambridge, UK: Cambridge University Press.

Mason, M. F., Norton, M. I., Van Horn, J. D., Wegner, D. M., Grafton, S. T., & Macrae, C. N. (2007). Wandering minds: The default network and stimulusindependent thought. *Science*, *315*(5810), 393 - 395.

Masserman, J. H., Wechkin, S., & Terris, W. (1964). "Altruistic" behavior in rhesus monkeys. *Am J Psychiatry*, *121*, 584 - 585.

Matsumoto, K., & Tanaka, K. (2004). The role of the medial prefrontal cortex in achieving goals. *Curr Opin Neurobiol*, *14*(2), 178 - 185.

McCloskey, M. S., Phan, K. L., & Coccaro, E. F. (2005). Neuroimaging and personality disorders. *Curr Psychiatry Rep*, *7*(1), 65 - 72.

McClure, S. M., Li, J., Tomlin, D., Cypert, K. S., Montague, L. M., & Montague, P. R. (2004). Neural correlates of behavioral preference for culturally familiar drinks. *Neuron*, *44*(2), 379 - 387.

McCrone, J. (2003). Free will. *Lancet Neurol*, *2*(1), 66.

McElreath, R., & Boyd, R. (2007). *Mathematical models of social evolution: A guide for the perplexed.* Chicago; London: University of Chicago Press.

McGinn, C. (1989). Can we solve the mind-body problem? *Mind*, *98*, 349 - 366.

McGinn, C. (1999). *The mysterious flame: Conscious minds in a material world.* New York: Basic Books.

McGuire, P. K., Bench, C. J., Frith, C. D., Marks, I. M., Frackowiak, R. S., & Dolan, R. J. (1994). Functional anatomy of obsessive-compulsive phenomena. *Br J Psychiatry*, *164*(4), 459 - 468.

McKiernan, K. A., Kaufman, J. N., Kucera-Thompson, J., & Binder, J. R. (2003). A parametric manipulation of factors affecting task-induced deactivation in functional neuroimaging. *J Cogn Neurosci*, *15*(3), 394 - 408.

McNeil, B. J., Pauker, S. G., Sox, H. C., Jr., & Tversky, A. (1982). On the elicitation of preferences for alternative therapies. *N Engl J Med*, *306* (21), 1259 - 1262.

Mekel-Bobrov, N., Gilbert, S. L., Evans, P. D., Vallender, E. J., Anderson, J. R., Hudson, R. R., et al. (2005). Ongoing adaptive evolution of ASPM, a brain size determinant in *Homo sapiens. Science*, *309*(5741), 1720 - 1722.

Meriau, K., Wartenburger, I., Kazzer, P., Prehn, K., Lammers, C. H., van der Meer, E., et al. (2006). A neural network reflecting individual differences in cognitive processing of emotions during perceptual decision making. *Neuroimage*, *33*(3), 1016 - 1027.

Merleau-Ponty, M. (1964). *The primacy of perception, and other essays on phenomenological psychology, the philosophy of art, history, and politics.* Evanston, IL: Northwestern University Press.

Mesoudi, A., Whiten, A., & Dunbar, R. (2006). A bias for social information in human cultural transmission. *Br J Psychol*, *97*(Pt. 3), 405 - 423.

Mill, J. S. (1863). *Utilitarianism.* London: Parker, Son, and Bourn.

Miller, E. K., & Cohen, J. D. (2001). An integrative theory of prefrontal cortex function. *Annu Rev Neurosci*, *24*, 167 - 202.

Miller, G. (2008). Investigating the psychopathic mind. *Science*, *321* (5894), 1284 - 1286.

Miller, G. (2008). Neuroimaging. Growing pains for fMRI. *Science*, *320*(5882), 1412 - 1414.

Miller, G. F. (2007). Sexual selection for moral virtues. *Q Rev Biol*, *82*(2), 97-125.

Miller, K. R. (1999). *Finding Darwin's God: A scientist's search for common ground between God and evolution* (1st ed.). New York: Cliff Street Books.

Miller, W. I. (1993). *Humiliation: And other essays on honor, social discomfort, and violence.* Ithaca, NY: Cornell University Press.

Miller, W. I. (1997). *The anatomy of disgust.* Cambridge, MA: Harvard University Press.

Miller, W. I. (2003). *Faking it.* Cambridge, UK; New York: Cambridge University Press.

Miller, W. I. (2006). *Eye for an eye.* Cambridge, UK; New York: Cambridge University Press.

Mink, J. W. (1996). The basal ganglia: focused selection and inhibition of competing motor programs. *Prog Neurobiol*, *50*(4), 381-425.

Mitchell, I. J., Heims, H., Neville, E. A., & Rickards, H. (2005). Huntington's disease patients show impaired perception of disgust in the gustatory and olfactory modalities. *J Neuropsychiatry Clin Neurosci*, *17*(1), 119-121.

Mitchell, J. P., Dodson, C. S., & Schacter, D. L. (2005). fMRI evidence for the role of recollection in suppressing misattribution errors: The illusory truth effect. *J Cogn Neurosci*, *17*(5), 800-810.

Mitchell, J. P., Macrae, C. N., & Banaji, M. R. (2006). Dissociable medial prefrontal contributions to judgments of similar and dissimilar others. *Neuron*, *50*(4), 655-663.

Mlodinow, L. (2008). *The drunkard's walk: How randomness rules our lives.* New York: Pantheon.

Moll, J., & de Oliveira-Souza, R. (2007). Moral judgments, emotions and the utilitarian brain. *Trends Cogn Sci*, *11*(8), 319-321.

Moll, J., de Oliveira-Souza, R., Garrido, G. J., Bramati, I. E., Caparelli-Daquer, E. M., Paiva, M. L., et al. (2007). The self as a moral agent: Linking the neural bases of social agency and moral sensitivity. *Soc Neurosci*, *2*(3-4), 336-352.

Moll, J., de Oliveira-Souza, R., Moll, F. T., Ignacio, F. A., Bramati, I. E., Caparelli-Daquer, E. M., et al. (2005). The moral affiliations of disgust: A functional MRI study. *Cogn Behav Neurol*, *18*(1), 68-78.

Moll, J., de Oliveira-Souza, R., & Zahn, R. (2008). The neural basis of moral cognition: sentiments, concepts, and values. *Ann NY Acad Sci*, *1124*, 161-180.

Moll, J., Zahn, R., de Oliveira-Souza, R., Krueger, F., & Grafman, J. (2005). Opinion: The neural basis of human moral cognition. *Nat Rev Neurosci*, *6*(10), 799-809.

Monchi, O., Petrides, M., Strafella, A. P., Worsley, K. J., & Doyon, J. (2006). Functional role of the basal ganglia in the planning and execution of actions. *Ann Neurol*, *59*(2), 257-264.

Mooney, C. (2005). *The Republican war on science*. New York: Basic Books.

Mooney, C., & Kirshenbaum, S. (2009). *Unscientific America: How scientific illiteracy threatens our future*. New York: Basic Books.

Moore, G. E. ([1903] 2004). *Principia ethica*. Mineola, NY: Dover Publications.

Moran, J. M., Macrae, C. N., Heatherton, T. F., Wyland, C. L., & Kelley, W. M. (2006). Neuroanatomical evidence for distinct cognitive and affective components of self. *J Cogn Neurosci*, *18*(9), 1586-1594.

Moreno, J. D. (2003). Neuroethics: An agenda for neuroscience and society. *Nat Rev Neurosci*, *4*(2), 149-153.

Morse, D. (2009, March 31). Plea deal includes resurrection clause. *Washington Post*, B02.

Mortimer, M., & Toader, A. (2005). Blood feuds blight Albanian lives. September 23. Retrieved July 7, 2009, from http://news.bbc.co.uk/2/hi/europe/4273020.stm.

Muller, J. L., Ganssbauer, S., Sommer, M., Dohnel, K., Weber, T., Schmidt-Wilcke, T., et al. (2008). Gray matter changes in right superior temporal gyrus in criminal psychopaths. Evidence from voxel-based morphometry. *Psychiatry Res*, *163*(3), 213-222.

Nagel, T. (1974). What is it like to be a bat? *Philosophical Review*, *83*, 435-456.

Nagel, T. (1979). Brain bisection and the unity of consciousness. In *Mortal questions*. Cambridge, UK: Cambridge University Press, 147-164.

Nagel, T. (1979). *Mortal/Questions*. Cambridge, UK: Cambridge University Press.

Nagel, T. (1986). *The view from nowhere*. Oxford, UK: Oxford University Press.

Nagel, T. (1995). *Other minds*. Oxford, UK: Oxford University Press.

Nagel, T. (1997). *The last word*. Oxford, UK: Oxford University Press.

Nagel, T. (1998). Conceiving the impossible and the mind body problem.

Philosophy, *73*(285), 337 - 352.

Narayan, V. M., Narr, K. L., Kumari, V., Woods, R. P., Thompson, P. M., Toga, A. W., et al. (2007). Regional cortical thinning in subjects with violent antisocial personality disorder or schizophrenia. *Am J Psychiatry*, *164* (9), 1418 - 1427.

National Academy of Sciences (U. S.). Working Group on Teaching Evolution. (1998). *Teaching about evolution and the nature of science.* Washington, DC: National Academies Press.

National Academy of Sciences (U. S.) & Institute of Medicine (U. S.) (2008). *Science, evolution, and creationism.* Washington, DC: National Academies Press.

Newberg, A., Alavi, A., Baime, M., Pourdehnad, M., Santanna, J., & d'Aquili, E. (2001). The measurement of regional cerebral blood flow during the complex cognitive task of meditation: A preliminary SPECT study. *Psychiatry Res*, *106*(2), 113 - 122.

Newberg, A., Pourdehnad, M., Alavi, A., & d'Aquili, E. G. (2003). Cerebral blood flow during meditative prayer: Preliminary findings and methodological issues. *Percept Mot Skills*, *97*(2), 625 - 630.

Newberg, A. B., Wintering, N. A., Morgan, D., & Waldman, M. R. (2006). The measurement of regional cerebral blood flow during glossolalia: A preliminary SPECT study. *Psychiatry Res*, *148*(1), 67 - 71.

Ng, F. (2007). The interface between religion and psychosis. *Australas Psychiatry*, *15*(1), 62 - 66.

Nøretranders, T. (1998). *The user illusion: Cutting consciousness down to size.* New York: Viking.

Norris, P., & Inglehart, R. (2004). *Sacred and secular: Religion and politics worldwide.* Cambridge, UK: Cambridge University Press.

Northoff, G., Heinzel, A., Bermpohl, F., Niese, R., Pfennig, A., Pascual-Leone, A., et al. (2004). Reciprocal modulation and attenuation in the prefrontal cortex: An fMRI study on emotional-cognitive interaction. *Hum Brain Mapp*, *21*(3), 202 - 212.

Northoff, G., Heinzel, A., de Greck, M., Bermpohl, F., Dobrowolny, H., & Panksepp, J. (2006). Self-referential processing in our brain — a meta-analysis of imaging studies on the self. *Neuroimage*, *31*(1), 440 - 457.

Nowak, M. A., & Sigmund, K. (2005). Evolution of indirect reciprocity. *Nature*, *437*(7063), 1291 - 1298.

Nozick, R. (1974). *Anarchy, state, and utopia.* New York: Basic Books.

Nunez, J. M., Casey, B. J., Egner, T., Hare, T., & Hirsch, J. (2005). Intentional false responding shares neural substrates with response conflict and cognitive control. *Neuroimage*, *25*(1), 267 – 277.

O'Doherty, J., Critchley, H., Deichmann, R., & Dolan, R. J. (2003). Dissociating valence of outcome from behavioral control in human orbital and ventral prefrontal cortices. *J Neurosci*, *23*(21), 7931 – 7939.

O'Doherty, J., Kringelbach, M. L., Rolls, E. T., Hornak, J., & Andrews, C. (2001). Abstract reward and punishment representations in the human orbitofrontal cortex. *Nat Neurosci*, *4*(1), 95 – 102.

O'Doherty, J., Rolls, E. T., Francis, S., Bowtell, R., & McGlone, F. (2001). Representation of pleasant and aversive taste in the human brain. *J Neurophysiol*, *85*(3), 1315 – 1321.

O'Doherty, J., Winston, J., Critchley, H., Perrett, D., Burt, D. M., & Dolan, R. J. (2003). Beauty in a smile: The role of medial orbitofrontal cortex in facial attractiveness. *Neuropsychologia*, *41*(2), 147 – 155.

Oliver, A. M., & Steinberg, P. F. (2005). *The road to martyrs' square: A journey into the world of the suicide bomber.* New York: Oxford University Press.

Olsson, A., Ebert, J. P., Banaji, M. R., & Phelps, E. A. (2005). The role of social groups in the persistence of learned fear. *Science*, *309*(5735), 785 – 787.

Osherson, D., Perani, D., Cappa, S., Schnur, T., Grassi, F., & Fazio, F. (1998). Distinct brain loci in deductive versus probabilistic reasoning. *Neuropsychologia*, *36*(4), 369 – 376.

Parens, E., & Johnston, J. (2007). Does it make sense to speak of neuroethics? Three problems with keying ethics to hot new science and technology. *EMBO Rep*, *8 Spec No*, S61 – 64.

Parfit, D. (1984). *Reasons and persons.* Oxford, UK: Clarendon Press.

Patterson, K., Nestor, P. J., & Rogers, T. T. (2007). Where do you know what you know? The representation of semantic knowledge in the human brain. *Nat Rev Neurosci*, *8*(12), 976 – 987.

Patterson, N., Richter, D. J., Gnerre, S., Lander, E. S., & Reich, D. (2006). Genetic evidence for complex speciation of humans and chimpanzees. *Nature*, *441*(7097), 1103 – 1108.

Patterson, N., Richter, D. J., Gnerre, S., Lander, E. S., & Reich, D. (2008). Patterson et al. reply. *Nature*, *452*(7184), E4.

Paul, G. (2009). The chronic dependence of popular religiosity upon dysfunctional psychosociological conditions. *Evolutionary Psychology*, *7*(3), 398 - 441.

Pauli, W., Enz, C. P., & Meyenn, K. von ([1955]1994). *Writings on physics and philosophy*. Berlin; New York: Springer-Verlag.

Paulson, S. (2006). The believer. Retrieved July 24, 2009, from www.salon.com/books/int/2006/08/07/collins/index.html.

Paulus, M. P., Rogalsky, C., Simmons, A., Feinstein, J. S., & Stein, M. B. (2003). Increased activation in the right insula during risk-taking decision making is related to harm avoidance and neuroticism. *Neuroimage*, *19*(4), 1439 - 1448.

Pavlidis, I., Eberhardt, N. L., & Levine, J. A. (2002). Seeing through the face of deception. *Nature*, *415*(6867), 35.

Pedersen, C. A., Ascher, J. A., Monroe, Y. L., & Prange, A. J., Jr. (1982). Oxytocin induces maternal behavior in virgin female rats. *Science*, *216*(4546), 648 - 650.

Pennisi, E. (1999). Are our primate cousins "conscious"? *Science*, *284*(5423), 2073 - 2076.

Penrose, R. (1994). *Shadows of the mind*. Oxford, UK: Oxford University Press.

Perry, J. (2001). *Knowledge, possibility, and consciousness*. Cambridge, MA: MIt Press.

Persinger, M. A., & Fisher, S. D. (1990). Elevated, specific temporal lobe signs in a population engaged in psychic studies. *Percept Mot Skills*, *71*(3 Pt. 1), 817 - 818.

Pessiglione, M., Schmidt, L., Draganski, B., Kalisch, R., Lau, H., Dolan, R. J., et al. (2007). How the brain translates money into force: A neuroimaging study of subliminal motivation. *Science*, *316*(5826), 904 - 906.

Pierre, J. M. (2001). Faith or delusion? At the crossroads of religion and psychosis. *J Psychiatr Pract*, *7*(3), 163 - 172.

Pinker, S. (1997). *How the mind works*. New York: Norton.

Pinker, S. (2002). *The blank slate: The modern denial of human nature*. New York: Viking.

Pinker, S. (2007, March 19). A history of violence. *The New Republic*.

Pinker, S. (2008). The stupidity of dignity. *The New Republic* (May 28).

Pinker, S. (2008, January 13). The moral instinct. *New York Times Magazine*.

Pinker, S., & Jackendoff, R. (2005). The faculty of language: What's special about it? *Cognition*, *95*(2), 201 - 236.

Pizarro, D. A., & Bloom, P. (2003). The intelligence of the moral intuitions: comment on Haidt (2001). *Psychol Rev*, *110* (1), 193 - 196; discussion, 197 - 198.

Pizarro, D. A., & Uhlmann, E. L. (2008). The motivated use of moral principles. (Unpublished manuscript.)

Planck, M., & Murphy, J. V. (1932). *Where is science going?* New York: W. W. Norton.

Poldrack, R. A. (2006). Can cognitive processes be inferred from neuroimaging data? *Trends Cogn Sci*, *10*(2), 59 - 63.

Polkinghorne, J. C. (2003). *Belief in God in an age of science.* New Haven, CT: Yale University Press.

Polkinghorne, J. C., & Beale, N. (2009). *Questions of truth: Fifty-one responses to questions about God, science, and belief* (1st ed.). Louisville, KY: Westminster John Knox Press.

Pollard Sacks, D. (2009). State actors beating children: A call for judicial relief. *U.C. Davis Law Review*, *42*, 1165 - 1229.

Popper, K. R. (2002). *The open society and its enemies* (5th ed.). London; New York: Routledge.

Popper, K. R., & Eccles, J. C. ([1977]1993). *The self and its brain.* London: Routledge.

Prabhakaran, V., Rypma, B., & Gabrieli, J. D. (2001). Neural substrates of mathematical reasoning: A functional magnetic resonance imaging study of neocortical activation during performance of the necessary arithmetic operations test. *Neuropsychology*, *15*(1), 115 - 127.

Prado, J., Noveck, I. A., & Van Der Henst, J. B. (2009). Overlapping and distinct neural representations of numbers and verbal transitive series. *Cereb Cortex*, *20*(3), 720 - 729.

Premack, D., & Woodruff, G. (1978). Chimpanzee problem-solving: A test for comprehension. *Science*, *202*(4367), 532 - 535.

Previc, F. H. (2006). The role of the extrapersonal brain systems in religious activity. *Conscious Cogn*, *15*(3), 500 - 539.

Prinz, J. (2001). Functionalism, dualism and consciousness. In W. Bechtel, P. Mandik, J. Mundale, & R. Stufflebeam (Eds.), *Philosophy and the neurosciences.* Oxford, UK: Blackwell, 278 - 294.

Pryse-Phillips, W. (2003). *The Oxford companion to clinical neurology.* Oxford, UK: Oxford University Press.

Puccetti, R. (1981). The case for mental duality: Evidence from split-brain data and other considerations. *Behavioral and Brain Sciences*, (*1981*)(4), 93－123.

Puccetti, R. (1993). Dennett on the split-brain. *Psycoloquy*, *4*(52).

Putnam, H. (2007). The fact/value dichotomy and its critics. Paper presented at the UCD Ulysses Medal Lecture. Retrieved from www. youtube. com/watch? v = gTWKSb8ajXc&feature = player_embedded.

Pyysiänen, I., & Hauser, M. (2010). The origins of religion: Evolved adaptation or by-product? *Trends Cogn Sci*, *14*(3), 104－109.

Quiroga, R. Q., Reddy, L., Kreiman, G., Koch, C., & Fried, I. (2005). Invariant visual representation by single neurons in the human brain. *Nature*, *435*(7045), 1102－1107.

Racine, E. (2007). Identifying challenges and conditions for the use of neuroscience in bioethics. *Am J Bioeth*, *7*(1), 74－76; discussion, W71－74.

Raichle, M. E., MacLeod, A. M., Snyder, A. Z., Powers, W. J., Gusnard, D. A., & Shulman, G. L. (2001). A default mode of brain function. *Proc Natl Acad Sci USA*, *98*(2), 676－682.

Raine, A., & Yaling, Y. (2006). The neuroanatomical bases of psychopathy: A review of brain imaging findings. In C. J. Patrick (Ed.), *Handbook of psychopathy* (pp.278－295). New York: Guilford Press.

Ramachandran, V. S. (1995). Anosognosia in parietal lobe syndrome. *Conscious Cogn*, *4*(1), 22－51.

Ramachandran, V. S. (2007). The neurology of self-awareness, retrieved December 5, 2008, from www. edge. org/3rd _ culture/ramachandran07/ramachandran07_index.html.

Ramachandran, V. S., & Blakeslee, S. (1998). *Phantoms in the brain.* New York: William Morrow and Company.

Ramachandran, V. S., & Hirstein, W. (1997). Three laws of qualia: What neurology tells us about the biological functions of consciousness. *Journal of Consciousness Studies*, *4*(5/6), 429－457.

Range, F., Horn, L., Viranyi, Z., & Huber, L. (2009). The absence of reward induces inequity aversion in dogs. *Proc Natl Acad Sci USA*, *106*(1), 340－345.

Raskin, R., & Terry, H. (1988). A principal-components analysis of the Narcissistic Personality Inventory and further evidence of its construct validity. *J Pers Soc Psychol*, *54*(5), 890－902.

Rauch, S. L., Kim, H., Makris, N., Cosgrove, G. R., Cassem, E. H., Savage, C. R., et al. (2000). Volume reduction in the caudate nucleus following stereotactic placement of lesions in the anterior cingulate cortex in humans: A morphometric magnetic resonance imaging study. *J Neurosurg*, *93*(6), 1019-1025.

Rauch, S. L., Makris, N., Cosgrove, G. R., Kim, H., Cassem, E. H., Price, B. H., et al. (2001). A magnetic resonance imaging study of regional cortical volumes following stereotactic anterior cingulotomy. *CNS Spectr*, *6*(3), 214-222.

Rawls, J. ([1971] 1999). *A theory of justice* (Rev. ed.). Cambridge, MA.: Belknap Press of Harvard University Press.

Rawls, J., & Kelly, E. (2001). *Justice as fairness: A restatement.* Cambridge, MA: Harvard University Press.

Redelmeier, D. A., Katz, J., & Kahneman, D. (2003). Memories of colonoscopy: A randomized trial. *Pain*, *104*(1-2), 187-194.

Resnik, D. B. (2007). Neuroethics, national security and secrecy. *Am J Bioeth*, *7*(5), 14-15.

Richell, R. A., Mitchell, D. G., Newman, C., Leonard, A., Baron-Cohen, S., & Blair, R. J. (2003). Theory of mind and psychopathy: Can psychopathic individuals read the "language of the eyes"? *Neuropsychologia*, *41*(5), 523-526.

Ridderinkhof, K. R., Ullsperger, M., Crone, E. A., & Nieuwenhuis, S. (2004). The role of the medial frontal cortex in cognitive control. *Science*, *306*(5695), 443-447.

Rilling, J., Gutman, D., Zeh, T., Pagnoni, G., Berns, G., & Kilts, C. (2002). A neural basis for social cooperation. *Neuron*, *35*(2), 395-405.

Rodriguez-Moreno, D., & Hirsch, J. (2009). The dynamics of deductive reasoning: An fMRI investigation. *Neuropsychologia*, *47*(4), 949-961.

Rolls, E. T., Grabenhorst, F., & Parris, B. A. (2008). Warm pleasant feelings in the brain. *Neuroimage*, *41*(4), 1504-1513.

Rosenblatt, A., Greenberg, J., Solomon, S., Pyszczynski, T., & Lyon, D. (1989). Evidence for terror management theory: I. The effects of mortality salience on reactions to those who violate or uphold cultural values. *J Pers Soc Psychol*, *57*(4), 681-690.

Rosenhan, D. L. (1973). On being sane in insane places. *Science*, *179*(70), 250-258.

Rosenthal, D. (1991). *The nature of mind.* Oxford, UK: Oxford University Press.

Roskies, A. (2002). Neuroethics for the new millennium. *Neuron*, *35*(1), 21-23.

Roskies, A. (2006). Neuroscientific challenges to free will and responsibility.

Trends Cogn Sci, *10*(9), 419-423.

Royet, J. P., Plailly, J., Delon-Martin, C., Kareken, D. A., & Segebarth, C. (2003). fMRI of emotional responses to odors: Influence of hedonic valence and judgment, handedness, and gender. *Neuroimage*, *20*(2), 713-728.

Rubin, A. J. (2009, August 12). How Baida wanted to die. *New York Times*, MM38.

Rule, R. R., Shimamura, A. P., & Knight, R. T. (2002). Orbitofrontal cortex and dynamic filtering of emotional stimuli. *Cogn Affect Behav Neurosci*, *2*(3), 264-270.

Rumelhart, D. E. (1980). Schemata: The building blocks of cognition. In R. J. Spiro, B. C. Bruce, & W. F. Brewer (Eds.), *Theoretical issues in reading comprehension* (pp.33-58). Hillsdale, NJ: Erlbaum.

Ryle, G. ([1949]1984). *The concept of mind.* Chicago: University of Chicago Press.

Sagan, C. (1995). *The demon-haunted world: Science as a candle in the dark* (1st ed.). New York: Random House.

Salter, A. C. (2003). *Predators: Pedophiles, rapists, and other sex offenders: Who they are, how they operate, and how we can protect ourselves and our children.* New York: Basic Books.

Sarmiento, E. E., Sawyer, G. J., Milner, R., Deak, V., & Tattersall, I. (2007). *The last human: A guide to twenty-two species of extinct humans.* New Haven, CT: Yale University Press.

Sartre, J. P. ([1956]1994). *Being and nothingness* (H. Barnes, Trans.). New York: Gramercy Books.

Saxe, R., & Kanwisher, N. (2003). People thinking about thinking people: The role of the temporo-parietal junction in "theory of mind." *Neuroimage*, *19*(4), 1835-1842.

Schacter, D. L. (1987). Implicit expressions of memory in organic amnesia: learning of new facts and associations. *Hum Neurobiol*, *6*(2), 107-118.

Schacter, D. L., & Scarry, E. (1999). *Memory, brain, and belief.* Cambridge, MA: Harvard University Press.

Schall, J. D., Stuphorn, V., & Brown, J. W. (2002). Monitoring and control of action by the frontal lobes. *Neuron*, *36*(2), 309-322.

Schiff, N. D., Giacino, J. T., Kalmar, K., Victor, J. D., Baker, K., Gerber, M., et al. (2007). Behavioural improvements with thalamic stimulation after severe traumatic brain injury. *Nature*, *448*(7153), 600-603.

Schiffer, F., Zaidel, E., Bogen, J., & Chasan-Taber, S. (1998). Different psychological status in the two hemispheres of two split-brain patients. *Neuropsychiatry Neuropsychol Behav Neurol*, *11*(3), 151-156.

Schjoedt, U., Stodkilde-Jorgensen, H., Geertz, A. W., & Roepstorff, A. (2008). Rewarding prayers. *Neurosci Lett*, *443*(3), 165-168.

Schjoedt, U., Stodkilde-Jorgensen, H., Geertz, A. W., & Roepstorff, A. (2009). Highly religious participants recruit areas of social cognition in personal prayer. *Soc Cogn Affect Neurosci*, *4*(2), 199-207.

Schmitt, J. J., Hartje, W., & Willmes, K. (1997). Hemispheric asymmetry in the recognition of emotional attitude conveyed by facial expression, prosody and propositional speech. *Cortex*, *33*(1), 65-81.

Schneider, F., Bermpohl, F., Heinzel, A., Rotte, M., Walter, M., Tempelmann, C., et al. (2008). The resting brain and our self: Self-relatedness modulates resting state neural activity in cortical midline structures. *Neuroscience*, *157*(1), 120-131.

Schnider, A. (2001). Spontaneous confabulation, reality monitoring, and the limbic system — a review. *Brain Res Brain Res Rev*, *36*(2-3), 150-160.

Schreiber, C. A., & Kahneman, D. (2000). Determinants of the remembered utility of aversive sounds. *J Exp Psychol Gen*, *129*(1), 27-42.

Schröinger, E. (1964). *My view of the world* (C. Hastings, Trans.). Cambridge, UK: Cambridge University Press.

Schwartz, B. (2004). *The paradox of choice: Why more is less*. New York: Ecco.

Seabrook, J. (2008, November 10). Suffering souls. *New Yorker*, 64-73.

Searle, J. (1964). How to derive "ought" from "is". *Philosophical Review* *73*(1), 43-58.

Searle, J. (2001). Free will as a problem in neurobiology. *Philosophy*, *76*, 491-514.

Searle, J. R. (1992). *The rediscovery of the mind*. Cambridge, MA: MIT Press.

Searle, J. R. (1995). *The construction of social reality*. New York: The Free Press.

Searle, J. R. (1997). Consciousness and the philosophers. *New York Review of Books*, *XLIV*(4).

Searle, J. R. (1998). How to study consciousness scientifically. *Philos Trans R Soc Lond B Biol Sci*, *353*(1377), 1935-1942.

Searle, J. R. (2000). Consciousness. *Annu Rev Neurosci*, *23*, 557-578.

Searle, J. R. (2001). Further reply to Libet. *Journal of Consciousness Studies*, *8*(8), 63–65.

Searle, J. R. (2007). Dualism revisited. *J Physiol Paris*, *101* (4–6), 169–178.

Searle, J. R., Dennett, D. C., & Chalmers, D. J. (1997). *The mystery of consciousness* (1st ed.). New York: New York Review of Books.

Seeley, W. W., Carlin, D. A., Allman, J. M., Macedo, M. N., Bush, C., Miller, B. L., et al. (2006). Early frontotemporal dementia targets neurons unique to apes and humans. *Ann Neurol*, *60*(6), 660–667.

Sergent, J., Ohta, S., & MacDonald, B. (1992). Functional neuroanatomy of face and object processing: A positron emission tomography study. *Brain*, *115* Pt. 1, 15–36.

Seybold, K. S. (2007). Physiological mechanisms involved in religiosity/spirituality and health. *J Behav Med*, *30*(4), 303–309.

Shadlen, M. N., & Kiani, R. (2007). Neurology: An awakening. *Nature*, *448*(7153), 539–540.

Shadlen, M. N., & Movshon, J. A. (1999). Synchrony unbound: A critical evaluation of the temporal binding hypothesis. *Neuron*, *24*(1), 67–77, 111–125.

Shadlen, M. N., & Newsome, W. T. (2001). Neural basis of a perceptual decision in the parietal cortex (area LIP) of the rhesus monkey. *J Neurophysiol*, *86*(4), 1916–1936.

Shamay-Tsoory, S. G., Tibi-Elhanany, Y., & Aharon-Peretz, J. (2007). The green-eyed monster and malicious joy: The neuroanatomical bases of envy and gloating (schadenfreude). *Brain*, *130*(Pt. 6), 1663–1678.

Sheldrake, R. (1981). *A new science of life: The hypothesis of formative causation.* London: Blond & Briggs.

Sheline, Y. I., Barch, D. M., Price, J. L., Rundle, M. M., Vaishnavi, S. N., Snyder, A. Z., et al. (2009). The default mode network and self-referential processes in depression. *Proc Natl Acad Sci USA*, *106*(6), 1942–1947.

Shoebat, W. (2007). *Why we want to kill you: The jihadist mindset and how to defeat it.* [United States]: Top Executive Media.

Shweder, R. A. (2006, November 27). Atheists agonistes. *New York Times.*

Siebert, C. (2009, July 12). Watching whales watching us. *New York Times.*

Siefe, C. (2000). Cold numbers unmake the quantum mind. *Science*, *287*(5454), 791.

Silk, J. B., Brosnan, S. F., Vonk, J., Henrich, J., Povinelli, D. J.,

Richardson, A. S., et al. (2005). Chimpanzees are indifferent to the welfare of unrelated group members. *Nature*, *437*(7063), 1357 - 1359.

Silver, L. M. (2006). *Challenging nature: The clash of science and spirituality at the new frontiers of life*. New York: Ecco.

Simons, D. J., Chabris, C. F., Schnur, T., & Levin, D. T. (2002). Evidence for preserved representations in change blindness. *Conscious Cogn*, *11*(1), 78 - 97.

Simonton, D. K. (1994). *Greatness: Who makes history and why*. New York: Guilford.

Singer, P. (2009). *The life you can save: Acting now to end world poverty*. New York: Random House.

Singer, T., Seymour, B., O'Doherty, J., Kaube, H., Dolan, R. J., & Frith, C. D. (2004). Empathy for pain involves the affective but not sensory components of pain. *Science*, *303*(5661), 1157 - 1162.

Singer, W. (1999). Striving for coherence. *Nature*, *397*(4 February), 391 - 393.

Singer, W. (1999). Neuronal synchrony: A versatile code for the definition of relations? *Neuron*, *24*(1), 49 - 65, 111 - 125.

Sinnott-Armstrong, W. (2006). Consequentialism. *The Stanford encyclopedia of philosophy*. Retrieved from http://plato.stanford.edu/entries/consequentialism/.

Sirigu, A., Daprati, E., Ciancia, S., Giraux, P., Nighoghossian, N., Posada, A., et al. (2004). Altered awareness of voluntary action after damage to the parietal cortex. *Nat Neurosci*, *7*(1), 80 - 84.

Sirotin, Y. B., & Das, A. (2009). Anticipatory haemodynamic signals in sensory cortex not predicted by local neuronal activity. *Nature*, *457* (7228), 475 - 479.

Sloman, S. A., & Lagnado, D. A. (2005). The problem of Induction. In K. J. Holyoak & R. G. Morrison (Eds.), *The Cambridge handbook of thinking and reasoning* (pp.95 - 116). New York: Cambridge University Press.

Slovic, P. (2007). "If I look at the mass I will never act": Psychic numbing and genocide. *Judgment and Decision Making*, *2*(2), 79 - 95.

Smeltzer, M. D., Curtis, J. T., Aragona, B. J., & Wang, Z. (2006). Dopamine, oxytocin, and vasopressin receptor binding in the medial prefrontal cortex of monogamous and promiscuous voles. *Neurosci Lett*, *394*(2), 146 - 151.

Smith, A., & Stewart, D. ([1759]1853). *The theory of moral sentiments* (New ed.). London: H. G. Bohn.

Snowden, J. S., Austin, N. A., Sembi, S., Thompson, J. C., Craufurd, D., &

Neary, D. (2008). Emotion recognition in Huntington's disease and frontotemporal dementia. *Neuropsychologia*, *46*(11), 2638–2649.

Snyder, S. H. (2008). Seeking God in the brain — efforts to localize higher brain functions. *N Engl J Med*, *358*(1), 6–7.

Sokal, A. (1996). Transgressing the boundaries: Toward a transformative hermeneutics of quantum gravity. *Social Text*(46/47), 217–252.

Sommer, M., Dohnel, K., Sodian, B., Meinhardt, J., Thoermer, C., & Hajak, G. (2007). Neural correlates of true and false belief reasoning. *Neuroimage*, *35*(3), 1378–1384.

Soon, C. S., Brass, M., Heinze, H. J., & Haynes, J. D. (2008). Unconscious determinants of free decisions in the human brain. *Nat Neurosci*, *11*(5), 543–545.

Sowell, E. R., Thompson, P. M., Holmes, C. J., Jernigan, T. L., & Toga, A. W. (1999). In vivo evidence for post-adolescent brain maturation in frontal and striatal regions. *Nat Neurosci*, *2*(10), 859–861.

Spence, S. A., Farrow, T. F., Herford, A. E., Wilkinson, I. D., Zheng, Y., & Woodruff, P. W. (2001). Behavioural and functional anatomical correlates of deception in humans. *Neuroreport*, *12*(13), 2849–2853.

Spence, S. A., Kaylor-Hughes, C., Farrow, T. F., & Wilkinson, I. D. (2008).

Speaking of secrets and lies: The contribution of ventrolateral prefrontal cortex to vocal deception. *Neuroimage*, *40*(3), 1411–1418.

Sperry, R. W. (1961). Cerebral organization and behavior: The split brain behaves in many respects like two separate brains, providing new research possibilities. *Science*, *133*(3466), 1749–1757.

Sperry, R. W. (1968). Hemisphere deconnection and unity in conscious awareness. *Am Psychol*, *23*(10), 723–733.

Sperry, R. W. (1976). Changing concepts of consciousness and free will. *Perspect Biol Med*, *20*(1), 9–19.

Sperry, R. W. (1982). Some effects of disconnecting the cerebral hemispheres. Nobel Lecture, 8 December 1981. *Biosci Rep*, *2*(5), 265–276.

Sperry, R. W., Zaidel, E., & Zaidel, D. (1979). Self recognition and social awareness in the deconnected minor hemisphere. *Neuropsychologia*, *17*(2), 153–166.

Spinoza, B. S. F., Ed. (S. Shirley, Trans.). ([1677]1982). *The ethics and selected letters*. Indianapolis, IN: Hackett Publishing.

Spitzer, M., Fischbacher, U., Herrnberger, B., Gron, G., & Fehr, E. (2007). The neural signature of social norm compliance. *Neuron*, *56*(1), 185–196.

Sprengelmeyer, R., Schroeder, U., Young, A. W., & Epplen, J. T. (2006). Disgust in pre-clinical Huntington's disease: A longitudinal study. *Neuropsychologia*, *44*(4), 518–533.

Squire, L. R., & McKee, R. (1992). Influence of prior events on cognitive judgments in amnesia. *J Exp Psychol Learn Mem Cogn*, *18*(1), 106–115.

Stanovich, K. E., & West, R. F. (2000). Individual differences in reasoning: Implications for the rationality debate? *Behavioral and Brain Sciences*, *23*, 645–726.

Stark, R. (2001). *One true God: Historical consequences of monotheism.* Princeton, NJ: Princeton University Press.

Steele, J. D., & Lawrie, S. M. (2004). Segregation of cognitive and emotional function in the prefrontal cortex: A stereotactic meta-analysis. *Neuroimage*, *21*(3), 868–875.

Stenger, V. A. (2009). *The new atheism: Taking a stand for science and reason.* New York: Prometheus Books.

Stewart, P. (2008, May 29). Vatican says it will excommunicate women priests. Reuters.

Stoller, S. E., & Wolpe, P. R. (2007). Emerging neurotechnologies for lie detection and the Fifth Amendment. *American Journal of Law & Medicine*, *33*, 359–375.

Stone, M. H. (2009). *The anatomy of evil.* Amherst, NY: Prometheus Books.

Strange, B. A., Henson, R. N., Friston, K. J., & Dolan, R. J. (2001). Anterior prefrontal cortex mediates rule learning in humans. *Cereb Cortex*, *11*(11), 1040–1046.

Swick, D., & Turken, A. U. (2002). Dissociation between conflict detection and error monitoring in the human anterior cingulate cortex. *Proc Natl Acad Sci USA*, *99*(25), 16354–16359.

Tabibnia, G., Satpute, A. B., & Lieberman, M. D. (2008). The sunny side of fairness: Preference for fairness activates reward circuitry (and disregarding unfairness activates self-control circuitry). *Psychol Sci*, *19*(4), 339–347.

Takahashi, H., Kato, M., Matsuura, M., Mobbs, D., Suhara, T., & Okubo, Y. (2009). When your gain is my pain and your pain is my gain: Neural correlates of envy and schadenfreude. *Science*, *323*(5916), 937–939.

Tarski, A. (1969). Truth and proof. *Sci Am.*, *220*(6), 63–77.

Tenenbaum, J. B., Kemp, C., & Shafto, P. (2007). Theory-based Bayesian models of inductive reasoning. In A. Feeney & E. Heit (Eds.), *Inductive reasoning: Experimental, developmental, and computational approaches* (pp.167–204). Cambridge,

UK: Cambridge University Press.

Teresi, D. (1990). The lone ranger of quantum mechanics. *New York Times.*

Thompson, J. J. (1976). Letting die, and the trolley problem. *The Monist*, *59*(2), 204 – 217.

Tiihonen, J., Rossi, R., Laakso, M. P., Hodgins, S., Testa, C., Perez, J., et al. (2008). Brain anatomy of persistent violent offenders: More rather than less. *Psychiatry Res*, *163*(3), 201 – 212.

Tom, S. M., Fox, C. R., Trepel, C., & Poldrack, R. A. (2007). The neural basis of loss aversion in decision-making under risk. *Science*, *315*(5811), 515 – 518.

Tomasello, M. (2007, January 13). For human eyes only. *New York Times.*

Tomlin, D., Kayali, M. A., King-Casas, B., Anen, C., Camerer, C. F., Quartz, S. R., et al. (2006). Agent-specific responses in the cingulate cortex during economic exchanges. *Science*, *312*(5776), 1047 – 1050.

Tononi, G., & Edelman, G. M. (1998). Consciousness and complexity. *Science*, *282*(5395), 1846 – 1851.

Trinkaus, E. (2007). Human evolution: Neandertal gene speaks out. *Curr Biol*, *17*(21), R917 – 919.

Trivers, R. (1971). The evolution of reciprocal altruism. *Quarterly Review of Biology*, *46*(Mar.), 35 – 57.

Trivers, R. (2002). *Natural selection and social theory: Selected papers of Robert L. Trivers.* New York: Oxford University Press.

Turk, D. J., Heatherton, T. F., Kelley, W. M., Funnell, M. G., Gazzaniga, M. S., & Macrae, C. N. (2002). Mike or me? Self-recognition in a split-brain patient. *Nat Neurosci*, *5*(9), 841 – 842.

Tversky, A., & Kahneman, D. (1974). Judgment under uncertainty: Heuristics and biases. *Science*, *185*(4157), 1124 – 1131.

Ullsperger, M., & von Cramon, D. Y. (2003). Error monitoring using external feedback: Specific roles of the habenular complex, the reward system, and the cingulate motor area revealed by functional magnetic resonance imaging. *J Neurosci*, *23*(10), 4308 – 4314.

Valdesolo, P., & DeSteno, D. (2006). Manipulations of emotional context shape moral judgment. *Psychol Sci*, *17*(6), 476 – 477.

Van Biema, D. (2006, July 10). Reconciling God and science. *Time.*

van Leijenhorst, L., Crone, E. A., & Bunge, S. A. (2006). Neural correlates of developmental differences in risk estimation and feedback processing. *Neuropsychologia*, *44*(11), 2158 – 2170.

van Veen, V., Holroyd, C. B., Cohen, J. D., Stenger, V. A., & Carter, C. S. (2004).

Errors without conflict: Implications for performance monitoring theories of anterior cingulate cortex. *Brain Cogn*, *56*(2), 267 – 276.

Viding, E., Jones, A. P., Frick, P. J., Moffitt, T. E., & Plomin, R. (2008). Heritability of antisocial behaviour at 9: Do callous-unemotional traits matter? *Dev Sci*, *11*(1), 17 – 22.

Vocat, R., Pourtois, G., & Vuilleumier, P. (2008). Unavoidable errors: A spatiotemporal analysis of time-course and neural sources of evoked potentials associated with error processing in a speeded task. *Neuropsychologia*, *46*(10), 2545 – 2555.

Vogel, G. (2004). Behavioral evolution. The evolution of the golden rule. *Science*, *303*(5661), 1128 – 1131.

Vogeley, K., Bussfeld, P., Newen, A., Herrmann, S., Happé, F., Falkai, P., et al. (2001). Mind reading: Neural mechanisms of theory of mind and selfperspective. *Neuroimage*, *14*(1 Pt. 1), 170 – 181.

Vogeley, K., May, M., Ritzl, A., Falkai, P., Zilles, K., & Fink, G. R. (2004). Neural correlates of first-person perspective as one constituent of human selfconsciousness. *J Cogn Neurosci*, *16*(5), 817 – 827.

Voight, B. F., Kudaravalli, S., Wen, X., & Pritchard, J. K. (2006). A map of recent positive selection in the human genome. *PLoS Biol*, *4*(3), e72.

Wade, N. (2006). *Before the dawn: Recovering the lost history of our ancestors.* New York: Penguin.

Wade, N. (2010, March 1). Human culture, an evolutionary force. *New York Times.*

Wager, T. D., & Nichols, T. E. (2003). Optimization of experimental design in fMRI: A general framework using a genetic algorithm. *Neuroimage*, *18*(2), 293 – 309.

Wager, T. D., Rilling, J. K., Smith, E. E., Sokolik, A., Casey, K. L., Davidson, R. J., et al. (2004). Placebo-induced changes in fMRI in the anticipation and experience of pain. *Science*, *303*(5661), 1162 – 1167.

Wain, O., & Spinella, M. (2007). Executive functions in morality, religion, and paranormal beliefs. *Int J Neurosci*, *117*(1), 135 – 146.

Wakin, D. J., & McKinley Jr., J. C. (2010, May 2). Abuse case offers a view of the Vatican's politics. *New York Times.*

Waldmann, M. R., & Dieterich, J. H. (2007). Throwing a bomb on a person versus throwing a person on a bomb: Intervention myopia in moral intuitions. *Psychol Sci*, *18*(3), 247-253.

Waldmann, M. R., Hagmayer, Y., & Blaisdell, A. P. (2006). Beyond the information given: Causal models in learning and reasoning. *Current Directions in Psychological Science*, *15*(6), 307-311.

Waters, E. (2010, January 8). The Americanization of mental illness. *New York Times Magazine.*

Watson, G. (1982). *Free will.* Oxford, UK; New York: Oxford University Press.

Weber, M. ([1922]1993). *The sociology of religion.* Boston: Beacon Press.

Wegner, D. M. (2002). *The illusion of conscious will.* Cambridge, MA: MIT Press.

Wegner, D. M. (2004). Precis of the illusion of conscious will. *Behav Brain Sci*, *27*(5), 649-659; discussion, 659-692.

Weinberg, S. (2001). *Facing up: Science and its cultural adversaries.* Cambridge, MA: Harvard University Press.

Westbury, C., & Dennett, D. C. (1999). Mining the past to construct the future: Memory and belief as forms of knowledge. In D. L. Schacter & E. Scarry (Eds.), *Memory, brain, and belief* (pp. 11 - 32). Cambridge, MA: Harvard University Press.

Westen, D., Blagov, P. S., Harenski, K., Kilts, C., & Hamann, S. (2006). Neural bases of motivated reasoning: An fMRI study of emotional constraints on partisan political judgment in the 2004 U.S. presidential election. *J Cogn Neurosci*, *18*(11), 1947-1958.

Wicker, B., Keysers, C., Plailly, J., Royet, J. P., Gallese, V., & Rizzolatti, G. (2003). Both of us disgusted in my insula: The common neural basis of seeing and feeling disgust. *Neuron*, *40*(3), 655-664.

Wicker, B., Ruby, P., Royet, J. P., & Fonlupt, P. (2003). A relation between rest and the self in the brain? *Brain Res Rev*, *43*(2), 224-230.

Wigner, E. (1960). The unreasonable effectiveness of mathematics in the natural sciences. *Communications in Pure and Applied Mathematics*, *13*(1).

Williams, B. A. O. (1985). *Ethics and the limits of philosophy.* Cambridge, MA: Harvard University Press.

Wilson, D. S. (2002). *Darwin's cathedral: Evolution, religion, and the nature of society.* Chicago: University of Chicago Press.

Wilson, D. S., & Wilson, E. O. (2007). Rethinking the theoretical foundation *of sociobiology. Q Rev Biol*, *82*(4), 327–348.

Wilson, E. O. (1998). *Consilience: The unity of knowledge* (1st ed.). New York: Knopf.

Wilson, E. O. (2005). Kin selection as the key to altruism: Its rise and fall. *Social Research*, *72*(1), 159–166.

Wilson, E. O., & Holldobler, B. (2005). Eusociality: Origin and consequences. *Proc Natl Acad Sci USA*, *102*(38), 13367–13371.

Wittgenstein, L. (1969). *Philosophical grammar* (A. Kenny, Trans.). Berkeley, CA: University of California Press.

Woolrich, M. W., Ripley, B. D., Brady, M., & Smith, S. M. (2001). Temporal autocorrelation in univariate linear modeling of fMRI data. *Neuroimage*, *14*(6), 1370–1386.

Wright, N. T. (2003). *The resurrection of the Son of God.* London: SPCK.

Wright, N. T. (2008). *Surprised by hope: Rethinking heaven, the resurrection, and the mission of the church* (1st ed.). New York: HarperOne.

Yang, T., & Shadlen, M. N. (2007). Probabilistic reasoning by neurons. *Nature*, *447*(7148), 1075–1080.

Yang, Y., Glenn, A. L., & Raine, A. (2008). Brain abnormalities in antisocial individuals: Implications for the law. *Behav Sci Law*, *26*(1), 65–83.

Yang, Y., Raine, A., Colletti, P., Toga, A. W., & Narr, K. L. (2009). Abnormal temporal and prefrontal cortical gray matter thinning in psychopaths. *Mol Psychiatry*, *14*(6), 561–562.

Ye'or, B. (2005). *Eurabia: The Euro-Arab Axis.* Madison, NJ: Fairleigh Dickinson University Press.

Yong, E. (2008). The evolutionary story of the "language gene." *New Scientist* (2669) Aug. 13, pp.38–41.

Young, L. J., Lim, M. M., Gingrich, B., & Insel, T. R. (2001). Cellular mechanisms of social attachment. *Horm Behav*, *40*(2), 133–138.

Young, L. J., & Wang, Z. (2004). The neurobiology of pair bonding. *Nat Neurosci*, *7*(10), 1048–1054.

Yu, A. J., & Dayan, P. (2005). Uncertainty, neuromodulation, and attention. *Neuron*, *46*(4), 681–692.

Zaidel, E., Iacoboni, M., Zaidel, D., & Bogen, J. E. (2003). The callosal syndromes. In *Clinical Neuropsychology* (pp. 347–403). Oxford, UK: Oxford University Press.

Zaidel, E., Zaidel, D. W., & Bogen, J. (undated). The split brain. Retrieved from www.its.caltech.edu/~jbogen/text/ref130.htm.

Zak, P. J., Kurzban, R., & Matzner, W. T. (2005). Oxytocin is associated with human trustworthiness. *Horm Behav*, *48*(5), 522-527.

Zak, P. J., Stanton, A. A., & Ahmadi, S. (2007). Oxytocin increases generosity in humans. *PLoS ONE*, *2*(11), e1128.

Zhang, J. X., Leung, H. C., & Johnson, M. K. (2003). Frontal activations associated with accessing and evaluating information in working memory: An fMRI study. *Neuroimage*, *20*(3), 1531-1539.

Zhu, Y., Zhang, L., Fan, J., & Han, S. (2007). Neural basis of cultural influence on self-representation. *Neuroimage*, *34*(3), 1310-1316.

Zuckerman, P. (2008). *Society without God.* New York: New York University Press.